· 中国农业大学有机农业丛书 ·

全球背景下的有机产品贸易合作与法律法规比较

乔玉辉　王茂华　编著

中国农业大学出版社
· 北京 ·

内容简介

为服务国家“一带一路”伟大战略，推动建立国际有机认证合作机制，促进国际贸易便利化，本书根据有机产品认证国际合作开展现状，对部分国家（丹麦、英国、泰国、日本、新西兰）与中国的相关法律法规和认证监管体系进行比较分析，为促进中国有机产品贸易和有机产业发展提供依据。

图书在版编目(CIP)数据

全球背景下的有机产品贸易合作与法律法规比较/乔玉辉，王茂华编著.—北京：中国农业大学出版社，2016.7

ISBN 978-7-5655-1606-1

Ⅰ.①全… Ⅱ.①乔…②王… Ⅲ.①有机农业-农产品-国际贸易-研究-世界②有机农业-农产品-国际贸易-贸易法-研究-世界 Ⅳ.①F746.2 ②D912.294

中国版本图书馆 CIP 数据核字(2016)第 129473 号

书　　名 全球背景下的有机产品贸易合作与法律法规比较

作　　者 乔玉辉　王茂华　编著

策划编辑 田树君　丛晓红　　**责任编辑** 田树君

封面设计 郑　川　　**责任校对** 王晓凤

出版发行 中国农业大学出版社

社　　址 北京市海淀区圆明园西路 2 号　　**邮政编码** 100193

电　　话 发行部 010-62818525，8625　　读者服务部 010-62732336

编辑部 010-62732617，2618　　出　版　部 010-62733440

网　　址 http://www.cau.edu.cn/caup　　**E-mail** cbsszs @ cau.edu.cn

经　　销 新华书店

印　　刷 涿州市星河印刷有限公司

版　　次 2017 年 2 月第 1 版　　2017 年 2 月第 1 次印刷

规　　格 787×980　　16 开本　　18.25 印张　　240 千字

定　　价 50.00 元

前言

随着党中央相继提出“一带一路”、“走出去”、“扩大进口”等发展战略，以及国内居民收入不断增加，消费者安全、健康、环保意识逐步提高，我国食品进出口贸易逐渐由以出口为主向进出口同步增长的模式过渡，中国有机产业的发展也面临着同样的形势。

首先，中国有机产品迎来了“走出去”的机遇和挑战。由于有机产品的生产过程对人类赖以生存的环境起到了改善作用，加之产品本身的安全性与优良品质，越来越受到消费者的青睐，随着消费需求的扩大，超市和大型连锁零售业、专卖店等主流销售渠道也趋之若鹜。有机产品市场呈现出快速增长势头，尤其是西方发达国家市场，仅有机食品的消费就已经占到食品消费市场的2%～4%，而且发展趋势仍相当看好。我国的有机农产品因其较低的生产成本和较丰富的品种，已逐步成为我国的一种优势外向型产品，从而成为我国农业经济和农民增收的新增长点，也是我国农产品出口的一个新的切入点，这对保持我国的贸易顺差，拉动农业经济和国民经济的发展将发挥不可低估的积极作用。

同时，我国食品进出口贸易额随着双多边贸易深度融合而迅速增长，国内有机产品消费市场也逐渐成长起来，有机产品的消费也逐年增加，随着人民生活水平的提高，对国外有机产品的需求也不断增加。2013年经认证的有机产品的销售额约为200亿～300亿元，位列全球第四位，并以20%～30%的速度增长。国际上很多有机产品生产技术相对成熟(如英国、丹麦、日本)或"一带一路"沿线国家(如新西兰、泰国等)都有就相关有机产品生产及贸易领域进行互认合作的强烈愿望。有机产品认证作为联接国际国内市场的信任传递工具,将在国家对外开放大局中发挥重要作用。

为服务国家"一带一路"伟大战略,推动建立国际有机认证合作机制,促进有机产品国际贸易便利化,本书根据有机产品认证国际合作开展现状,对部分国家(丹麦、英国、泰国、日本、新西兰)与中国的相关法律法规和认证监管体系的异同进行了比较,并对我国与这些国家的互认潜力进行了分析,为促进我国有机产品在国家之间实现互认和中国及国际有机产品贸易和有机产业发展提供依据。

本书第1章介绍了国际和我国有机产品生产、贸易及法律法规体系,为后续的法律法规比较提供国际背景和我国的发展现状;第2章到第5章主要介绍了欧盟、新西兰、泰国和日本四个国际和区域有机产业发展现状,包括生产与认证、有机产品消费与市场以及有机产品的贸易状况;比较了中外两国的法律法规及监管体系;并重点比较了有机产品标准的方方面面;在每章最后小结比较结果,分析了中外有机产品认证互认的可行性。第6章是对我国有机产品认证的国际互认合作潜力分析及建议。在分析国际上已经实现的有机产品标准互认的基础上,提出我国进行有机产品标准互认的潜在途径与合作模式;针对本书中分析的几个国家的互认潜力进行了针对性的分析,并提出了相关政策建议,为签署政府间的协议来建立双边互认机制,减少或消除国际贸易技术壁垒,便利有机产品贸易提供决策依据。

本书主要由中国农业大学、北京爱科赛尔认证中心有限公司、国家认证认可监督管理委员会认证认可技术研究所和中国合格评定国家认可委员会联合编写,在编写过程中得到了国家认证认可监督管理委员会、北京市生态重点学科(XK10019440)和北京市生物多样性与有机农业重点实验室的资助。

编写单位在有机产品认证及认可方面、有机产品认证涉及的国内外法规与标准,以及有机产品国际互认等方面开展了大量研究工作,参与并完成了“APEC地区有机互认与合作”国际合作项目、中欧有机产品法规的比对工作；参与了《有机产品认证管理办法》、《有机产品认证实施规则》和《有机产品》国家标准等文件的编制。此外，还参与了国家质检局科技研究项目“有机产品进出口控制体系研究”；并主持十二五科技支撑项目“区域优势特色有机农产品认证关键技术研究与示范”课题五有机产品认证风险评估关键技术研究(2014BAK19B05)以及十一五科技支撑项目“新疆伊犁河利于绿色—有机食品生产与加工技术与示范”(2007BAC15B05)等项目。编著《中国有机产业发展报告》，编译了《国际有机农业标准汇编》。

本书由各单位的教师和专家共同完成。本书各章的作者分别是：第1章乔玉辉、王茂华、李圣男、颜如；第2章杨艳湘、耿云霞、李花粉；第3章李小红、贾彦、孟凡乔；第4章郑丽莎、贾彦、乔玉辉、王茂华；第5章于伟民、青岛雪梅、乔玉辉、王茂华；第6章徐娜、李小红、乔玉辉、方洁、张玲玲。全书由乔玉辉统稿修改。

本书的完成得力于作者们的辛苦劳动和通力合作；本书的多数资料是引自国内外同行学者的研究成果，没有他们的辛勤劳动，也就没有今天有机产业的发展；在本书的编写过程中还得到了来自国家认证认可监督管理委员会的大力支持，在此一并感谢！限于学识及编著时间，书中难免有不足之处，期待得到读者的批评指正，使之日益丰富和完美。

编著者

于2017年1月

目录

第 1 章　国际有机产品生产、贸易及法律法规体系 /1
1.1　国际有机产品生产与贸易 /1
1.1.1　国际有机产品生产概况 /1
1.1.2　国际有机产品消费市场 /2
1.1.3　国际有机产品贸易概况 /5
1.2　我国有机产品生产与贸易 /9
1.2.1　我国有机产品生产 /9
1.2.2　我国有机产品消费与市场状况 /11
1.2.3　我国有机产品出口贸易及发展趋势 /13
1.2.4　我国有机产品进口贸易及发展趋势 /17
1.3　国际有机产品进口法律法规体系 /19
1.3.1　有机农业认证制度的构成 /19
1.3.2　国际有机农业法律法规发展概况 /22
1.3.3　国际有机农业标准体系 /24
1.4　中国有机法律法规与监督管理体系 /27
1.4.1　中国有机产品认证认可制度 /27
1.4.2　中国有机产品认证监管体系 /28
1.4.3　我国有机产品认证法规及相关管理规范 /32
1.5　有机产品认证的国际互认合作 /36
1.5.1　国际有机标准的互认合作 /37

1.5.2 我国国际合作与互认的开展 /39
1.5.3 国际有机农业发展与合作潜力 /40

第 2 章 中欧有机产品贸易合作及法律法规比较分析——以丹麦、英国为例 /44
2.1 欧盟有机农业发展现状 /44
2.1.1 欧盟有机产品生产概况 /44
2.1.2 欧盟有机产品消费与市场状况 /49
2.1.3 中国与欧洲的有机产品贸易 /52
2.2 中欧有机产品法律法规体系比较 /53
2.2.1 欧盟有机产品认证法规体系 /53
2.2.2 中欧有机产品监督管理体系比较 /58
2.2.3 中欧有机产品合格评定制度比较 /60
2.2.4 中欧有机标准体系概述与比较 /62
2.3 中欧有机植物产品标准比较 /64
2.3.1 概述 /64
2.3.2 生产单元范围 /65
2.3.3 转换期 /66
2.3.4 产地环境要求 /67
2.3.5 种子种苗 /67
2.3.6 土壤养分管理 /67
2.3.7 植物保护措施 /69
2.3.8 收获与储藏、包装运输 /70
2.3.9 其他要求(芽苗菜、食用菌、野生采集等) /71
2.4 中欧有机畜禽产品标准比较 /72
2.4.1 概述 /72
2.4.2 圈舍与放牧区 /73
2.4.3 动物引种 /74
2.4.4 动物饲料与营养 /75
2.4.5 健康管理 /77
2.4.6 屠宰与储藏、包装运输 /78

2.4.7 其他要求 /79
2.5 中欧有机水产品标准比较 /80
2.5.1 概述 /80
2.5.2 转换期与平行生产 /83
2.5.3 动物引入与繁殖 /84
2.5.4 水产动物的管理 /84
2.5.5 饵料 /85
2.5.6 疾病防治 /87
2.5.7 捕捞、运输和宰杀 /88
2.6 中欧有机加工产品、标识销售、管理体系标准比较 /89
2.6.1 概述 /89
2.6.2 加工厂环境 /90
2.6.3 配料、添加剂和加工助剂 /90
2.6.4 加工工艺 /92
2.6.5 有害生物防治 /93
2.6.6 储藏、包装和运输 /93
2.6.7 标识销售管理 /94
2.6.8 管理体系 /95
2.7 中欧有机产品互认可行性分析 /96
2.7.1 植物生产 /97
2.7.2 畜禽养殖 /98
2.7.3 水产养殖 /100
2.7.4 加工 /101
2.7.5 小结 /102

第3章 中新有机产品贸易合作与法律法规比较分析 /103
3.1 新西兰有机农业发展现状 /103
3.1.1 新西兰有机农业生产与认证现状 /103
3.1.2 新西兰有机产品消费与市场状况 /105
3.1.3 中新有机产品贸易合作现状 /108

3.2 中新有机产品法律法规体系比较 /110
3.2.1 新西兰有机产品认证法规体系 /110
3.2.2 中新有机产品监督管理体系比较 /115
3.2.3 中新有机产品合格评定制度比较 /117
3.2.4 中新有机标准体系概述与比较 /121
3.3 中新有机植物产品标准比较 /127
3.3.1 产地环境 /127
3.3.2 转换期的要求 /127
3.3.3 种子和繁殖材料 /128
3.3.4 土壤养分管理 /130
3.3.5 病虫草害防治 /131
3.3.6 野生采集 /132
3.3.7 食用菌 /132
3.3.8 收获后处理 /133
3.4 中新有机畜禽产品标准比较 /133
3.4.1 畜禽来源 /133
3.4.2 转换期 /135
3.4.3 饲料及饲料添加剂 /135
3.4.4 畜禽疾病防治 /137
3.4.5 畜禽繁殖、运输和屠宰 /138
3.4.6 畜禽圈舍及放养区域 /139
3.4.7 畜禽粪便管理 /140
3.5 中新有机加工产品、标识销售及管理体系标准比较 /140
3.5.1 概述 /140
3.5.2 配料、添加剂和加工助剂 /141
3.5.3 加工方法 /142
3.5.4 有害生物防治 /143
3.5.5 包装、储藏和运输 /143

3.5.6 中新标识与销售管理体系比较 /144
3.5.7 中新管理体系比较 /146
3.6 中新有机产品互认可行性分析 /148
3.6.1 植物生产 /148
3.6.2 野生采集 /149
3.6.3 食用菌 /150
3.6.4 畜禽养殖 /150
3.6.5 加工 /152
3.6.6 小结 /153

第4章 中泰有机产品法律法规比较分析 /154
4.1 泰国有机农业发展现状 /154
4.1.1 泰国有机产品生产与认证 /154
4.1.2 泰国有机产品消费与市场状况 /158
4.1.3 中泰有机产品贸易 /159
4.2 中泰有机产品法律法规体系比较 /161
4.2.1 泰国有机产品认证法规体系 /161
4.2.2 中泰有机产品监督管理体系比较 /162
4.2.3 中泰有机产品合格评定制度比较 /163
4.2.4 中泰有机标准体系概述与比较 /171
4.3 中泰有机植物产品标准比较 /175
4.3.1 概述 /175
4.3.2 产地环境要求 /177
4.3.3 种子种苗 /177
4.3.4 土壤养分管理 /178
4.3.5 植物保护措施 /180
4.3.6 收获与储藏、包装运输 /181
4.3.7 其他要求 /182
4.4 中泰有机加工产品、标识销售与管理体系标准比较 /183

4.4.1 概述(范围、通则等) /183
4.4.2 加工厂环境 /183
4.4.3 配料、添加剂和加工助剂 /184
4.4.4 加工工艺 /187
4.4.5 有害生物防治 /187
4.4.6 储藏、包装运输 /188
4.4.7 标识销售管理 /189
4.4.8 管理体系 /189
4.5 中泰有机产品互认可行性分析 /190
4.5.1 作物生产 /191
4.5.2 野生采集 /193
4.5.3 加工有机产品 /193
4.5.4 小结 /195

第5章 中日有机产品贸易合作与法律法规比较分析 /196
5.1 日本有机农业发展现状 /196
5.1.1 日本有机产品生产与认证 /197
5.1.2 日本有机产品消费与市场状况 /198
5.1.3 中日有机产品贸易 /200
5.2 中日有机产品法律法规体系比较 /201
5.2.1 日本有机产品认证法规体系和进口控制体系 /201
5.2.2 中日有机产品监督管理体系比较 /206
5.2.3 中日有机产品合格评定制度比较 /208
5.2.4 中日有机标准体系概述与比较 /210
5.3 中日有机植物产品标准比较 /215
5.3.1 概述 /215
5.3.2 转换期要求 /216
5.3.3 产地环境要求 /217
5.3.4 缓冲带 /218

5.3.5 种子种苗 /218
5.3.6 土壤养分管理 /218
5.3.7 植物保护措施 /219
5.3.8 收获与储藏、包装运输 /220
5.3.9 野生采集 /221
5.3.10 食用菌 /221
5.3.11 芽苗菜 /222
5.3.12 设施栽培 /222
5.4 中日有机动物产品标准比较 /223
5.4.1 概述 /223
5.4.2 畜禽来源和引种 /223
5.4.3 转换期 /225
5.4.4 圈舍与放牧区 /226
5.4.5 动物饲料与营养 /228
5.4.6 健康管理 /230
5.4.7 屠宰与储藏、包装运输 /231
5.4.8 其他要求 /232
5.5 中日有机加工产品标准比较 /233
5.5.1 概述 /233
5.5.2 加工厂环境 /233
5.5.3 配料、添加剂和加工助剂 /233
5.5.4 加工工艺 /234
5.5.5 有害生物防治 /235
5.5.6 储藏、包装运输 /236
5.6 中日有机产品标识销售、管理体系比较 /237
5.6.1 概述 /237
5.6.2 标识销售管理 /237
5.6.3 管理体系 /238

5.7 中日有机产品互认可行性分析 /240
5.7.1 作物生产 /240
5.8.2 野生采集 /242
5.8.3 食用菌 /242
5.8.4 畜禽养殖 /242
5.8.5 加工有机产品 /244
5.8.6 标识与销售及管理体系 /245
5.8.7 检查认证体系 /245
5.8.8 小结 /246

第 6 章 浅析我国开展有机产品认证结果互认合作的建议 /248
6.1 有机产品认证互认的必要性 /248
6.2 国际已实现的有机产品标准互认 /250
6.2.1 美国有机农业标准国际互认发展和现状 /250
6.2.2 欧盟与相关国家的互认 /254
6.2.3 其他国家间的有机产品贸易合作协议 /258
6.3 实现有机产品认证互认的条件及模式 /260
6.3.1 实现有机产品认证互认的条件 /260
6.3.2 实现有机产品认证结果互认的模式 /261
6.4 浅析我国开展有机产品认证互认合作的建议 /266
6.4.1 我国开展有机产品认证互认合作策略 /266
6.4.2 我国开展有机产品认证双边互认合作的建议 /269

参考文献 /274

第1章

国际有机产品生产、贸易及法律法规体系

1.1 国际有机产品生产与贸易

1.1.1 国际有机产品生产概况

截至2013年底，全球以有机方式管理的农地面积为4 310万公顷（包括处于转换期的土地）。有机农地面积最大的两个洲分别是大洋洲（1 730万公顷，占世界有机农地的40%）和欧洲（1 150万公顷，27%），接下来是拉丁美洲（660万公顷，15%）、亚洲（340万公顷，8%）、北美洲（300万公顷，7%）和非洲（120万公顷，3%）（图1-1）。除拉丁美洲外，全球各大洲的有机农地面积均有所增加。欧洲有机农地增加了约30万公顷（3%），非洲增加了约8万公顷（7%），亚洲增加了20多万公顷（6.5%），北美的涨幅为1%。只有拉丁美洲的有机农地减少了，这主要是由阿根廷的有机牧场面积减少而造

成的,2013 年减少了约 40 万公顷。

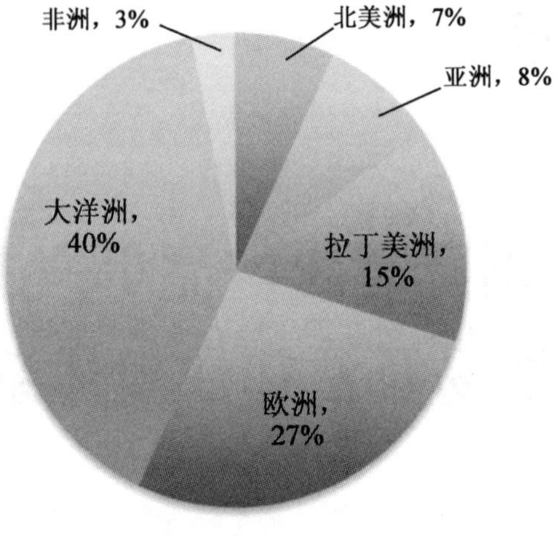

图 1-1　2013 年世界有机农业用地分布(FiBL & IFOAM,2015)

有机农地面积最大的三个国家分别是澳大利亚(1 715 万公顷)、阿根廷(319 万公顷)和美国(218 万公顷)(图 1-2)。中国的有机农地面积为第四位,有机农地面积为 209 万公顷。与 1999 年的 1 100 万公顷有机农地面积相比,2013 年将近其 4 倍。与 2012 年相比,2013 年全球有机农地面积增加了约 560 万公顷(15%)(图 1-3)(FiBL & IFOAM,2015)。

除了有机农地以外,还有其他形式的有机认证土地,大部分区域为野生采集用地,另外还有水产养殖、森林和非农业养殖用地,这些区域的总面积为 3 500 多万公顷。总体而言,全球约有 7 800 万公顷有机土地。2013 年,全球有机生产者为 200 万人(2012 年为 190 万人),其中,36%的有机生产者分布于亚洲,其次是非洲(29%)和欧洲(17%)。

1.1.2　国际有机产品消费市场

2013 年全球有机食品(含饮料)的销售总额达到了 720 亿美元,比 1999 年增长了将近 5 倍(FiBL & IFOAM,2015)。有机产品的销售额在过去

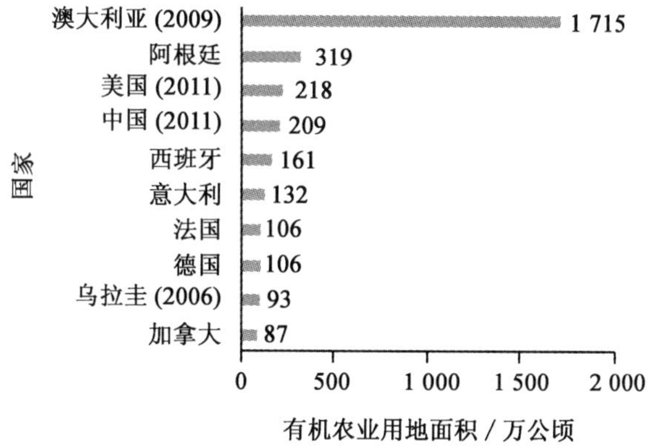

图 1-2 2013 年有机农业用地面积位列前十位的国家或地区(FiBL & IFOAM,2015)

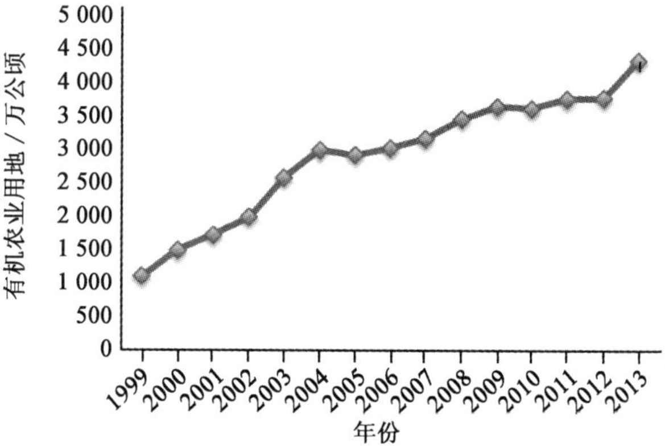

图 1-3 1999—2013 年有机农业用地发展情况(FiBL & IFOAM,2015)

10 年间一直保持着良好的增长态势,"有机观察"(organic monitor)预计,有机产品市场在未来几年将会持续增长。欧洲和北美洲贡献了超过 90%的销售额,亚洲、大洋洲、拉丁美洲和非洲虽已成为重要的有机农作物产区,但这些地区的有机产品消费市场仍然很小(FiBL & IFOAM,2015)。

2013 年,全球最大的有机产品市场依然是美国、德国和法国,销售额依次为 243.47 亿欧元、75.50 亿欧元和 43.80 亿欧元(图 1-4)。最大的单一市场依然是美国,销售额约占全球总额的 43%,其次是欧盟 222 亿欧元和中国

24 亿欧元，销售额占比分别为 40％和 4.36％，这也是中国国内首次公布有机产品消费数据(FiBL & IFOAM,2015)。

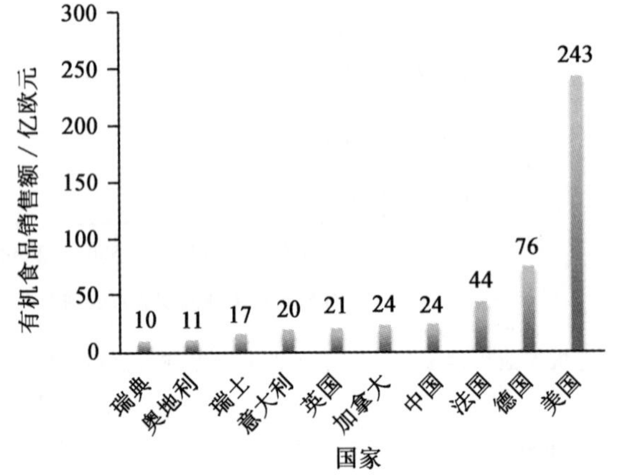

图 1-4　2013 年有机食品销售额位列前十位的国家或地区(FiBL & IFOAM,2015)

全球有机食品人均消费最高的国家是瑞士(210 欧元)、丹麦(163 欧元)和卢森堡(157 欧元)、列支敦士登(129 欧元)、奥地利(127 欧元)和瑞典(106 欧元)，人均消费水平高达 100 欧元以上。与此同时，世界人均消费约 14 欧元，中国人均消费不足 2 欧元(约 15 元人民币)，市场潜力很大(图 1-5)。市场份额最高的国家为丹麦(8％)、瑞士(6.9％)和奥地利(6.5％)。

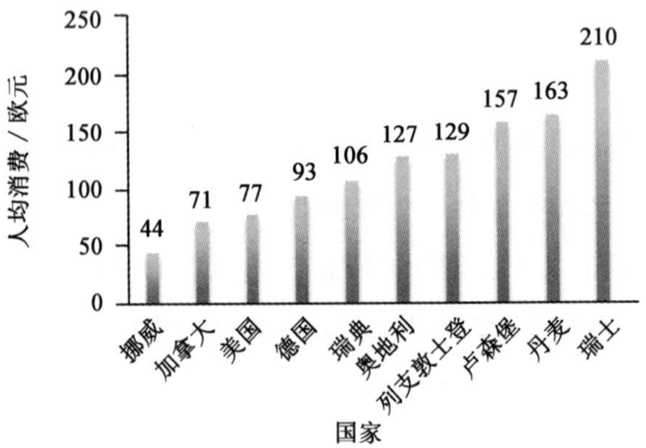

图 1-5　2012 年全球有机食品人均消费位列前十位的国家或地区(FiBL & IFOAM,2015)

1.1.3 国际有机产品贸易概况

1.1.3.1 欧洲市场及进口状况

欧洲有机食品的生产处于世界领先地位，同时也是世界上最大的有机食品消费市场之一。欧盟市场总额在200亿美元，2012—2013年销售额增长了大约6%。最大的市场在德国，占欧洲市场的1/4。除德国外，欧洲有机食品消费较多的国家还包括法国、英国、荷兰、瑞士、丹麦和意大利。瑞士的人均消费额和市场份额都是最高的。欧洲各国对有机食品的需求存在很大差异，总的来说，南部需求少一些，其生产的有机食品主要供出口。在大部分市场，有机食品销售值在食品销售总值中所占比重为1%左右，预计今后几年各主要市场有机食品在食品销售总值中所占比重将从1%增至5%～10%，如奥地利、丹麦和瑞典等一些发展较快的国家，其比重将高达10%。

从产品类别来看，有机农产品占欧洲有机市场值的37%、奶制品占11%、肉类占11%、其他产品占34%。上述数字在各个欧洲国家间各不相同。如法国有机食品市场谷物占42%、水果/蔬菜占25%、酒占2%、肉禽类占3%；而英国水果/蔬菜占54%、谷物占14%、奶制品占7%；丹麦奶制品占45%、水果/蔬菜占17%。

欧洲国家大面积进行有机农业种植为有机贸易的开展奠定了基础。国内市场的主要供货者为国内生产商，特别是奶制品、蔬菜、水果和肉类。由于气候差异，北部欧洲国家需从南部欧洲国家进口橙子、谷物、橄榄、黄豆、大米、蔬菜、橄榄油、葵花籽油、干果和坚果。法国、西班牙、意大利、葡萄牙和荷兰有机食品的出口大于进口，而德国、英国和丹麦都有较大的贸易逆差，进口需求很大。以英国为例，其有机食品销售值中60%～70%依赖进口，德国约为50%。有很多种食品，特别是干燥食品往往是欧洲国家不生产或不加工的，所以只能从世界各地进口，包括从发展中国家进口。非欧洲供货国主要包括北美、东欧、以色列、埃及、土耳其、摩洛哥、西印度群岛、巴西和阿根廷。阿根廷是欧洲有机食品的主要进口国，其进口量占欧洲进口总量的70%以上。欧洲有机贸易商正与若干北美和非洲国家的公司密切合作，帮助其转化为有机农业种植方式。有机产品的需求如此之大，欧洲贸易商在不断寻求潜在的有机产品货源，主要包括咖啡、茶叶、谷物、坚果、干果、油籽、香料和食糖。对中国需求较多的产品主要包括：豆类产品、籽类产品、谷物产品、茶叶、速冻水果和蔬菜、蜂蜜、茶叶、香料、核桃、其他坚果、姜、芝麻、南瓜籽、调味料（乔玉辉，曹志平，2015）。

1.1.3.2 美国有机食品市场

在美国，因为购买有机食品的消费者数量持续增长，有机食品市场的规模也逐渐扩大。有机食品的种类增加，零售出路的增多，市场销售有机食品的途径变得多种多样。现在，从非有机食品销售渠道也能买到几乎所有种类的有机生产或加工食品。几乎已经包括了所有传统食品种类。有机谷物、水果、蔬菜、坚果和香料市场已经具有一定规模。其他还有有机葡萄酒、糖浆等。有机番茄酱、油、麦片、冷冻蔬菜和速冻食品等附加值产品也是相对较新的产品种类。在有机领域，发展速度最快的产品可能是有机蛋和有机奶、酸奶、奶酪及其他系列奶制品。有机草药方面，无论是野生的还是人工种植的，因为维生素生产和食品配料对有机草药的需求日益增长，其市场扩大速度也很快。同时，因为公众对有机棉加工的衣服、被褥和其他制品需求看涨，有机棉花的市场也在扩大。与此类似的，用有机方法生产的花卉及其他非食品类产品的市场也有潜力可挖。2013年的销售额的粗略统计为243.47亿美元（乔玉辉，曹志平，2015）。

1.1.3.3 日本有机农产品市场

在日本,有机农业的发展十分迅速。日本在1993年就推出了有关有机农业生产的标准,并在地方自治体和农业协会等团体兴起有机农业生产和消费活动,促进了有机农业的发展。目前,日本从事有机农业生产的农户占全国农户总数的30%以上,提供的有机农产品增加到130多种,其中有40多种出口到欧美国家。

从日本市场规模上来看,有机食品的销售增长很快,年增长率达10%以上。在所消费的有机食品中蔬菜和水果有2/3是国内生产,其他是从国外进口,并且进口的量越来越多。专家预测,在不久的将来,日本将成为世界上最大的有机食品销售市场。主要销售的有机农产品有:加工品、大豆加工品(酱、酱油、纳豆)、冷冻蔬菜、果汁制品、植物油(食用)、茶、咖啡类、调料、大米等。

1.1.3.4 大洋洲有机食品市场

受欧洲、亚洲和北美洲对有机食品和纤维制品需求不断增长的驱动,大洋洲的有机产品生产和贸易迅速发展,并且政府给予大力支持。该地区已有两家认证机构获得IFOAM的授权,澳大利亚和新西兰都以出口包括速冻蔬菜在内的园艺产品为主。从1992年起,澳大利亚开始执行国家标准,而且该国已被列入欧盟第三国进口名单。

1.1.3.5 发展中国家的有机食品出口贸易

目前,西方发达国家有机产品消费量大大超过其国内的生产量,因此将寻求有机农产品的进口,以填补这个市场缺口。由于有机食品一般较常规食品价格高20%～30%,有的高出50%,或甚至更高,有机食品的国际贸易也日趋活跃,向这些国家出口有机食品已成为具有较高效益的新领域。特别是发展中国家是有机食品的主要出口国。以色列有机食品的出口量已占农产品出口总量的2%～3%。主要出口新鲜水果如柑橘、瓜类和早季蔬菜。其他如土耳其的无花果、坚果和干果，摩洛哥的橘子，西印度和加勒比群岛的香蕉和印度的茶叶。在发展中国家阿根廷则大力发展以出口为目标的有机食品生产，印度、斯里兰卡、捷克、墨西哥等国有机食品的出口额也逐年递增。

尽管发展中国家的有机农产品生产和开发都处于起步阶段，但其发展势头很猛。比如南美洲的巴西、智利、秘鲁，南亚的印度、印度尼西亚、尼泊尔，非洲的肯尼亚、毛里求斯等国家，凭借其丰富的自然资源、人力资源的优势，独特的地理气候条件，以及传统农业技术，生产了大量有机农产品，为其创造了许多外汇，成为消除贫困的一项很有效的措施。一些发展中国家也开始发展有机农业。巴西计划在该国东北部地区发展咖啡、腰果和热带水果等有机农产品的种植，对从事有机农业生产的农民提供农业优惠政策，并在农产品检疫和出口信贷等方面提供便利。菲律宾、泰国、印度尼西亚、韩国、印度等国家已经开始从事有机农产品和有机肥料的生产和出口。斯里兰卡从1995年起出口有机栽培的茶叶，其创汇占本国农产品出口的55%。中国的“有机食品”生产已初步形成规模，其中部分有机食品已成功地打进日本、欧美、中东等国家和地区的市场。

拉美气候的多样性使其能够出口很多种类的有机产品。中美洲国家是有机咖啡、芝麻、香蕉、黑莓、可可、蔬菜、杧果、蜂蜜、菠萝、药用植物和香料的主产地。南美最重要的有机产品是咖啡、可可、水果、土豆、蔬菜、安第斯谷物、豆类、甘蔗、棉花、油菜籽、葡萄、香草及畜产品。多数拉美国家的有机产品主要为出口生产。

值得注意的是，发展中国家大量出口有机食品到发达国家，增加了发展中国家就业机会和收入的同时，IFOAM和WSAA（世界可持续农业协会）等非政府组织（NGOs）特别鼓励和支持发展中国家的“当地有机食品市场”

的发展。其理由:①发展中国家还有很多人口粮食不足;②发展中国家出口食品会出现资源,特别是不可再生资源的转移,增加贫困的机会和国家间资源不公平分配的机会。为此,IFOAM 和 WSAA 等坚决反对发达国家所提出的粮食市场贸易自由化,防止由于自由化引起的发达国家跨国公司对发展中国家经济的冲击和资源的掠夺,这一点对发展中国家是有利的影响。但同时也对出口依赖型的发展中国家经济产生了负面的影响。

1.2 我国有机产品生产与贸易①

1.2.1 我国有机产品生产

截至 2014 年 12 月 31 日,共有 8 792 家生产企业获得了中国标准的有机产品认证证书 11 499 张,中国境内的 23 个省、5 个自治区、4 个直辖市和 2 个特别行政区均有分布,获证企业数为 8 792 家。2014 年共有 10 家认证机构在 21 个国家进行了境外中国标准认证,颁发有机证书 121 张,认证了 66 家企业。2014 年中国按照境外标准进行生产和认证的企业数量为 1 198 家、生产基地为 1 037 个、有机产品加工厂为 698 家(表 1-1)。

1.2.1.1 植物类有机产品生产

按照中国有机产品标准进行生产的总体情况为有机植物生产面积 194.5 万公顷,其中有机种植的面积为 112.4 万公顷,野生采集总生产面积为 82.2

① 本节数据来源:国家认证认可监督管理委员会和中国农业大学,中国有机产业与有机产品认证发展,2016.

表 1-1 2014 年我国不同有机产品证书类型及分布情况

	中国标准	境外标准
获证企业/个	8 792(66)	1 198
有机种植面积/万公顷	112.4(26.5)	80.1
有机种植产量/万吨	690.3(96.5)	326.3
野生采集/万公顷	82.2	32.8
野生采集产品产量/万吨	61.3	15.7
畜禽及产品总产量/万吨	105.8	10.7
水产品总产量/万吨	29.4	0.3
加工产品产量/万吨	257.3	227.6
有机标签备案数量/亿枚	10.56	—
有机产品核销量/万吨	43.2	—
有机产品销售额估值/亿元	302	
出口有机产品贸易额/万吨	—	28.47
出口有机产品贸易额/亿美元	—	5.86

万公顷。有机植物产品总产量为 751.6 万吨，其中有机认证产量为 690.3 万吨，野生采集总产量为 61.3 万吨。按照中国有机产品标准进行生产的我国有机农作物种植面积排在前五位的省份是黑龙江(22.0 万公顷)、内蒙古(14.2 万公顷)、贵州(10.8 万公顷)、辽宁(10.2 万公顷)、新疆(7.4 万公顷)。我国野生采集有机产品的主要区域在我国的东北和西北地区；排在前五位的是黑龙江(28.1 万公顷)、吉林(8.4 万公顷)、青海(6.7 万公顷)、内蒙古(6.1 万公顷)、浙江(2.8 万公顷)，而沿海的东部地区野生采集的面积很少。

1.2.1.2 动物类有机产品生产

2014 年，我国按照中国有机产品标准进行生产的有机家畜中羊、牛、猪是主要的养殖家畜，其中有机羊 414 万头左右，有机牛有近 115 万头，有机猪16万头。从产量上来看，2014年有机畜禽及其产品的总产量为105.6万吨，有机家畜的总产量为26.3万吨，其中羊的产量达13.0万吨，牛为11.3万吨，有机猪的产量为1.4万吨，还有马、驴和鹿等动物的生产，但所占的比例较小。在家禽养殖生产中，2014年我国共饲养有机鸡143万羽(包括肉鸡和蛋鸡)，在有机家禽生产中占有优势地位。2014年动物产品生产量为79.3万吨，其中有机牛乳是主要的动物产品，为78.4万吨，占有机动物产品总产量的99.0%；有机鸡蛋的产量为0.38万吨，占有机动物产品总产量的0.5%。

2014年水产品的总产量为29.4万吨，其中水生植物产品(主要是指海水生产的海带和紫菜等)有18.7万吨，占认证水产品总产量的63.7%；其次是鲜活鱼类(淡水鱼与海水鱼)7.1万吨，占24.0%，其中97.4%的产品为淡水鱼。甲壳与无脊椎动物类产品有3.6万吨，占12.2%。水生脊椎类(鳖)的生产产量为561吨，所占比例很小，只有0.2%。2014年有机加工产品总产量为228.4万吨。

1.2.1.3 加工类有机产品生产

在加工产品中，谷物磨制产量最高达95.3万吨，占总有机加工产品总量的41.7%，以大米(粉)和小麦粉为主；经处理的液体奶或奶油位列第二，有45.1万吨，占19.8%；加工饲料排在第三位，达24.4万吨，占10.7%。上述三类产品占加工产品产量的72.2%。植物油加工副产品、面条等谷物粉制品、白酒、植物油加工和加工或保藏的蔬菜的产量为5万～10万吨，所占比例2.2%～4.1%；果汁和蔬菜汁、淀粉与淀粉制品、肉制品及副产品加工等产量低于5.0万吨，所占比例小于2.00%。

1.2.2 我国有机产品消费与市场状况

我国有机产品是自1999年以来，一直以出口为主，国内市场正在迅速崛起。2014 年各类有机产品的产值共 1 164 亿元。加工产品的产值为 750 亿元，其中经处理的液体乳和奶油的产值高达 280 亿元，加工产品的产值占有机产品总产值的 64.4％；谷物产值 85 亿元，占 7.3％；其次是水果与坚果 76 亿元，占比 6.5％。这三类产品的产值占总产值的 78.3％。

2014 年有机标签备案 10.56 亿枚，其中牛奶 7.27 亿枚，白酒 0.36 亿枚，酸奶 0.28 亿枚，大米 0.20 亿枚，蔬菜与葡萄酒 0.13 亿枚。按区域来看，内蒙古的数量最多，为 4.55 亿枚，其次是贵州 0.35 亿枚，黑龙江 0.3 亿枚，山东 0.26 亿枚，广东 0.17 亿枚。2014 年有机产品发放标志总核销量为 43.2 万吨，其中加工产品 35.4 万吨，占 81.9％；其次是植物类产品 7.3 万吨，占 16.8％；水产品 0.4 万吨，畜禽 0.1 万吨。有机产品销售额根据发放标志核销量与当前有机产品价格进行估算。2014 年有机产品销售额为 302 亿元，其中有机加工产品 283.7 亿元，占总销售额的 93.7％；其次是植物类产品 16.2 亿元，占 5.4％；水产品与畜禽的销售额分别为 2.4 亿元和 0.4 亿元。畜禽中只统计禽蛋的销售额，畜禽肉类则统计在加工产品中。

在国内经济发达地区是有机市场相对集中的区域，如北京、上海、大连、广州、深圳等，初步形成了一定规模的有机产品需求市场。但各个区域的有机产业发展各具特色：北京和上海地区的有机发展主要以蔬菜类农产品种植为主，有机企业通过自身的独特定位，获得了市场的发展空间，实现农场内部生产的内循环，使用有机肥种植作物会得到相应的政府补贴，将旅游业和传统农业结合，创造了都市农业的新模式。大连作为我国有机产业发展最早和比较集中区域，从有机产品生产和加工业整体看，大多数企业经营的是杂粮、豆油等农产品，附加值低，以外贸出口为主。广州深圳已经初步形成将有机食品作为礼品和团体采购进行销售的情况，效果较好，但还是就有机做有机，缺少引导，未形成稳定的市场规模。

总体来说，有机产品的品种、数量相对较少，主要集中于大米、杂粮、蔬菜、食用油、肉制品、鸡蛋、牛奶和茶叶等产品。有机蔬菜主要来自城郊基地，以配送和超市销售为主，谷物杂粮和粮油多来自东北和西北地区，肉蛋多来自本地生产，有机茶叶、茶籽油来自华东和华南，奶主要来自新疆和内蒙古地区；国内缺乏规模优势企业或强势品牌，因此存在较大的行业整合机会。

1.2.3 我国有机产品出口贸易及发展趋势

1.2.3.1 我国有机产品出口贸易区域

2014 年有机产品出口贸易中，我国有机产品共出口到 30 多个国家和地区。这些国家主要分布在欧洲，如英国、德国、荷兰、意大利、法国、瑞典、瑞士、比利时、西班牙、奥地利、丹麦等国家；其次是亚洲，日本、韩国、新加坡和泰国等国家；北美洲的美国、加拿大等国家；澳洲的澳大利亚、新西兰等国家。我国的有机产品也出口到了南美洲、非洲以及中国港澳台地区。

2014 年，中国有机产品出口额最大的区域是欧洲，4.7 亿美元，占总出口额的 80.29%；其次是北美洲 6 343.16 万美元(10.83%)、亚洲 4 360.46 万美元(7.45%)。我国的有机产品共出口到 30 多个国家和地区中，贸易金额排在前十位的国家依次是荷兰、德国、英国、美国、法国、日本、意大利、丹麦、奥地利、加拿大。这 10 个国家总的贸易额达 5 亿美元，占我国 2014 年出口贸易总额的 85.55%(图 1-6)。

贸易量也是欧洲排第一，为 14.35 万吨(50.45%)，其次是北美洲 6.91 万吨(24.29%)、亚洲 6.72 万吨(23.64%)，南美洲、澳洲、非洲和中国港澳台地区的总贸易量只有 0.46 万吨。从贸易量上来看，排在前十名的国家分别是日本、美国、荷兰、德国、英国、丹麦、加拿大、意大利、瑞士和西班牙，这 10 个国家和地区的贸易量为 256 838 吨，占总出口贸易量的 90.00%。贸易量上日本排第一，但是贸易额则排在第六位，原因是贸易量中的 86.34%为初级农产品与野生采集产品(图 1-7)。

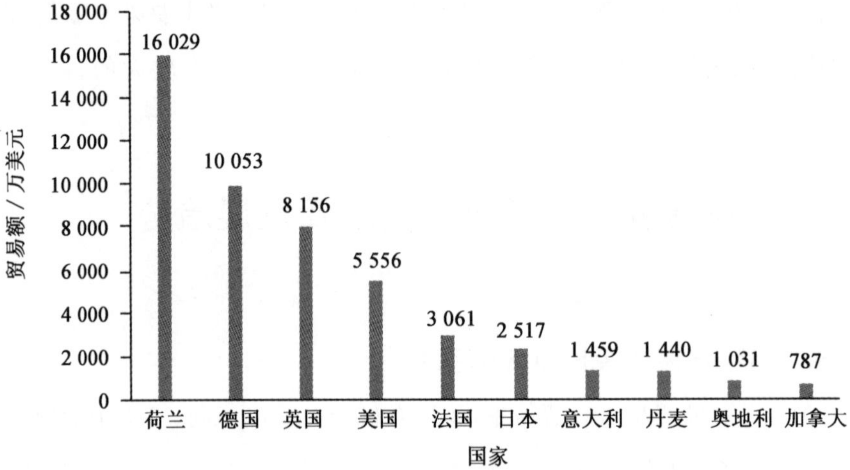

图 1-6　2014 年有机产品出口贸易额位于前十位的国家

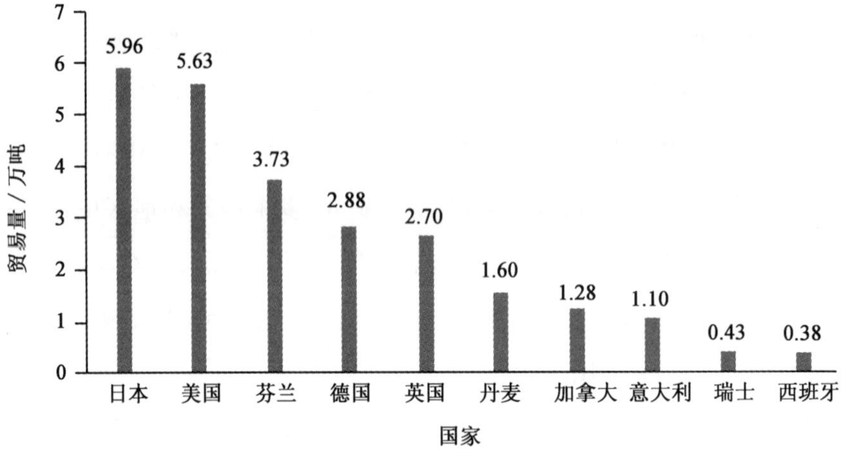

图 1-7　2014 年有机产品出口贸易量位于前十位的国家

1.2.3.2　我国有机产品出口贸易产品

2014 年,中国有机产品总出口贸易额为 5.86 亿美元,总贸易量为 28.47 万吨。贸易额方面,加工产品的贸易额最多,为 4.03 亿美元,占总贸易额的

68.83%；其次是初级农产品1.73亿美元(29.48%)、野生采集产品771.47万美元(1.32%)和动物产品219.14万美元(0.37%)(表1-2)。

表1-2　2014年各类有机产品贸易额　　万美元

地区	初级农产品	野生采集产品	动物产品	加工产品	合计
欧洲	10 303	89	219	36 396	47 008
北美洲	4 240	454	0	1 650	6 343
亚洲	1 978	229	0	2 174	4 380
澳洲	312	0	0	89	401
南美洲	253	0	0	6	260
中国港澳台	171	0	0	0	171
非洲	6	0	0	0	6
合计	17 264	771	219	40 315	58 569

贸易量方面，初级农产品的贸易量位居第一，为13.53万吨，占总贸易量的47.58%，其次是加工产品11.91万吨(41.76%)，野生采集2.99万吨(10.51%)和动物产品0.04万吨(0.14%)。虽然加工产品的贸易量不如初级农产品，但其贸易额明显高于初级农产品。有机加工产品贸易额占有机产品出口贸易额的一半以上，贸易量也接近一半(表1-3)。

表1-3　2014年各类有机产品贸易量　　吨

地区	初级农产品	野生采集产品	动物产品	加工产品*	合计
欧洲	44 496	169	411	98 381	143 457
北美洲	57 462	198	0	11 422	69 082
亚洲	29 205	29 524	0	8 827	67 556
澳洲	1 752	0	0	423	2 175
南美洲	1 979	0	0	0	1 979
中国港澳台	409	0	0	19	428
非洲	24	0	0	0	24
合计	135 328	29 890	411	119 072	284 701

* 这里的加工产品包括简单清选后的谷物及豆类产品等。

1.2.3.3 我国出口的主要有机产品及其贸易区域

这些产品种类出口国家最多的是豆类、谷物、茶叶和坚果，出口到20多个国家；蔬菜、水果、调味品、中草药和蜂产品等也出口到十多个国家，有机纺织品由于发展得较晚，目前只出口到了美国和香港。

有机豆类主要出口到18国家和地区中，其中，66.9%的有机豆类出口到美国和加拿大，18.5%左右出口到日本、中国港澳台等亚洲国家和地区，13.9%出口到欧洲的10个国家。出口量为前十位的国家依次是：美国、日本、荷兰、比利时、德国、加拿大、英国、澳大利亚、瑞士和西班牙。

在出口的有机蔬菜产品中主要包括各类的冷冻蔬菜、脱水蔬菜和盐渍蔬菜及少量的保鲜蔬菜等，2011年的有机蔬菜的出口贸易额为2 124万美元，有机蔬菜共出口到13个国家。从出口贸易额上看，德国排第一，为504万美元，美国与荷兰分列二三位；从贸易量上看，出口到日本的贸易量最大，为9 452吨；另外有机蔬菜出口的国家还包括北美的加拿大；欧洲的比利时、英国；澳洲的澳大利亚和中国周边的亚洲国家。

有机谷物主要包括有机小麦、有机大米、有机荞麦、麻籽类的有机产品，2011年我国出口的有机谷物类产品贸易额为1 629万美元。有机谷物的出口国家为11个，其中出口到欧洲的有4个国家，贸易量为2 038吨，贸易额为1 170万美元；出口到日本、港澳台等亚洲国家和地区的有机谷物类产品贸易量排第一，贸易额为421万美元；分别占到总的有机谷物贸易的71.8%和16.5%。按贸易额排序，排在前5位的依次是瑞士、德国、荷兰、美国、非洲。

在所统计的出口的有机水果类产品中，主要出口的产品包括冷冻草莓、红枣、桃汁、橘子罐头等产品，有机坚果类产品包括花生、葵花籽、南瓜籽、松籽、板栗等籽仁类的有机产品。我国的有机水果和坚果2011年出口贸易额为2 199万美元，2011年有机水果和坚果出口的国家和地区共有17个，从区域分布上看主要集中在欧洲和亚洲几个国家。从贸易额上来看，日本排第一位，其次是荷兰。从贸易量来看，出口到日本的贸易量也是最大。

茶叶一直是我国对外农产品贸易中重要创汇产品，在统计的出口茶叶种类中，主要以绿茶、红茶、乌龙茶、白茶和茉莉花茶为主。2011 年我国共出口茶叶类产品 3 690 吨，出口贸易额共计 2 232 万美元，从分布来看，欧洲占 9 个国家，7 个亚洲国家和地区、2 个北美国家，还有澳洲等其他国家。从有机茶叶的贸易额来看，主要是美国和德国，分别占总贸易额的 57.7%和 26.6%，其他国家的有机茶叶贸易额占到了 15.7%。

综上可以看出，我国目前有机产品占普通产品的比例较低，有一定的发展空间用于国内市场和出口市场，尽管未来有诸多挑战，但全球有机食品行业的发展前景令人鼓舞。由于有机行业的贡献有目共睹，在经济危机导致的经济放缓背景下，有机产品市场仍将会有一段时间积极地增长。

1.2.4 我国有机产品进口贸易及发展趋势

1.2.4.1 中国进口有机产品区域分析

2014 年共有 10 家认证机构在 21 个国家进行了境外认证，颁发有机证书 121 张，认证了 66 家企业。获得证书数量最多的国家是意大利，其次是西班牙、奥地利、丹麦、澳大利亚、美国、新西兰、德国和泰国(图 1-8)。中国有机产品境外认证总面积 26.5 万公顷，主要分布在土耳其、丹麦、巴西、意大利和西班牙。

1.2.4.2 中国进口有机产品类别分析

在境外认证的有机产品共有 52 个品种，其中 28 个产品属于加工类产品。境外生产的有机产品总产量 96.5 万吨，其中牛奶产量为 68.3 万吨，占

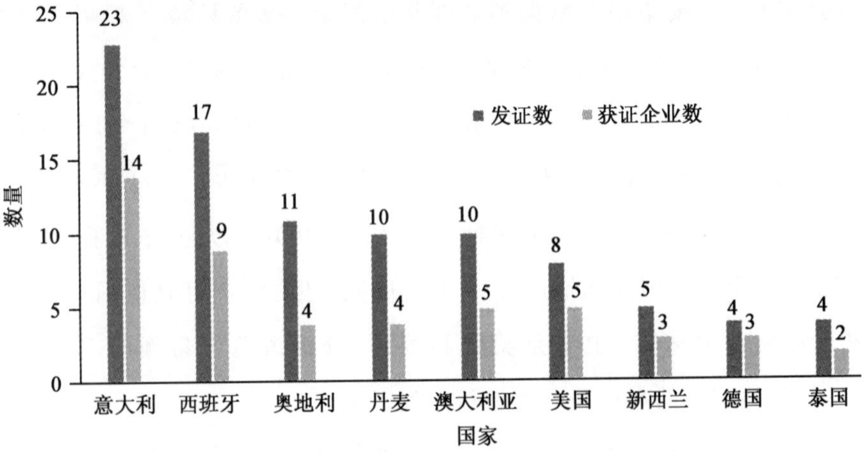

图 1-8　2014 年境外认证的有机企业和证书分布

境外有机产品总量的 70.8%，其他加工产品为 14.3 万吨，以葡萄酒、植物油和调味品为主。2014 年按照国外有机标准进行认证的产品主要有植物类产品、畜禽产品、加工产品和水产品。有机种植认证总面积 111.38 万公顷，其中有机认证面积 80.07 万公顷，野生采集面积 32.84 万公顷。2014 年植物类认证总产量 335.86 万吨(58.47%)，加工产品 227.54 万吨(39.62%)，畜禽类产品 10.72 万吨(1.87%)，水产品 0.25 万吨(0.04%)(表 1-4)。

表 1-4　2014 年境外有机产品生产情况

产品	谷物	蔬菜	水果	制糖植物	茶	其他油料作物	虾类	奶牛	加工产品
面积(公顷)	655	120	185 242	21 001	106	100		57 618*	
产量(吨)	2 760	4 125	129 452	1 535 820	2 690	400	59	3 368	288 994

* 牧场面积。

企业进口的有机产品中，乳制品、婴幼儿食品、葡萄酒和橄榄油数量占绝大多数，按进口有机产品有效证书的企业数量大小比较，排在第一的是乳制品企业，依次为葡萄酒企业，婴幼儿食品企业，橄榄油企业，谷物制品企业，肉制品企业和食品配料企业，果蔬产品企业。进口的有机产品主要有以下特点：单一、生鲜制品少、肉禽蛋少，这可能与进口产品相关的法规和货架期有关。

1.2.4.3 进口有机产品主要销售渠道及发展趋势

进口的有机产品在国内的销售渠道主要有3条途径：一是高端超市，如华润万家的高端超市品牌“端超市”，香港高端超市品牌“City Super”，北京华联的高端超市品牌“北京华联”，沃尔玛旗下的“山姆会员店”等。二是有机专营店，如上海的海客乐有机产品专营店和一些母婴专营店。三是网络销售，在淘宝和阿里巴巴等网站上出现了进口有机产品的销售。

将来进口有机产品走向将呈现以下特点：①产品多元化。已经为国内消费者接受的有机产品数量逐年增加，如谷物早餐食品和盒果蔬制品，品种和风味也会多样化，一些方便、休闲食品也会有有机产品进口到中国，如饼干、果蔬片等。②销售渠道多样化。除了现有的销售渠道，国外的有机产品将会通过合适的媒体和展会进行产品的宣传，扩大知名度，进入餐饮行业，如清饮、机场和机上餐饮以及国际学校等机构（国家认证认可监督管理委员会，2014）。

1.3 国际有机产品进口法律法规体系

1.3.1 有机农业认证制度的构成

一个完整的有机产品认证控制体系，包括以下几个部分：有机立法、有机标准、检查与认证体系、监管体系、有机标签、农场内部控制体系。有机认证制度通过建立一整套标准、由认证机构的第三方检查与认证标准的遵守、主管部门对认证机构的再监管等，构成了人们在有机产品生产与贸易方面的控制体系。

1.3.1.1 有机农业立法

越来越多的国家正在制订法律法规对有机产品认证进行规范。涉及有机产品认证的政府法规一般包括:指定或本身包含一个有机产品标准;对使用有机产品标志进行规定;对认证机构从事有机产品认证设定条件,要求符合 ISO 17065 标准或需要进行批准;对有机产品进口进行规定、有机农业的监管部门的职责、国家有机农业政策等,是有机农业发展的基本规范。政府法规对有机认证体系具有重要影响,很多情况下,政府法规是能否实现互认的决定因素。目前全世界有 64 个国家制订了有机法规,如美国、欧盟、日本,中国、加拿大等。

1.3.1.2 有机标准体系

即有机生产和认证依据的标准,它是有机产品认证控制体系中的一个基本内容。有机标准规定了有机产品的生产、加工、运输、储藏、销售等禁止或允许的各种要求。有机农业标准不仅涵盖了种植业方面的要求,还包括了畜牧和家禽饲养业、水产业、林业等方面的要求。不仅包括生产过程管理方面的要求,还延伸到收获、加工和包装、标签等方面的要求。所以,有机农业标准是控制从农业(包括粮食、饲料和纤维)、畜牧和家禽、水产、林业的田间生产到加工成最终消费产品的一个完整的、基础性的指导法规,也可以说是有机农业的根本法则。它是生产、运输、加工、包装和贮存有机产品者必须自觉做到的要求。

1.3.1.3 检查认证体系

有机产品的认证,主要是认证组织通过派遣检查员对有机产品的生产基地、加工场所和销售过程中的每一个环节进行全面检查和审核以及必要的样品分析完成的。检查和认证体系的机构主要构成为：检查、认证人员；检查、认证准则、条例；认证组织和申请者之间的合约。其中，检查员的素质是直接影响认证组织的信誉和产品质量的关键。认证本身就是一个质量控制过程，而且是其中关键的一环；认证机构则是有机食品质量控制体系的一个重要组成部分。

1.3.1.4 监管体系

认证机构是掌握标准、控制生产过程和保证产品质量的关键因素。为了保证认证机构认证的公正性与真实性，认证机构从事认证业务需要政府主管机构的审核与认可。政府权威机构应加强对检查和认证的授权和管理。所有层次的控制和管理应该保证所有的检查者和认证者都受到评估和认可（认可即"对认证者的检查"）。认可可以简单地理解为对认证机构的全面审核，正如认证机构根据一套标准对要获得认证的生产者进行评价一样，认可机构也要根据一套认可标准对认证机构进行评价。一个认证组织的信誉度、知名度和权威性直接影响产品的销售和市场的认可程度，因此，对于认证机构的认可不能仅凭其标准、工作程序等，应对其进行全面审核，并对其认证的有机经营企业进行抽查。

1.3.1.5 有机标签

有机标签是一种质量证明商标，证明产品是按照有机标准的要求生产的。有机食品标签是指包装有机食品容器上的文字、图形、符号，以及一切说明物（包括吊牌、附签或商标）。其必须标注的内容包括：有机食品质量证明商标、食品名称、配料（或原料）、净含量、制造者的名称和地址、生产日期、保质期（或/和保存期）、质量等级和产品标准号等。在国外，每一个认证机构都有自己的有机标签。经认证机构检查与认证，确认其生产符合有机食品标准要求的，就可以在其产品上标注有机标签。未经过有机认证的产品，不能称为有机食品,也不得使用任何有机产品标志。只有获得认证的产品方可粘贴认证机构的有机产品标志,所以当消费者看到贴着有机标志的产品时,就知道确实是有机产品,而且从标志上可以看出是由哪家认证机构认证的。有机标签也是认证机构的认证信誉标志,认证严格而规范的认证机构的标签的信誉也就高。它同时也为监管机构和消费者提供了一种可追踪系统,按图索骥就能查找到提供虚假认证的认证机构,并给予相应的惩罚。

1.3.1.6 农场内部质量控制系统

农场内部质量控制是有机产品整个质量控制系统的源头。它包括内部质量管理体系和农场的文档记录系统。农场的组织管理体系也是内部质量控制的一部分。有机农场要设立专门的质量管理部门或指定专人负责质量控制工作,并根据企业特点制定详细的质量管理规章制度及质量控制手册。由于时间和经费的限制,检查认证机构不可能一年四季住在农场观察生产的全过程,这就需要生产者将其生产活动以文字资料的形式记录下来,作为从事有机生产的证据,同时也使生产出来的产品具有可追溯性,一旦出现问题可以查到具体的责任人。文档记录是获得认证的必要条件。

1.3.2 国际有机农业法律法规发展概况

有机农业标准是应用生态学和可持续发展原理,结合世界各国有机农业的生产实践,在有机农业生产中必须遵守,有机农业质量认证时必须依据的技术性文件。有机农业标准一般包括的内容有:有机认证的范围、转换期的规定、种植、养殖、加工及野生收获、菌类、蜂产品等内容,以及对转基因生物的规定和投入品的规定或列表。

有机农业标准是一种质量认证标准,它是对一种特定生产体系的共性要求,更强调生产、加工、贸易等环节不违背有机生产原则,保持有机的完整性，从而生产出合格的有机产品。有机生产方式是在动植物的生产过程中不使用化学合成的农药、化肥、生长调节剂、饲料添加剂等物质，以及基因工程生物及其产物，而是采用遵循自然规律和生态学原理，采取一系列可持续发展的农业技术，协调种植业及养殖业的平衡，维持农业生态系统持续稳定的一种农业生产方式。

目前，全球的有机农业标准主要有三个层次，私人标准、国家标准及国际标准。农户协会在 20 世纪中期就开始制定有机生产、检查和认证的私人标准，此外，一些认证机构都制定了认证机构的私有标准。直到 90 年代，政府机构才首次介入有机法规的制定。与此同时，世界上其他经济实体也加快了制定标准的步伐，2002 年，美国农业部完成了立法的工作，2005 年 4 月 1 日，我国《有机产品认证管理办法》和有机产品国家标准开始正式实施。截至 2014 年底，全球共有 82 个有机生产国颁布了自己的有机法规(图 1-9)，其中包括欧洲 39 个国家，亚太地区 20 个国家，美洲及加勒比海地区 21 个国家，非洲 2 个国家。

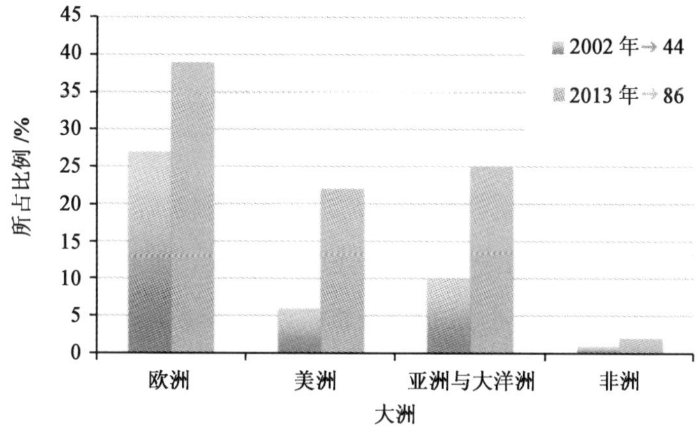

图 1-9　各大洲有机农业标准制定国家占各大洲国家总数(FiBL & IFOAM,2014)

在致力于建立清晰、一致的有机法规和标准的过程中，不仅有私人组织、政府机构的参与,IFOAM及联合国粮农组织、世界卫生组织等国际机构也纷纷参与,目前有两个主要的国际标准即联合国食品法典委员会CAC标准和国际有机运动联盟IFOAM标准。IFOAM是世界成立最早和目前影响最大的民间有机农业组织,其制定的有机农业基本标准(IBS)被各国和认证机构广泛借鉴,而CAC标准是在参考IFOAM、欧盟等标准基础上制定的,目前IFOAM标准和CAC标准都已成为各国制定国家标准的重要参考。但是需要注意的是,尽管存在如此众多的不同的有机标准,但大多数专家认为,这些标准之间的相同点远远多于不同点,各个标准之间的差异非常小。

1.3.3 国际有机农业标准体系

1.3.3.1 国际有机农业标准

国际有机农业标准主要有食品法典CAC标准和IFOAM标准,食品法典委员会是FAO及WHO联合建立的食品标准机构,从1991年起,在IFOAM等观察员组织的参与下,食品法典委员会开始制定有机食品的生产,加工及销售指南,制定了许多关于食品进出口检查及食品贸易的指导性文件。从内容来看,这些标准不仅明确地定义了有机食品生产的本质,还有助于消除消费者对产品质量和其他生产方式产生的误解。在他们看来,这些标准对于保护消费者及促进贸易都有积极的意义。食品法典委员会分别于1999年6月及2001年7月通过了有机植物和动物生产指南。这些指南的主要要求与IFOAM基本要求和欧盟法规是一致的,只是在细节问题和标准覆盖领域上有所差别。

1972年,全球性民间团体IFAOM(国际有机农业运动联盟)的成立,给有机农业和有机认证带来了新的契机。1980年,IFOAM制定并首次发布了关于有机生产和加工的基本标准,明确定义了如何种植、生产、加工和处理有机产品,它是世界范围内的认证机构和标准制定机构制定自有标准的基础,该标准具有广泛的民主性和代表性,因此这里以 IFOAM 基本标准为例介绍有机农业标准中所包含的主要内容。

IFOAM 基本标准包括了植物生产、动物生产以及加工的各个环节。在附录中列举了在施肥和土壤改良过程中使用的产品、在植物病虫害防治过程中使用的非有机生产材料的清单和食品加工过程中使用的加工助剂。并对评价有机生产其他材料使用的程序、有机食品生产加工助剂和添加剂评价程序进行了描述。IFOAM 的基本标准每三年召开一次会员大会进行修改。

1.3.3.2 国家有机农业标准体系

从全球范围来看,欧洲、北美及日本是全球有机市场增长的重要因素,下面将上述三个地区和国家为例,阐述有机主流国家及地区的有机标准。

(1)欧盟有机农业条例

欧盟于 1991 年 7 月 22 日开始实施 No. 2092/91 有机农业条例,该条例是欧盟关于有机产品生产、加工、标识、标准和管理的基础性法规,共 16 章、6 个附录和 25 条修正条款。颁布标准的目的在于保护真正的有机食品生产商、加工商和交易商的利益,防止假冒产品,促进有机农业的健康发展;促进消费需求,保护消费者利益;建立严格有序的有机生产体系,制定所有介入者都必须遵循的有机食品加工标准;建立公平、独立的监控和认证体系,所有有机产品或相关产品必须获得认证;制定相应的标签规定,促进新市场的形成,以培养新型有机食品生产商。虽然这不是世界上第一个有机农业法规,但这是至今为止实施最成功的一个法规。该法规对有机食品有着明确的法律定义,对欧洲成为世界上最大的有机食品市场起到了积极的作用。2006 年 12 月底,欧盟发布了有机产品新法规 EC 834/2007 和 EC 889/

2008,并于2009年1月1日正式实施。

(2)美国有机农业法规

美国于1990年由国会通过了《有机食品法案》,该法案授权美国农业部成立国家有机项目(NOP)负责有机产品标准和法规的制定和管理,具体由国际有机标准委员会(NOSB)实施。1992年美国农业部农业秘书任命首届NOSB成员,开始了长达10年的有机标准制定工作,于2000年制定并由NOP发布了联邦公告,建立了国家有机食品标准,包括《美国农业部有机法规》(美国联邦法规第205部分第7章)和《项目指导手册》,NOP可以根据NOSB的意见进行修改。从2002年其由NOP认可的有机认证机构开始进行有机产品认证。

(3)日本有机农业法规

日本是世界上创办有机农业最早的国家之一。早在1935年就有冈田茂吉先生提倡自然农法,并于1953年成立自然农法普及会。日本政府很早开始关注农业可持续发展,1984年颁布的"地方促进法",虽然是为了增加耕地生产力和稳定农业经营而建立的,但其中主张利用堆肥来改良土壤,也与有机农业有关。1987年日本政府公布了自然农业技术的推广纲要,逐渐将自然农业的开发、生产和推广纳入法规管理轨道,1992年日本农林水产省制定了《有机农产品蔬菜、水果特别表示准则》和《有机农产品生产管理要点》,并于1992年将有机农业生产方式纳入保护环境型农业政策,2001年,日本农林水产省基于修正的JAS法规,制定了有机农产品及有机加工品的JAS规格。此外,JAS法规特别规定了对有机食品小包装业者和进口有机农产品的认证标准。

(4)中国有机标准

2002年11月1日《中华人民共和国认证认可条例》的正式颁布实施,有机产品(食品)认证工作由国务院授权的国家认证认可监督管理委员会统一管理、进入规范化阶段。国家认监委于2003年组织有关部门进行“有机产品国家标准的制定”以及“有机产品认证管理办法”的起草工作，并于2005年4月1日实施，2011年进行了修订。修订后的标准号为GB/T 19630—2011，标准分为4个部分，即GB/T 19630.1—2005《有机产品　第1部分：生产》（包括作物种植、畜禽养殖、水产养殖、蜜蜂和蜂产品4个内容，作物种植中又附加了食用菌栽培和野生植物采集的内容）、GB/T 19630.2—2011《有机产品　第2部分：加工》、GB/T 19630.3—2011《有机产品　第3部分：标志与销售》以及GB/T 19630.4—2011《有机产品　第4部分：管理体系》，将管理体系单列为国家标准的一个部分，这在国际上还属于第1次，表明了有机产品认证中管理体系的重要性。国家标准的发布和实施是我国有机产品事业的一个里程碑，标志着我国有机产品事业又走上了一个规范化的新台阶。

1.4　中国有机法律法规与监督管理体系

1.4.1　中国有机产品认证认可制度

中国的有机产品认证认可制度的建立，是受国内与国际市场的驱动，由生产企业首先开始尝试有机生产，逐渐推动相关标准、法规的建立和完善，最终建立完整的有机认证认可制度的过程。

2003年，国务院发布《中华人民共和国认证认可条例》，成为中国规范境内认证认可活动及境外认证机构在中国境内活动和开展国际互认的行政法规。为加强对认证认可活动的管理，我国还制定发布了《国家认可机构监督管理办法》《认证培训机构管理办法》《认证机构管理办法》《认证证书和标志管理办法》等规章及文件。有机产品认证、培训、咨询、销售等活动也必须符合上述法规的要求。

在2004—2005年期间,我国正式颁布和实施了有机产品认证的主要标准法规体系《有机产品认证管理办法》《有机产品认证实施规则》和《有机产品》国家标准(GB/T 19630—2005),标志着我国统一的有机产品认证认可制度的正式建立。

为保证有机产品认证机构公正、科学、有效地开展有机产品认证活动,国家认监委授权中国合格评定国家认可委员会(以下简称国家认可委,CNAS)实施有机认证机构的认可工作。国家认可委是国际认可论坛(IAF)和太平洋认可合作组织(PAC)的成员,按国际通行标准结合国际有机运动联盟的有关技术要求及我国有机产品认证的特点,制定了适合我国有机产品认证机构认可规范。该认可规范既符合国际通行的做法,又兼顾了有机认证的特点。

1.4.2 中国有机产品认证监管体系

中国有机产品认证监管职能主要由国家质检总局及其下属认证监管部门负责。国家认监委作为全国认证认可工作主管机构,负责认证机构的设立、审批及其从业活动的监督管理,以及对食品、农产品认证认可活动进行统一管理、监督和综合协调。为加强对认证行业的监管,国家认监委建立并逐步落实"法律规范、行政监管、认可约束、行业自律、社会监督"五位一体的监管体系,以国家认监委及其所属单位、国家认可委、中国认证认可协会(CCAA)、地方认证监管部门、认证机构以及社会媒体等为主要监管主体,初步建立快速、有效的联动监管机制。认证机构的设立、检查员的注册、认证活动的进行、有机产品的生产和销售以及有机产品的宣传等都受到上述机制的监管。此外,农业部为保证农产品质量安全,拨出专项资金,每年组织农业部农产品质量安全中心及各地农业行政主管部门，实施对有机农产品的专项检查。

1.4.2.1 有机认证机构的行政审批

有机产品认证机构的设立，应事先获得行政审批，该批准阶段由国家认监委负责，包括审查其是否遵守《中华人民共和国认证认可条例》。行政审批申请流程需要90天，根据该条例的第10条内容，在第一阶段，所有国内外认证机构必须具有固定的场所和必要的设施，有符合认证认可要求的管理制度，注册资本不得少于300万元人民币且有10名以上相应领域的专职认证人员。根据该法规，外国认证机构在申请中国的认可时在第一阶段还必须满足以下额外要求：取得其所在国家或者地区认可机构的认可，同时，从事认证活动的业务经历不低于3年。截至2013年12月底，国家认监委批准的有机认证机构共25家。

1.4.2.2 有机认证机构的认可

有机产品认证机构在获得国家认监委行政审批后，还应获得国家认可委的认可，方可从事有机产品认证活动。认证机构应在获得国家认监委行政审批后的12个月内，向国家认监委提交其认证活动符合《有机产品认证实施规则》和《产品认证机构通用要求》的证明文件。认证机构在未能提供相关证明文件前，每个批准认证范围颁发证书数量不得超过5张。中国认证认可体系如图1-10所示。

国家认可委根据认可评审报告、评审记录、申请人提交的资料和所获得的相关信息做出认可决定。必要时，可能继续向申请人调阅必要的补充信息。对于评审符合要求的申请人，国家认可委向其颁发有国家认可委授权人签章的批准申请人认可资格的认可证书。获准认可的认证机构在其认可的认证业务范围内按照《认可标识和认可状态声明管理规则》(CNAS-R01)

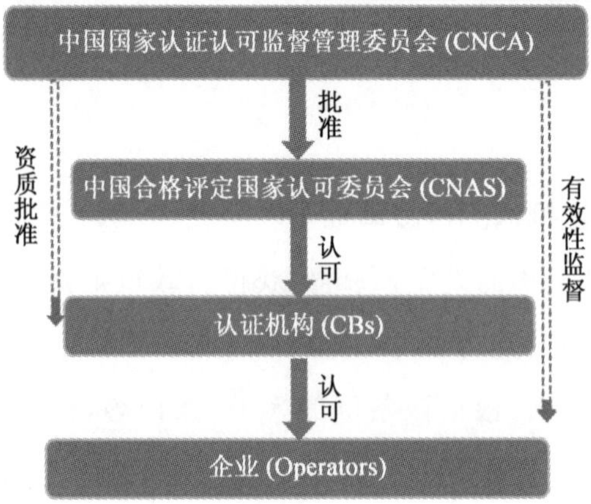

图 1-10　中国有机产品认证认可体系

颁发带国家认可委认可标识的认证证书。在认可证书的有效期内，国家认可委对获准认可的认证机构实施监督评审，确定其是否符合国家认可委认可规范。

1.4.2.3　有机认证行业自律

中国认证认可协会负责认证机构的行业自律管理工作。组织所有认证机构按照国家法律法规要求和认证行业和认证市场发展的一致意愿，通过制定相应的规章制度，自我约束、自我管理，促进行业的公平和有序发展；并对认证机构遵守法律法规、履行行业自律规范的情况进行评议，向国家认监委报告发现认证机构的违法违规行为；负责对涉及违反认证管理要求的认证人员注册资格的处置。

有机认证检查员注册制度是行业自律的一项重要手段。从事有机产品认证的检查员必须经过专门培训机构的培训并在获得中国认证认可协会的注册后，方可从事认证检查活动。中国认证认可协会依据《有机产品认证检查员注册准则》对检查员进行管理，该准则第一版于 2005 年 7 月 6 日实施，现行版本为 2012 年 3 月 21 日发布的第二版准则。《有机产品认证检查员注册准则》规定了中国认证认可协会有机产品认证检查员的注册要求，以及采用以知识和能力为基础的评价考核的过程和方法。依据该准则取得中国认证认可协会有机产品认证检查员注册资格后，方能表明检查员有能力依据《有机产品》和《有机产品认证实施规则》的要求，实施有机产品认证检查。

根据《有机产品认证检查员注册准则》的规定，有机产品认证检查员共分为两个级别，分别是“有机产品认证检查员”与“有机产品认证高级检查员”；注册专业细分为4个类别7个专业，如表1-5所示。对于各级别、各专业检查员，注册准则在教育经历、工作经历、专业工作经历、培训经历、个人素质和检查原则、知识技能、行为规范、监督与年度确认、再注册等方面又分别有详细的规定。

表1-5 有机产品认证检查员注册专业

类别	专业	类别	专业
A 植物类	A1 植物生产 A2 野生植物采集 A3 食用菌栽培	C 水产类	C6 水产养殖
B 畜禽类	B4 畜禽养殖 B5 蜜蜂和蜂产品	D 加工类	D7 加工

1.4.2.4 有机产品认证的行政监管

行政监管是有机认证监管体系的重要组成部分，国家认监委作为中央部门和各省、自治区、直辖市质监局及各直属出入境检验检疫机构为主体的地方认证监管部门共同实施对有机产品认证活动的监督监管。

地方认证监管部门各司其职，对所辖区域的有机产品认证活动进行监督检查，查处获证有机产品生产、加工、销售活动中的违法行为。各地出入境检验检疫机构负责对外资认证机构、进口有机产品的认证和销售以及出口有机产品认证、生产、加工、销售活动进行监督检查。地方各级质量技术监督部门负责对中资认证机构、在境内生产加工且在境内销售的有机产品认证、生产、加工、销售活动进行监督检查。对于检查中发现的违法违规行为,可依据《有机产品认证管理办法》进行制裁和查处。

为保证认证信息的准确性,配合各职能部门的监管工作,国家认监委自2006年启用了中国食品农产品认证信息系统,认证机构应当在对认证委托人实施现场检查5天前,将认证委托人、认证检查方案等基本信息报送至该信息系统,并在获证后及时将产品获证情况以及有机产品认证防伪标志的购买情况上传该系统,以方便监管。消费者如对购买的有机产品存在疑虑的,可登录该网站进行查询、核实。该信息系统维护了消费者和获证企业的合法权益,增强了有机产品信息的透明度。

1.4.2.5 有机产品认证的社会监督

社会监督是一种最广泛的监督形式,也是最贴近群众的一种监督方式。社会监督的力量得到正确引导,既是对政府相关部门在食品、农产品认证监管中前四个环节所取得的工作的一种有效检验,同时也可成为政府相关部门实现监管的有力补充,实现"社会监督"与"五位一体"的前四个环节的有机联动,共同促进食品、农产品认证的良性发展,最终达到食品安全的目标。目前社会监督的参与者主要有消费者、职业打假人、媒体(微博、微信、门户网站等)、非政府组织、政协委员、义务监督员等。社会各界如发现有机产品认证活动中涉嫌违规行为,可拨打12365进行投诉、举报。

1.4.3 我国有机产品认证法规及相关管理规范

国家质检总局颁布的《有机产品认证管理办法》《有机产品认证实施规则》和中国国家有机标准《有机产品》GB/T 19630等三个重要文件,构成了我国有机产品认证的核心依据。

1.4.3.1 《有机产品认证管理办法》

《有机产品认证管理办法》是根据《中华人民共和国认证认可条例》等有关法律、行政法规的规定，由国家质量监督检验检疫总局制定的部门规章，其目的是为促进有机产品生产、加工和贸易的发展，规范有机产品认证活动，提高有机产品的质量和管理水平，保护生态环境。

该《有机产品认证管理办法》于 2004 年 11 月 15 日以“国家质量监督检验检疫总局令第 67 号令”的形式正式发布，2005 年 4 月 1 日起开始实施，共包括 7 章 46 条的内容，以及 1 个附件(有机产品认证标志图案)。在该办法中，对有机产品及有机产品认证的概念、有机产品认证活动的监管、有机产品认证标志、有机产品认证认可的国际互认、认证机构管理、认证活动实施、认证违法罚则、有机产品认证价格等都做出了明确的规定，是在我国进行有机产品认证相关活动必须遵守的基本法规，也是《有机产品》标准和《有机产品认证实施规则》制定的基础。

2009 年后，受国内与国际有机产品认证大环境的影响，国家认监委组织实施了《有机产品认证管理办法》修订工作。从国际范围来看，国际有机农业运动联盟、国际食品法典委员会(CAC)等基准性标准以及一些国家的标准都分别进行了修订，包括欧盟、美国和日本等主要有机产品消费国或地区。从国内来看，随着有机产品成为部分人群消费热点，个别认证企业与认证机构的问题也逐渐暴露。同时，中国有机产品进口量逐渐增大，而原《有机产品认证管理办法》中缺少进口有机产品监管等内容，不利于新形势下的有效监管。对此，国家认监委从 2009 年 10 月至 2010 年 4 月对原《有机产品认证管理办法》实施情况、效果、存在问题和解决问题的建议等方面进行立法后评估，并决定对原《有机产品认证管理办法》进行修订。

1.4.3.2 《有机产品认证实施规则》

《有机产品认证实施规则》于2005年6月1日，以国家认监委2005年第11号公告发布实施。该规则是根据《认证认可条例》《有机产品认证管理办法》《有机产品》国家标准及相关要求制定的，旨在规范有机产品认证活动，确保认证程序和管理基本要求的一致性和认证的有效性。规则共由7部分组成，包括目的、适用范围、依据标准、认证程序、认证后管理、认证证书、标志和标识以及认证收费等。该规则是对认证机构开展有机产品认证程序的统一要求，对规范有机产品认证工作，促进我国有机产业的可持续发展具有重要意义。

2009年后，国家认监委同样组织了对《有机产品认证实施规则》的修订，2012年3月1日修订的《有机产品认证实施规则》正式实施。与原规则相比，该版实施规则的内容上发生了很大的变化，主要内容除包括目的和范围、认证机构要求、认证人员要求、认证依据、认证程序、认证后管理、再认证、认证证书、认证标志的管理、信息报告、认证收费等外，还以附件的形式对有机产品认证证书和销售证书的基本格式、有机产品认证证书编号规则、国家有机产品认证标志编码规则等进行了明确的规定。该版实施规则对认证机构和企业如何开展有机认证、生产更具指导性。

另外，该版《有机产品认证实施规则》的要求，只有列入标准附录清单中的物质才可以用作投入物在有机生产、加工中使用。未列入标准附录清单中的物质，认证委托人应在使用前向认证机构提交申请，详细说明使用的必要性和申请使用投入品的组分、组分来源、使用方法、使用条件、使用量以及该物质的分析测试报告（必要时），认证机构应根据GB/T 19630.1《有机产品　第1部分：生产》附录C《评估有机生产中使用其他投入品的准则》和GB/T 19630.2《有机产品　第2部分：加工》附录C《评估有机加工添加剂和加工助剂的准则》的要求进行评估。经评估符合要求的，由认证机构报国家认监委批准后方可使用。

2014 年 4 月 23 日，为进一步完善有机产品认证制度，规范有机产品认证活动，保证认证活动的一致性和有效性，国家认监委对 2011 年发布的《有机产品认证实施规则》（国家认监委对 2011 年第 34 号公告）进行了修订，并以国家认监委 2014 年第 11 号公告的形式发布实施。新版实施规则是根据《中华人民共和国认证认可条例》和新版《有机产品认证管理办法》（国家质检总局 155 号令）等法规、规章的有关规定进行修订的，更加契合当前的实际情况。

1.4.3.3 《有机产品》国家标准

《有机产品》标准由国家认监委组织编写，标准号为 GB/T 19630—2005，于 2005 年 1 月 19 日发布，并于 2005 年 4 月 1 日开始实施。该标准共由 4 部分组成，分别是“有机产品　第 1 部分：生产”（GB/T 19630.1—2005）、“有机产品　第 2 部分：加工”（GB/T 19630.2—2005）、“有机产品　第 3 部分：标识与销售”（GB/T 19630.3—2005）、“有机产品　第 4 部分：管理体系”（GB/T 19630.4—2005）。

标准的第 1 部分规定了农作物、食用菌、野生植物、畜禽、水产、蜜蜂及其未加工农产品的有机生产通用规范和要求，适用于有机生产的全过程，主要包括作物种植、食用菌栽培、野生植物采集、畜禽养殖、水产养殖、蜜蜂养殖及其产品的运输、储藏和包装；第 2 部分规定了有机加工的通用规范和要求，适用于以 GB/T 19630.1 生产的未加工产品为原料进行加工及包装、储藏和运输的全过程，但是有机纺织品仅为棉花或蚕丝纤维材料的制品；第 3 部分规定了有机产品标识和销售的通用规范及要求，适用于按 GB/T 19630.1、GB/T 19630.2 生产或加工并获得认证的产品的标识和销售；第 4 部分规定了有机产品生产、加工、经营过程中应建立和维护的管理体系的通用规范和要求，适用于有机产品的生产者、加工者、经营者及相关的供应环节。

《有机产品》标准编制时首次引入“管理体系”的概念，整合了标准中散落在不同条款中的文件和记录要求，同时考虑到有机管理的自我完善与改进增加了内部检查等内容。管理体系内容的引入不仅便于有机操作者使用，也开创了国际有机标准引入管理体系的先河。

在《有机产品认证管理办法》修订的同时，国家认监委也组织了对《有机产品》国家标准的修订。2012 年 3 月 1 日，修订完成的新版标准开始实施，标准号为 GB/T 19630—2011。新版有机标准与 2005 年版有机标准相比，除在“引言”部分增加对有机农业四大基本原则，即“健康的原则、生态学的原则、公平的原则和关爱的原则”的论述外，其主体结构并未发生根本性的变化。新版标准在内容方面最大的变化是对有机生产中允许使用的投入物做出了更加明确的规定。

2014 年 3 月 6 日，国家标准化管理委员会 2014 年第 3 号公告发布，以修改单的方式对 GB/T 19630—2011 进行修订，以满足新版《有机产品认证管理办法》的要求。

1.5 有机产品认证的国际互认合作

尽管有机产品认证发展非常快，并且进口和出口需求在持续增长。绝大多数存在有机贸易的国家制定了相关的有机管理的法规和标准。但是同时由于许多国家制定了自己的有机农业法规和标准，造成了各国各地区有机法规和标准并不完全一致，有机产品在不同国家进行贸易时，往往需要按照销售有机产品的目的国的有机产品标准实施多重认证，这样不仅造成了人力、物力资源浪费，而且增加了认证费用，而这部分认证费用会间接地转移到有机产品价格上，增加了不必要的成本，同时也造成了有机产品国际贸易的诸多障碍。因此，近几年来，为了减少有机产品国际贸易之间的壁垒，一些国家或地区通过政府间的协议，形成等同或等效性协议来便利有机产品的贸易。

1.5.1 国际有机标准的互认合作

根据 FiBL 的调查统计显示，已有 82 个国家制定了有机实施规则，16 个国家正在起草法案。2014 年，欧盟委员会提出了新的有机实施规则提案，成为欧盟的年度议题。欧盟和美国都继续致力于有机互认工作，并且都与韩国达成了有机互认的双边协议（FiBL，2015）。

1.5.1.1 标准的双边互认

标准之间的双边互认很大程度建立在政治的基础上，但是也必须有技术评估作为支撑。2009 年，美国有机标准（NOP）与加拿大食品检验局（CFIA）制定的《加拿大有机产品条例》（COPR）和《加拿大国家有机标准》（NOS）达成互认协议。根据该协议，生产加工企业获得 NOP 认证，且认证机构已经获得 USDA 认可，则产品可以标为有机产品在加拿大销售，而无须经过加拿大有机标准认证。同样的，获得加拿大标准认证的产品，且认证机构已经获得加拿大认可，产品可以在美国作为有机产品销售。在美国和加拿大外生产的产品，也包括在该协议内。

2012 年 7 月 1 日，欧盟与美国有机标准达成互认，不过仅限欧盟和与美国内生产的产品，且不包含水产品与葡萄酒。另外，欧盟境内生产的动物产品，以及美国国内生产的苹果和梨，也需进行额外评审。2014 年 1 月 1 日，美国有机标准与日本有机标准（JAS）达成互认。

欧盟现承认 11 个国家的有机标准体系与欧盟等效，并采用名单的方式进行管理，即欧盟有机进口第三国名单。列入欧盟有机进口第三国名单的国家，其产品经本国标准认证后，可出口欧盟国家或地区。不过，第三国名单对产品类型和认证机构都有限制。

1.5.1.2 对认可程序的承认

美国对一些国家的认可程序进行了承认，包括印度、以色列和新西兰。认证机构经上述国家认可后，无须再经过美国农业部(USDA)认可，即可开展 NOP 有机标准的认证业务。不过此类承认仅限认可程序，获证企业还必须依据 NOP 标准获得认证。

1.5.1.3 对认证机构的认可

美国、日本和欧盟均可对国外认证机构进行认可，但是这种认可的技术难度非常大，费用也较高，而且维持认可资质追加后续投入，目前开展较少。我国南京国环有机产品认证中心已经获得美国农业部的认可，成为中国大陆第一家获得此项认可的认证机构，该机构同时也通过加拿大官方认可与欧盟等效认可。

1.5.1.4 全球有机市场准入项目(GOMA)

“全球有机市场准入项目(GOMA)”是由联合国粮农组织(FAO)、国际有机农业运动联盟(IFOAM)以及联合国贸易与发展会议(UNCTAD)共同开展的国际项目，目标是在原“有机农业协调与互认工作组(ITF)”研究结果的基础上，通过推动有机产品认证的一致化和等效性以及在标准和符合性评估方面的合作减少有机产品国际贸易障碍和支持发展中国家有机产品获得发达国家的市场准入。

该项目 2010 年启动，并于 5 月和 12 月召开了两次亚洲地区项目会议，探讨亚洲地区在有机产品认证法规体系及标志使用、贸易方面的合作框架。12 月的会议决定首先制定一个“亚洲有机农业地区标准(AROS)”，并成立标准工作组和起草组，中国是起草小组成员之一。标准起草组起草了AROS草案第一稿，并于2011年3月在菲律宾召开首次起草会议。

1.5.2 我国国际合作与互认的开展

从2004年开始，国家认监委就积极参加国际相关项目，与国际有机运动联盟（IFOAM）、联合国粮农组织（FAO）、联合国贸易促进发展组织（UNCTAD）联合发起的有机认证互认与协调国际工作组的研讨和会议，还连续派团参加了在纽伦堡举办的世界有机博览会，与各国有机产品认证管理部门展开交流。同时，积极寻求与欧盟、美国等主要有机产品消费国的标准互认。

1.5.2.1 与欧盟有机标准互认的开展

由于中国未被列入欧盟有机产品进口第三国名单，中国向欧盟出口有机产品，主要是通过国外认证机构进行认证，由欧盟成员国进口商申报，欧盟成员国同意后方能进口。随着对欧盟有机产品出口量不断增加，仅依靠少数几家认证机构已经不能满足出口的需要，影响了中国和欧盟有机产品的国际贸易，同时增加了有机认证的成本和时间。为促进中国和欧盟的有机产品国际贸易，国家认监委已经正式向欧盟提出申请将中国列入欧盟有机进口第三国名单，并向欧盟提交了中国和欧盟的有机法规标准体系的比较报告。

随着国内有机产品市场需求的不断增加，从欧盟等地进口的有机产品日益增多，据悉，2011年欧盟向中国出口的有机产品增长了25%，这预示着在未来几年里，中欧有机产品贸易蕴含着巨大前景。在此背景下，2012年6月，欧洲委员会与中国国家质检总局签订了《中欧有机产品认证互认合作备忘录》（国家认证认可监督管理委员会，2014）。基于此协议，中国与欧盟将评估各自的相关立法，就有机产品的标准与控制手段进行评估，并推动在有机产品贸易方面建立互认与合作的协议。中欧双方已针对技术层面的对话与交流各自成立了工作组并交换了工作组成员信息，中方工作组成员由国家认监委、国家认监委技术研究所、国家认可委及相关研究机构构成。

2013 年 4 月，国家认监委与欧盟农业总司进行了第一轮中欧有机产品认证互认会谈，双方确定了技术对话的工作机制及初步达成信息交换工作框架。7 月，双方就如何推进互认的具体步骤进行了深入讨论。2013 年 11 月 12 日，国家质检总局与丹麦食品农业渔业部签署了《中华人民共和国国家认证认可监督管理局与丹麦王国食品农业渔业部关于有机产品认证合作谅解备忘录》。

1.5.2.2 与其他国家和地区有机互认的开展

新西兰、泰国等对与我国开展有机产品国际互认合作非常积极，国家认监委在 2015 年 6 月与新西兰初级产业部签订合作备忘录，并于 2015 年 7—11 月新西兰初级产业部与国家认监委的有机产品标准互认技术工作组开始了法律法规和标准的比对工作，并派出工作组进行互访，了解当地出口有机产品企业的生产、认证与销售情况，2016 年会有进一步新的互认进展。

泰国对有机产品的国际互认非常积极，泰国食品农产品标准局（ACFS）多次向中方提出互认问题，并且在泰国农业部访华和中国政府官员访泰期间多次就此问题进行了会谈。

1.5.3 国际有机农业发展与合作潜力

1.5.3.1 国际有机产品标准互认途径

各国为了规范认证机构的行为而纷纷制定了认可制度，认证机构必须符合认可规范，认可依据的一致性/相似性为认证机构的合作提供了很好的工作基础，有了这个基础，认证机构在认证程序上就具有一致性和可比性。在ISO/IEC 17065认可标准下，认证机构的认证程序主要包括：申请、合同评审、实地检查、认证决定及证书发放及监管等几个主要程序，同时为了保证认证质量，对认证机构的内部管理体系也作了相应的要求，比如内审与管理评审、文件与记录控制、人员管理以及申诉投诉等程序。尽管有些国家的认可依据与ISO/IEC 17065不完全相同，但从认证机构执行的认证程序上基本上是一致的，基本上都包括了申请、合同评审、实地检查、认证决定及证书发放及监管等几个主要程序。这为认证机构间进行互认合作提供了坚实的基础。

认证机构的合作是以认可机构的互认为基础的，如果认证机构的认可达成互认，那么认证机构就有了统一的尺度来进行评价，所以接下来对认证的产品是否能达成互认的讨论，是基于认可机构互认的基础上这样一个大的前提下，认证机构认证的产品是否能够得到互认主要取决于产品生产所依据的标准，根据对国家有机标准的异同进行的比较以及互认潜力的分析，认证机构的互认合作可以分为以下几种情况和模式来分步骤地完成有机产品在国家之间的互认。

对于已经建立了完善的标准与认证认可体系的国家，已经充分具备认可机构的互认基础，所以我们就从标准的相似程度入手，分步骤地实现产品互认的目标。对于尚未建立起完善的标准与认证认可体系的国家，如果已经有生产者在组织有机农业生产，而自己国家尚没有合适的认证机构来进行认证活动，可以邀请其他国家有资质和能力的认证机构前来从事有机认证活动，在从事这种有机认证活动的同时，应建立起相应的机构来协助国外认证机构的工作，一方面可以简化国外认证机构到本国来进行认证时的手续和联络工作；另一方面也是培训自己国家认证人员和能力的非常好的途径，从而了解到全球有机农业的发展趋势、标准、检查与认证技巧、市场开拓等信息。这是一个国家开展有机认证的第一步工作。另外还可以通过相关人员的能力培训,为认证认可及相关管理机构的建立提供很好的人力资源保证,在这方面各成员国应相互培训,为这些国家的人员的培训提供最大的便利条件。在进行认证的同时帮助这些国家建立完善的标准与认证认可体系,在此基础上实现国家有机产品的互认。

1.5.3.2 我国有机产品国际合作与互认的可行性分析

从世界各国的有机认证互认情况看,已经实现国家/地区间有机产品的互认承认。作为中国的认证机构,在实现各国有机产品的互认上,应具备以下几个条件:第一,认可机构间的互认;第二,认证程序的一致性;第三,标准的一致性。以上三个条件同时满足时才能实现各国间的产品互认。

在本书所讨论的几个与中国有合作互认的国家主要有欧盟的丹麦和英国、新西兰、泰国和日本,这些国家为了规范认证机构的行为而纷纷制定了认可制度,认证机构必须符合认可规范,在建立认可制度的这 5 个国家中,都是直接或间接以 ISO/IEC 17065 作为认可依据。这样,认证机构就有了统一的尺度来评价,所以我们接下来对认证的产品是否能达成互认的讨论,是基于认可机构互认的大前提下,认证机构认证的产品是否能够得到互认主要取决于产品生产所依据的标准,我们对不同国家有机标准与中国有机产品标准的异同进行的比较,并对我国与这些国家的互认潜力进行分析,为完成我国有机产品在国家之间实现互认提供理论依据。

本书在写作体例上,我们在第 1 章介绍了国际和我们有机产品生产、贸易及法律法规体系,为后续的法律法规比较提供国际背景和我国的发展现状;第 2 章到第 5 章我们主要介绍了欧盟、新西兰、泰国和日本 4 个国家和区域有机产业发展现状,包括生产与认证、有机产品消费与市场以及有机产品的贸易状况;比较了中外两国的法律法规及监管体系;并重点比较了有机产品标准的方方面面;在每章最后小结比较结果,分析了中外有机产品认证互认的可行性。最后第6章是对我国有机产品认证的国际互认合作潜力分析及建议。在分析国际上已经实现的有机产品标准互认的基础上，提出我国进行有机产品标准互认的潜在途径与合作模式；并针对本书中分析的几个国家的互认潜力进行了针对性的分析，并提出了相关政策建议，为签署政府间的协议来建立双边互认机制，减少或消除因法规/标准或合格评定程序带来的国际贸易技术壁垒，便利有机产品贸易提供依据。

第2章

中欧有机产品贸易合作及法律法规比较分析

——以丹麦、英国为例

2.1 欧盟有机农业发展现状

2.1.1 欧盟有机产品生产概况

2.1.1.1 欧盟有机产品生产概况

到 2013 年底，全球已有 4 310 万公顷的土地获得了有机认证，占世界农业面积的 0.98%，其中欧洲的有机土地面积是 1 150 万公顷(欧盟成员国 1 020 公顷)，占世界总有机土地面积的 27%(图 2-1)。在欧洲有机土地中，42%是多年生草场；40%种植的一年生作物，如青储饲料、谷物等；11%种植的是多年生作物，如橄榄、葡萄等(图 2-2) (FiBL & IFOAM，2015)。

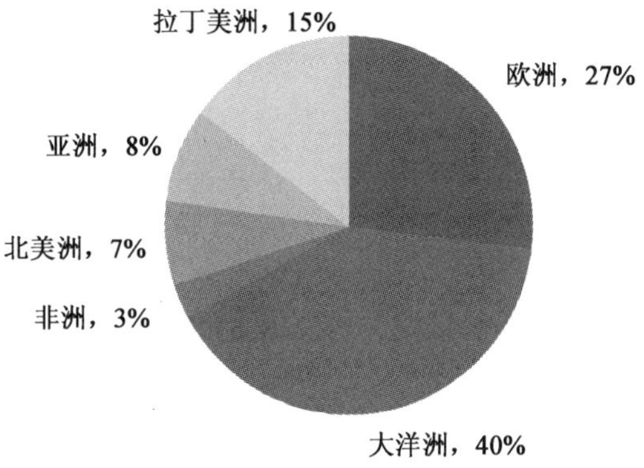

图 2-1 2013 年世界有机土地的分布情况

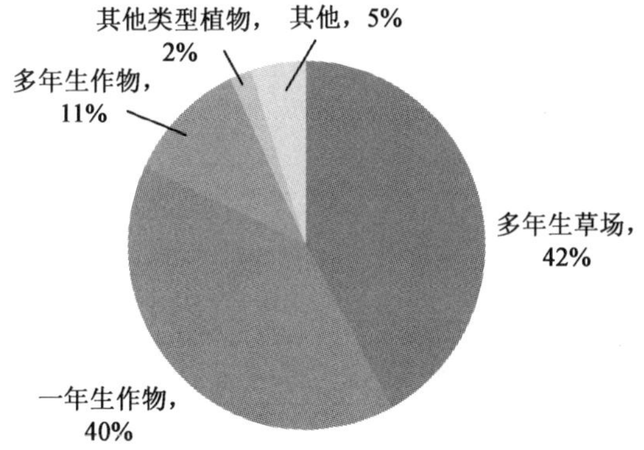

图 2-2 2013 年欧洲有机土地利用情况

在欧洲 1 150 万公顷的有机土地中，占比最大的是西班牙，约为 14%。紧随其后的是意大利、法国、德国和波兰。丹麦因为国家本身国土面积较少，2013 年其有机土地面积大约为 18 万公顷，占农田土地面积的 6.9%（表 2-1）；英国 2013 年有机土地约为 57.5 万公顷，在欧洲占比约为 5%，排名第 6 位（图 2-3）（FiBL & IFOAM，2015）。

截至 2013 年，全球有机生产者达 200 万人，其中欧洲有机生产者的数量约为 33.5 万人，约占全球总有机生产者的 1/6。而 2004 年欧洲仅有 16.5

万位有机生产者，仅为2013年数量的一半。土耳其在欧洲拥有最多的有机生产者，约为6.5万人，其次是意大利4.6万人，西班牙3万人，波兰2.6万人(2012年)，法国2.5万人(图2-3)。2013年欧洲的有机加工者大约是4.3万人，数量排名前三位的国家分别是意大利、法国和德国(图2-3)。欧洲的有机进口商约为1 600个，其中欧盟约为1 400个(FiBL & IFOAM，2015)。

表2-1　2007年和2013年丹麦有机农场及面积

年份	有机农场数量/个	有机农场占比/%	有机面积/公顷	有机面积占比/%
2007	2 607	5.9	150 207	5.6
2013	2 627	6.8	181 717	6.9

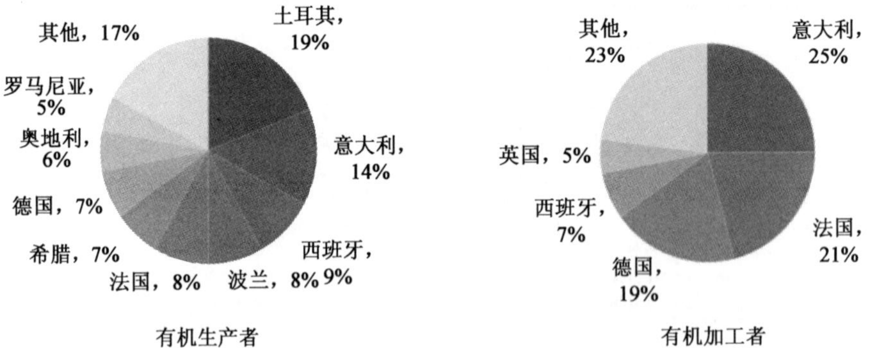

图2-3　2013年欧洲有机生产者和加工者的分布情况

2.1.1.2　丹麦有机产品生产概况

丹麦，全球公认的环保先驱，没有受到重工业、化工行业和采矿业的污染，大力发展可再生能源，严格限制农药使用，保护水源，以及其出色的溯源技术，让其成为世界上食品最安全的国度。其清洁的空气、洁净的地下水、干净的湖泊和河流以及未受污染的土壤都为丹麦有机农业的开发奠定了良好的基础。作为全世界最早立法规范有机产品的国家，丹麦早在1987年就出台了与有机产品相关的规定。丹麦拥有先进的有机生产技术，其农产品种类非常丰富。丹麦有机产品里排名前三位的是牛奶、燕麦和果汁，其“有机猪肉”领先世界，并获得了“养猪王国”的称号。

2007年丹麦的有机种植面积约为15万公顷，占丹麦农业面积的5.6%。2013年丹麦有机产品种植面积达到了18万多公顷，约占丹麦农业面积的7%，相比2007年增加了约3万公顷。截至2013年，丹麦有2 627个有机农场，相比2007年增加了20个，约占丹麦耕地面积的6.8%（表2-1）[①]。目前，丹麦已经建立了2020有机法案计划，计划到2020年把现在的有机耕地比例由7%涨到15%，有机食品的销量翻番。乳制品部门是丹麦最大的有机产品生产部门。2013年，丹麦有17.1万吨食用有机牛奶、3 000吨有机黄油和4 000吨有机奶酪。丹麦的有机原料乳相当于牛奶总产量的10%，有机猪肉产品为0.5%，有机蛋类产品和有机蔬菜产品为20%左右[②]。

2.1.1.3 英国有机产品生产概况

自2002年以来，英国有机农业面积呈现波动的趋势。2002年有机农业面积约为75万公顷，到2005年下降至61万公顷，2008年又增长到74万多公顷，之后再次出现下降。截至2014年，英国的有机农业面积约为54万公顷，相比2008年下降了26%（图2-4），约占全国耕地面积的3.2%。其中超过2/3的有机农业土地是多年生的牧场、草原区，临时的牧场约占17%，谷物类的作物约占8%（图2-5）[③]。

---

① 数据来源：丹麦中央统计局

② 数据来源：丹麦中央统计局

③ 数据来源：环境食品和农村事务部，2014年有机农业统计

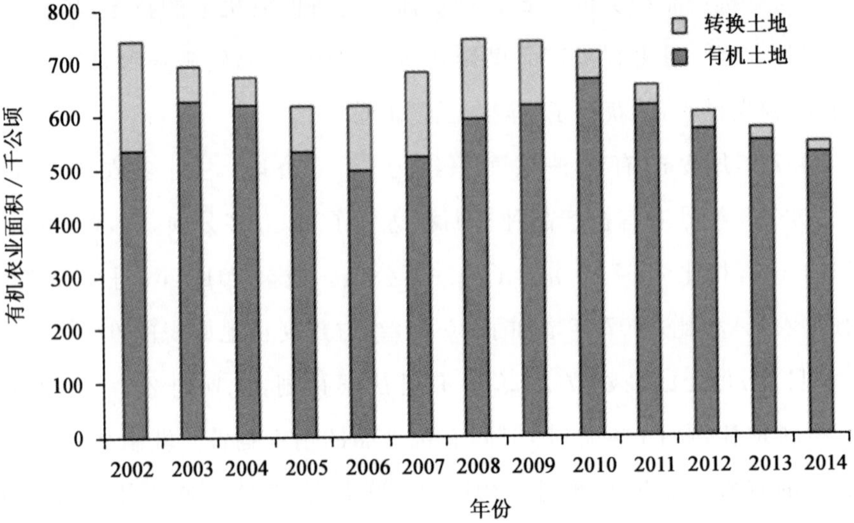

图 2-4　英国有机农业面积发展情况

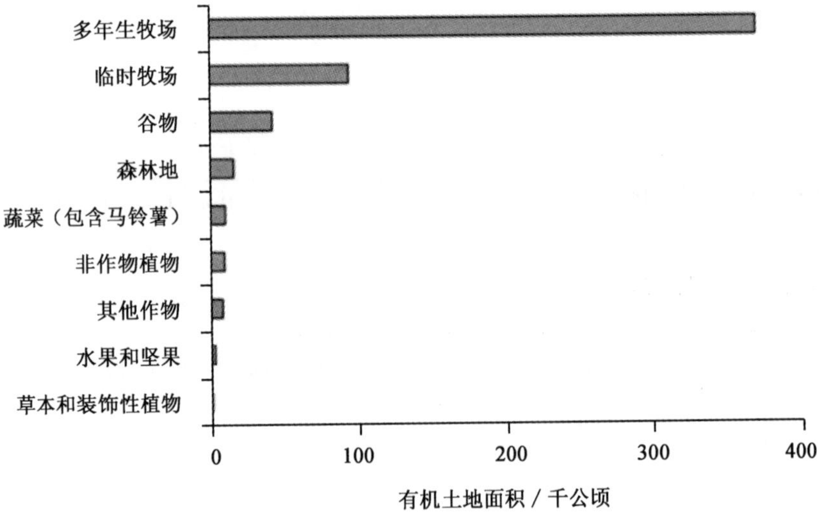

图 2-5　2014 年英国有机土地利用情况

2.1.2 欧盟有机产品消费与市场状况

近年来，全球消费者对有机产品的需求不断增长。2013年主要有机产品消费市场是美国、欧盟和中国，这3个地区的总和约占全球有机消费市场份额的85.4%(FiBL & IFOAM,2015)。总体看来，主要有机消费国进口的有机产品数量在日益增长，而全球的有机产品生产落后于需求，许多地区出现供不应求的局面。

2013年，欧洲市场222亿欧元的有机产品销售额主要集中在西欧，其中德国、法国和英国3个国家占了整个欧洲市场58%以上的份额。据统计，在欧洲各国中，最大的有机产品消费市场是德国，年均销售额达76亿欧元(2008年为58亿欧元)，其次是法国44亿欧元，英国21亿欧元。而有机产品市场占有额排名前三的国家分别是丹麦、瑞士、奥地利，其有机产品市场占比都已经超过6%（FiBL & IFOAM,2015)。其他国家如瑞典和卢森堡对有机产品也有强烈的需求，但是由于这些国家人口较少，因此市场总量相对较小。

2013年，丹麦人均有机食品消费额约为164欧元，仅次于瑞士210欧元的人均消费额，紧随其后的是卢森堡(人均消费额157欧元)。2013年全球人均消费额仅为14欧元(FiBL和IFOAM,2015)。另外，丹麦每年有机食品的零售额稳步增长，2014年，丹麦零售额增长率约为10%[①]。2013年，丹麦有机食品和饮料方面的市场份额高达8%，全球排名第一(图2-6)(FiBL和IFOAM,2015)；有机糖浆和蜂蜜、鱼类和贝类以及酸奶产品的销量比2009年翻了一番；有机肉类和冷切肉、蛋类、牛奶和奶酪、大米、植物油、各种调味品、香草、香蕉、巧克力、坚果和杏仁的销量也显著增长。

丹麦是有机产品的净进口国，大量进口水果、蔬菜、谷物、茶、咖啡和热

① 数据来源：丹麦中央统计局

带水果等有机产品。2003—2013年,其进口量增加了4.9倍[①];2009—2013年,丹麦有机产品进口增长率约达40%,同一时期,丹麦有机产品出口也翻了一番。2013年,丹麦有机产品出口额超过了2亿欧元,而进口额则已超过2.4亿欧元(图2-7)。

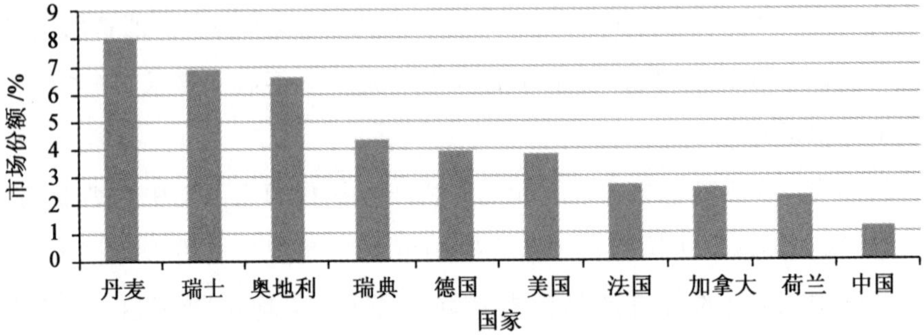

图2-6　2013年有机食品在零售市场的市场份额

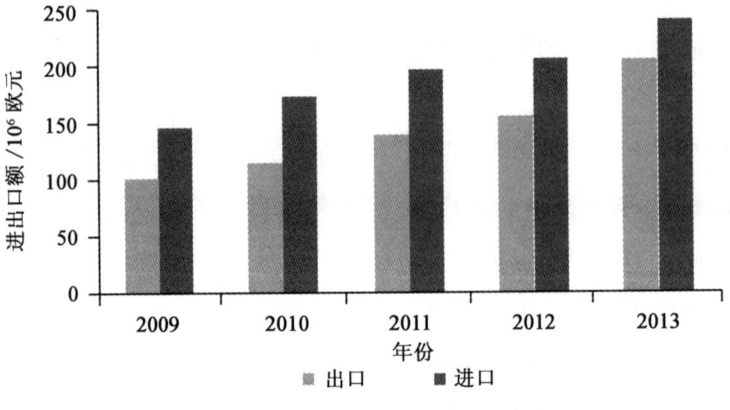

图2-7　丹麦有机贸易状况

丹麦有机食品市场的份额调查发现:燕麦份额最高,达到了39%,其次是牛奶和蛋类以及小麦粉都在20%以上,黄油、酸奶、蔬菜以及水果都可以

① 数据来源:丹麦中央统计局

达到10%以上,猪肉和鸡肉相对比例要低一些,只有2%和1%(表2-2)。

表2-2 2014年丹麦有机食品的市场份额

产品	份额	产品	份额
燕麦	39%	蔬菜	13%
牛奶	29%	水果	9%
蛋类	27%	牛肉	6%
小麦粉	22%	奶酪	5%
酸奶	17%	猪肉	2%
黄油	14%	鸡肉	1%

数据来源:GfK ConsumerScan。

2014年,英国有机产品销售市场是欧洲增长最快的市场,其销售额约为21亿欧元,在欧盟市场上排名第三,人均有机产品消费额约为33欧元(FiBL和IFOAM,2015)。在英国,绝大部分的有机产品销售额来自于超市和专业化的零售商店。有机零售的两个大类为乳制品和新鲜的水果、蔬菜、沙拉。家庭购买有机产品的比例逐年增长。消费者购买有机产品的五大理由分别为:偏好自然/未经加工的食品、禁止使用杀虫剂、味道更好、更有益于身体健康以及有利于保护地球环境①。

在英国,有机食品的生产无法满足消费者的需求,导致进口量增加。据估计,英国消费的有机食品约34%是从国外进口的,进口有机产品的种类主要是水果和制作沙拉的作物,同时也有谷物、蔬菜、乳制品和猪肉。英国进口的有机食品主要来自欧盟成员国,如荷兰、西班牙和意大利。除欧盟以外的主要有机供货商为美国、埃及、以色列、阿根廷、南非和中美洲的一些国家等。

---

① 数据来源:http://www.yogeev.com/article/47038.html

2.1.3 中国与欧洲的有机产品贸易

2014年,我国有机产品共出口到30多个国家和地区。这些国家主要分布在欧洲,如英国、德国、荷兰、意大利、法国、丹麦等国家;其次是亚洲,如日本、韩国等国家;北美洲的美国、加拿大等国家;以及澳洲的澳大利亚、新西兰等国家(国家认证认可监督管理委员会和中国农业大学,2016)。其中,出口额最大的区域是欧洲,约为4.7亿美元,占总出口额的80.29%。出口贸易额排名前十的国家依次是荷兰、德国、英国、美国、法国、日本、意大利、丹麦、奥地利和加拿大。

从出口量来看,也是欧洲第一,为14.35吨,占总出口量的50.45%。贸易量排名前十的国家依次是日本、美国、荷兰、德国、英国、丹麦、加拿大、意大利、瑞士和西班牙。出口的产品中,植物类认证总产量是335.86万吨(58.74%),加工类产品是227.54万吨(39.62%),畜禽类产品10.72万吨(1.87%),水产品0.25万吨(0.04%)。2014年丹麦对华有机产品进口贸易量达到了1.6万吨,进口贸易额达到了1 439万美元。产品主要包括水果和坚果、蔬菜、谷物食品和饲料①。对于英国,2014年从中国进口的产品主要是加工产品和初级农产品,总量是2.7万吨,贸易额为8 156万美元(国家认证认可监督管理委员会和中国农业大学,2016)。

中国进口的有机产品是指在境外生产区域按照中国有机产品标准进行生产和认证,并进口到中国的有机产品。2014年获得认证证书和企业数量最多的国家是意大利,其次是西班牙、奥地利、丹麦、澳大利亚、美国、新西兰、德国和泰国。其中,丹麦的获证企业为7家,共获得证书46张,主要认证的产品是乳制品、肉制品、果酱和食用油。英国的获证企业为2家,获得证书3张,主要认证的产品是乳制品、方便食品和果酱(国家认证认可监督

① 数据来源:丹麦中央统计局

管理委员会和中国农业大学,2016)。2014 年中国有机产品认证的境外总面积是 26.5 万公顷,其中丹麦是 5.4 万公顷,占 20.4%;英国只有加工产品。2014 年境外认证的总产量是 249.9 万吨,其中丹麦是 47.1 万吨,占总量的 18.8%(国家认证认可监督管理委员会和中国农业大学,2016)。

2.2 中欧有机产品法律法规体系比较

2.2.1 欧盟有机产品认证法规体系

2.2.1.1 欧盟有机产品认证法规

欧盟有机产品认证法规体系主要由欧盟理事会和委员会制定的各种规范性法律文件组成。其形式有三种,第一种是法规(regulation),相当于议会通过的法令,公布生效后各成员国必须执行,无须再将其改为本国立法;第二种是指令(directives),是对成员国具有约束力的欧盟法律,各成员国须在其基础上制定本国法律,欧盟委员会一般会给成员国一定时间开始执行,各成员国可自行选择实施方法;第三种是决议(decisions),是指多个主体根据表决原则做出的决定,具有法律约束力。

欧盟有机产品标准是标准与法规的二合一,既可称为标准,又可称为法规,而本章所比较的是其中的法规部分,为了行文方便,本节提到之处将统称欧盟有机产品法规。在法规 EC 834/2007、EC 889/2008、EC 710/2009 和 EC 1235/2008 中引用了相关的其他法规、指令和决议,如 EC 834/2007 引用了 EC 1198/2006"欧盟渔业基金"、EC 882/2004"确保符合食品饲料法、动物健康和动物福利规定实行官方控制"等。

欧盟各个成员国根据欧盟理事会和委员会的要求，执行欧盟法规 EC 834/2007、EC 889/2008 和 EC 1235/2008 等。成员国会根据欧盟指令的要求，结合自己的实际情况制定具体的实施规则。在丹麦，政府部门控制有机食品的生产、营销和分销，并且丹麦制定了有机标准实施的细则(丹麦有机食品，2006)。英国在欧盟标准基础上制定了自己国家的有机生产实施规则 2009 No. 842(有机产品法规，2009)和 2010 No. 1902(对有机产品标准进行了补充)，这两个文件也是标准和法规合二为一的文件。

在法律法规方面，中国与欧盟有机法律法规的主要不同之处在于中国将技术标准与行政法规相分离，而欧盟将技术标准和行政法规合二为一。

2.2.1.2 欧盟有机产品进口体系

2006 年 12 月底，欧盟发布了有机产品进口新法规 EC 834/2007，对进口程序进行了更新。新的进口程序进入实施阶段后，取代了对欧盟以外国家的检查机构进行进口授权的体系。当前体系中的认可国家，也就是第三国清单将继续保留，并进行了必要的修改。现在出口到欧盟的产品必须获得欧盟认可的检查机构或政府机构的认证。欧盟发布了获得认可的一致性的检查机构清单、第三国清单以及等同性的检查机构清单 3 份不同的清单：一份是完全符合标准要求的认证机构或权威机构名单；一份是国家清单，在国家层面上等同性认可；第三份是以等同原则为基础的认证机构或权威机构名单，对等同性的评价应根据食品法典导则 CAC/GL 32 进行。这也是欧盟成员国进口有机产品的途径(图 2-8)。

(1)进口符合欧盟有机产品标准的产品

满足下列要求可以被列入检查体系和生产法规与欧盟法规完全一致并获得以 EN45011/ISO17065 导则为基础的认可的检查机构清单。

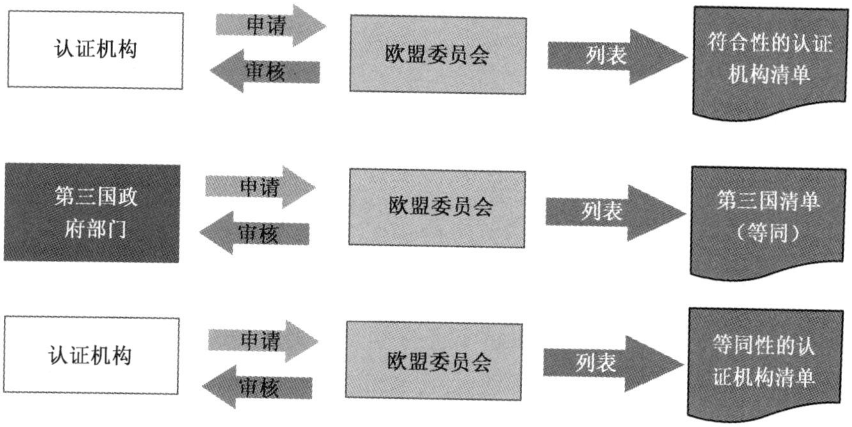

图 2-8 欧盟成员国进口有机产品的途径

①进口产品要在成员国加贴有机标识，需要满足下面的条件：(a)产品符合 EC 834/2007 第Ⅱ、Ⅲ、Ⅳ部分中的条款及 EC 889/2008 中具体实施细则的规定。(b)所有的操作者(包括出口商)应获得下面(2)中所涉及的主管部门或者认证机构的认证。(c)在任何时候，相关的操作者都可以给进口商、国家部门提供书面证据(即主管部门和认证机构应该向其监管的操作者提供其活动满足欧盟有机产品标准的书面证明)，以对最后的操作者及其是否符合本条款(a)及(b)的规定进行确认，上述证据应由获得欧盟委员会认可的主管部门或认证机构颁发。

②由欧盟委员会对(1)中(b)以及 EC 834/2007 中第 27 条所提及的主管部门或认证机构进行认可，通过认可后，这些主管部门或认证机构方有资格执行检查任务以及签发(1)中(c)条款所提及的书面证明。认证机构需要根据欧盟 EN45011 官方标准 C 部分和 ISO 导则 17065(产品认证系统基本要求)的最新版本，得到主管部门的认可。认证机构应该接受认可机构定期的现场检查、监督和审核。

收到主管部门或者认证机构要求认可的请求后，委员会应该要求主管部门或者认证机构提交所有需要的信息。同时也可以委派专家进行见证检查，核实主管部门和认证机构在第三国开展的监管活动。经过认可的主管部门或者认证机构应该提供认可机构或者主管当局根据例行的现场评估和多年度活动评审而做出的评价报告。该评价报告根据例行现场评价、监督以及多年度再评价活动的综合结果制定。根据评估报告，委员会在成员国的协助下应该对认可的监控或认证机构进行监督，监督的性质应根据本条例所规定的违规发生的风险和频率进行确定。

(2)进口等同标准的产品——第三国承认

①从第三国进口的产品在满足以下条件时，也可以作为有机产品在成员国中销售：(a)产品是按照与 EC 834/2007 第Ⅲ部分和第Ⅳ部分的生产规则等同的标准进行生产；(b)操作者已经得到监控，这些监控等同于 EC 834/2007 第Ⅴ部分的控制措施，并且这些措施是持续有效的执行；(c)操作者在第三国的所有生产、准备和销售的活动上报给获得认可的符合(2)要求的监管体系或符合等同性评价的主管部门或者认证机构；(d)产品获得了(2)中要求的第三国的主管当局、主管部门或者认证机构颁发的检查证书，或者获得3 中等同的认证结构颁发的检查证书，确认产品符合本国所提条件。本段中提到的证书应该和产品一起到达第一接货所在地点，此后，进口商应该至少保存证书两年以上，以便监控机构和认证机构检查。

②根据与 EC 834/2007 第 37 条第 2 款，委员会应该识别哪些第三国家的生产系统和规则符合本标准第Ⅱ、Ⅲ和Ⅳ部分的要求，以及哪些国家的控制措施等同于第Ⅴ部分的监控体系，并制定第三国名录。等同性评估应根据食品法典导则 CAC/GL 32 进行。

收到第三国寻求承认的要求后，委员会应要求第三国提供所有必需的信息，还可以委派专家对第三国的生产规则和监控措施进行评估。每年 3 月 31 日之前，得到承认的第三国应向欧盟委员会提交一份简明的年度报告,说明其实施和执行监控措施的情况。根据年度报告的信息,委员会在成员国的协助下应对认可的第三国进行监督检查。监督的频次应该根据违规发生的风险和频率进行确定。

(3)进口等同标准的产品——检查体系和生产标准等同于欧盟标准的检查机构清单

对于没有按照第32条和不是得到认可的第三国进口的产品,委员会可以根据第37条第2款的程序,对第27条中提到的监控机构和认证机构进行认可,以确定其是否有能力在第三国执行监管和颁发证书。对等同性的评价应根据食品法典导则CAC/GL 32进行。

委员会应对第三国的主管监控机构或认证机构提出的承认请求进行审核。审核时,委员会要求监控机构或认证机构提交必需的文件。认可机构或者主管部门应对监控机构或者认证机构进行例行的现场检查、监督检查和年度审核。委员会也可以委派专家检查监控机构或者认证机构在第三国对标准的执行和监管情况。得到承认的监控机构或者认证机构应提交认可机构或者主管部门根据现场检查、监督和年度审核做出的评价报告。根据评价报告,委员会在成员国的协助下应通过例行的评审对监控机构或认证机构进行监督。监督的频次应根据违规发生的风险和频率进行确定。

根据欧盟委员会的最新要求,欧盟成员国的认证机构在成员国内部开展有机产品认证时,依据的仍然是欧盟有机产品标准EC 834/2007,而不是等同性机构标准。所以在欧盟成员国内部进口有机产品时,需要符合EC 834/2007第32条"进口符合欧盟有机产品标准的产品"的要求。但是在成员国之外开展有机认证时,依据的标准是认证机构等同于欧盟有机标准的机构标准。比如法国的认证机构ECOCERT SA,在欧盟成员国内部开展有机认证时依据欧盟有机产品标准EC 834/2007,而在成员国之外进行认证时则依据的是ECOCERT有机产品标准。

此外,欧盟成员国已经于2014年7月1日彻底取消了进口商需要进口授权的要求。欧盟成员国外的认证机构在申请成为欧盟有机产品的注册机构时,只能申请成为等同性质的认证机构。丹麦和英国属于欧盟成员国,两国的进口有机产品的要求都是按照欧盟标准的要求进行的,并无特殊之处,此处不再赘述。

2.2.2 中欧有机产品监督管理体系比较

欧盟有机产品监督管理体系分为四个层次:第一层面为欧盟。欧盟理事会负责有机法律法规的制定,而欧盟委员会作为欧盟的执行机构,则负责标准细则的制定和贯彻执行,其中包括对有机农业投入品的批准和第三国权威机构和监控机构清单的制定,并向欧盟理事会提交相关报告及建议。第二层面是成员国权威机构。欧盟规定各成员国应指派权威机构对国内有机认证认可工作进行统一管理,通常由各成员国的农业部或农业部的下属部门担任。第三层面是认可机构。权威机构可以自身承担认可机构的角色,也可以委派特定的机构执行认可。欧盟对认证机构认可的依据是EN45011和ISO导则17065。第四层面是认证机构。欧盟的认证机构分为两类:官方认证机构和民间认证机构。官方认证机构是权威机构部分或全部授权的某些公共管理组织,而民间认证机构是完全独立的第三方机构(马文娟,2011)。

根据欧盟有机标准的规定,成员国必须设立权威机构监管和开展有机认证工作。在丹麦,由丹麦食品农业和渔业部下属的两个主管部门开展有机产品认证:丹麦农业渔业局(Danish AgriFish Agency)和丹麦兽医与食品管理局(The Danish Veterinary and Food Administration)(图2-9)。

丹麦是按照欧盟有关有机产品生产和公共食品控制的相关法律进行有机产品控制:现场检查和账目检查,包括主管部门之间采取交叉控制措施。

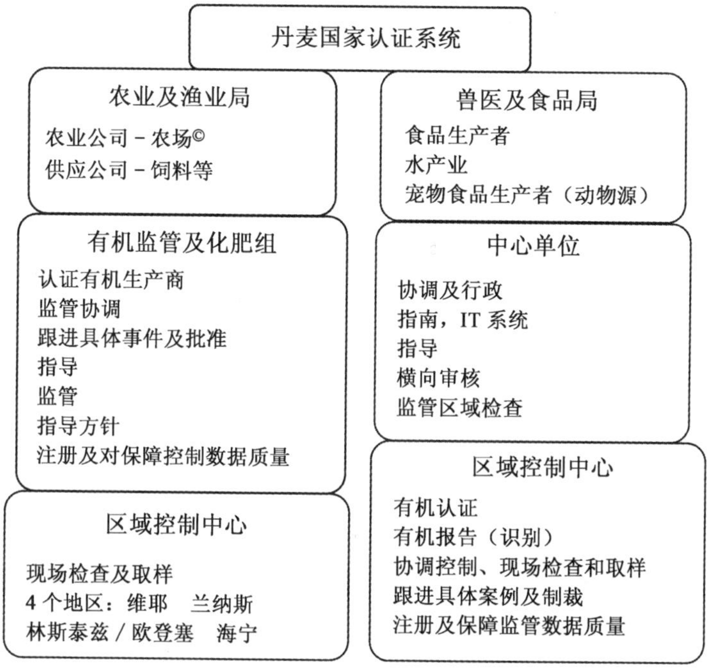

图 2-9　丹麦有机产品控制系统

通过中央主管部门进行控制协调和管理，确保在全国范围内统一控制。检查员是受过良好教育的政府检查人员，避免在检查过程中受到个人利益的影响。违反有机产品法规的行为将给予警告、行政罚款、动物和作物降级，禁止以有机产品名义销售，并最终撤销有机产品生产授权。对于欺诈或者严重虐待动物的行为，将报送警察局并予以起诉。

在英国，负责批准和监管认证机构的部门是环境食品和农村事务部(Defra)，并且由英国皇家认可机构(UKAS)协助，其职责为：①批准国内的认证机构并监管各个认证机构的认证活动；②根据欧盟标准制定有机认证的实施细则；③协助欧盟委员会制定关于有机生产的政策；④处理关于欧盟标准中关于放宽的请求；⑤为有机产品进口商签发进口授权。

中国有机产品监督管理体系在 1.4 节中有详细介绍，这里就不再赘述，欧盟和中国有机监管体系基本上是一致的，最大的不同之处是欧盟的有机监管体系分为四个层面，而中国的监管体系只有三个层面，这是因为欧盟是一个区域联盟，在各个国家层面之上形成统一的有机法律法规，在区域内统一执行。

2.2.3 中欧有机产品合格评定制度比较

2.2.3.1 中欧认可体系比较

中国国务院2003年发布的《中华人民共和国认证认可条例》，是中国规范境内认证认可活动及境外认证机构在中国境内活动和开展国际互认的行政法规。认可机构根据《CNAS—CC02 产品、过程和服务认证机构的要求》开展认可工作。认证机构要得到认可机构的认可需首先通过CNCA的批准。欧盟有机产品标准中并没有规定认可程序，由各成员国自行制定。但是根据EC 834/2007的第27条关于监控认证机构的规定，总结出来大概分为4步：认证机构申请、审核和检查认证机构、认可决定和认证后的监管。中国与欧盟认可程序在细节上或有差异，但是认可程序基本一致：

①认证机构申请。申请时认证机构应该按照认可的要求提交书面申请材料，认可机构对申请材料进行审核，审核合格后方能进入认可程序。申请材料一般包括认证机构基本信息、认证的业务范围、执行的认证程序、有机检查员的信息等。

②认可机构审核和检查。认可机构对第一步中认证机构提交的申请资料进行审核，并进行现场检查，确保认证机构的认证活动保持公正和独立，评估认证机构认证的有效性，审查违规行为及采取的纠正措施，当认证机构发生达到撤销的情形时，应撤销对该机构的认可。

③认可决定。在通过书面申请材料文件审核和现场评审之后，认可机

构根据评审相关文件和信息做出认可决定。中国法规规定通过认可后，CNAS将会向认证机构颁发认可证书。欧盟有机产品标准没有认可决定的规定，其成员国可自行制定。但是欧盟标准规定在认证机构获得认可后，成员国应该给开展认证管理工作的主管部门或认证机构一个专门的代码。

④认可后的监督管理。认证结构通过认可后，应依法接受认可机构的监督和管理，如接受认可机构的监督检查、改变认可状态时应及时通知认可机构等。并且要求认证机构要定期提交认证报告。欧盟标准规定，主管部门和认证机构最迟在每年的1月31日给权威机构一份其认证的操作者名单，该名单包括截止到去年12月31日其认证的所有操作者。并且在每年的3月31日之前，应该给权威机构提交一份去年认证活动总结的概要报告。中国也有类似规定，并且需要在中国认监委的网站上公布认证企业名单及证书有效期。

2.2.3.2 中欧有机产品检查认证体系比较

中国有机产品标准的检查认证体系未在标准GB/T 19630—2011中介绍，而是列在了《有机产品认证实施规则》中。根据实施规则的要求，申请者要建立并有效运行有机生产体系3个月以上才能申请有机产品认证，而欧盟并无此要求。两个标准的检查认证体系基本一致，都包含操作者申请、书面审核与费用缴纳、现场检查、抽样检测、认证决定和认证后监督管理（马文娟，2011）。中国和欧盟对检查的要求的不同点为：中国有机产品的认证实施规则就所有的检查认证做了相关规定和要求；而欧盟有机产品标准EC 889/2008中，根据操作类型的不同，对野生采集、畜禽养殖、海草种植、水产养殖和从第三国进口有机产品等的特殊要求都进行了详细的说明和要求。

2.2.4 中欧有机标准体系概述与比较

2.2.4.1 中欧标准体系发展概述

早在20世纪80年代,中国就启动并组织了与有机农业极为相关的生态农业运动。1994年,国家环境保护局成立了国家环境保护局有机食品发展中心,由该中心负责有机食品管理办法、生产技术标准的研究制定工作。2001年6月,国家环境保护局发布了《有机食品认证管理办法》,标志着我国有机认证认可制度的起步。2004年3月,国家认证认可监督管理委员会(CNCA)接管有机认证监管工作,并于2005年1月19日颁布我国第一个国家级的有机产品标准GB/T 19630—2005《有机产品》,此标准于2005年4月1日正式实施。2011年,此标准进行了更新,故现行使用的有机产品标准是GB/T 19630—2011《有机产品》。

欧盟早在20世纪初就已经开始发展有机农业,并于1980年开始筹划制定有机产品标准。首先颁布的欧盟有机产品标准为EEC 2092/91,期间历经多次修订。由于多次修改,使得有机标准的规则内容庞杂烦琐,故为了使规则内容清楚易懂,增加消费者对有机的认识,从2004年欧盟有机农业行动正式发布起,新标准的制定工作拉开了序幕。2009年1月1日,欧盟有机产品标准EEC 2092/91被正式废除,取而代之的是标准EC 834/2007、EC 889/2008和EC 1235/2008,后来又颁布补充标准EC 710/2009和EC 271/2010。

2.2.4.2 中欧标准体系主要差异

中国和欧盟有机标准的不同之处在于:①标准性质不同:中国有机标准是一种技术性标准,而欧盟有机标准是技术与法规的结合体。②标准体系不同:GB/T 19630—2011 中的有机认证体系包含生产、加工、标识和销售、管理体系四个部分,而欧盟标准是以 EC 834/2007 为中心,以两个委员会标准 EC 889/2008 和 EC 1235/2008 为实施细则;中国有机产品标准的允许认证的产品列在《有机产品认证目录》,而欧盟标准则是开放式的,并无限制。③标准范围不同:中国和欧盟标准共同的认证范围是:农产品、食用菌、野生采集、畜禽、蜜蜂、作为食品消费的加工产品、饲料。不同之处在于,中国可认证有机纺织品,欧盟不能;但是欧盟可以认证有机酵母而中国不能。另外,因为目前蜂产品并不在中国有机产品目录中,因此虽然 GB/T 19630—2011 中有蜂产品认证的标准,但是实际上并不能认证(马文娟,2011)。

2.2.4.3 平行生产

关于平行生产,两个标准的要求基本一致,都允许在同一生产单元内种植常规的易于区分的品种,但是要做好隔离措施。如果种植的品种不是易于区分的,则必须满足下列条件:①植物必须是多年生的,并且生产者应制定有机转换计划,计划中应承诺在可能的最短时间内开始对同一单元中相关非有机生产区域实施转换,该时间最多不能超过 5 年;②采取适当的措施以保证从有机和非有机生产区域收获的产品能够得到严格分离。欧盟还要求,在收获前 48 小时需通知主管部门或认证机构,并且收获完成后,生产者应将各个地块的准确产量及产品的隔离措施通报给主管部门或认证机构。在同一单元内,一年生植物不应存在平行生产,这点上两个标准要求完全一致。

2.2.4.4 基因工程生物/转基因生物

GB/T 19630—2011 的第一部分的 4.3 对于基因工程生物/转基因生物的使用做出了具体规定:不得在有机生产体系中引入或在有机产品上使用基因工程生物/转基因生物及其衍生物;同时存在有机和非有机生产的生产单元,其常规生产部分也不得引入或使用基因工程生物/转基因生物。另外，在本部分的 8.6.4 中规定，在畜禽产品的疾病预防中，可以使用疫苗预防接种，不应使用基因工程疫苗，但是国家强制免疫的疫苗除外。

欧盟标准 EC 834/2007 第 4 条规定，除兽药外，拒绝使用转基因生物和来自转基因生物或者用转基因生物生产的产品。所以，两个标准对于基因工程生物和转基因生物的要求基本一致，只是欧盟标准对兽药的要求相对宽松。

2.2.4.5 电离辐射

GB/T 19630—2011 第一部分 4.4 要求“不应在有机生产中使用辐照技术”；EC 834/2007 第 10 条规定“禁止使用电离辐射”，所以两个标准对于辐照技术的使用要求完全一致，都是禁止使用。

2.2.4.6 投入品

GB/T 19630—2011 第一部分的 4.5 对有机生产的投入品做出了具体要求，EC 834/2007 的第 4 条和第 16 条，就欧盟标准对投入物使用的原则和要求给出了具体说明。两个标准都是首选依靠有机生产系统本身来维持治植物和动物的健康。其次规定禁用化学合成物质。在允许列表外的产品如果使用也需要经过评审。但是欧盟有机标准相对宽松一些，很多物质可以根据具体使用条件放宽使用。

2.3 中欧有机植物产品标准比较

2.3.1 概述

在中国有机产品标准 GB/T 19630—2011 中，有机农业的定义是“遵照特定的农业生产原则，在生产中不采用基因工程获得的生物及其产物，不使用化学合成的农药、化肥、生长调节剂、饲料添加剂等物质，遵循自然规律和生态学原理，协调种植业和养殖业的平衡，采用一系列可持续的农业技术以维持持续稳定的农业生产体系的一种农业生产方式。"根据这个定义，在中国有机产品标准中，有机农业同时涵盖了植物生产和动物生产（包括蜂产品），并且这个定义也直接表明了有机农业生产所遵循的基本的原则：不使用转基因生物及其产物，不使用化学合成物质，采取的农业技术的前提是遵循自然规律和生态学原理，协调种植业和养殖业的平衡。在欧盟有机产品标准 EC 834/2007 中，第 4 条和第 5 条对于有机农业生产的原则做出了具体说明，其基本要义和中国描述的大致相同：重视自然和生态规律，注重环境保护和动物福利，主张依靠自然系统本身的能力维持和平衡种植和养殖等。

2.3.2 生产单元范围

GB/T 19630—2011 中第一部分，第 4.1 条规定："有机生产单元的边界应清晰，所有权和经营权应明确，并且已按照 GB/T 19630.4 的要求建立并实施了有机生产管理体系。"在《有机产品认证实施规则》中，5.2.2 要求认证委托人建立和实施了文件化的有机产品管理体系，并有效运行 3 个月以上才可以申请有机认证。

欧盟有机标准中并未对生产范围做详细的说明，但是在 EC 889/2008 中，关于"场所"的定义是"指以生产农产品为目标的单一管理操作下的所有生产单元。"这里的单一操作管理，就必须要边界清晰，所有权和经营权明确，与中国有机标准要求一致。但是中国有机标准更加严格，需要在认证前建立并实施有效的有机生产管理 3 个月以上。

2.3.3 转换期

GB/T 19630—2011 中定义，转换期是指按照本标准开始管理生产单元和产品获得有机认证之间的时段。欧盟标准中未对转换期作定义，但是给出了转换的概念，是指从非有机到有机农作进行的一段时间的过渡，在转换期间必须符合有机生产的规定。从定义上来看，两个标准的要求一致，都是从非有机到有机之间的一段时间。

对于具体的转换期的要求，两个标准针对不同的作物类型都给出了具体的转换时间，中国有机标准在 GB/T 19630—2011 第一部分 5.1 做出了具体要求，欧盟标准在 EC 834/2007 第 17 条和 EC 889/2008 第 36 条做出了具体说明，具体时间要求见表 2-3。

从表 2-3 中可以看出，中国和欧盟标准的要求基本一致，但是中国有机标准要求更加严格，不能完全免除转换期，最少也要经过 12 个月的转换期。同时，两个标准都规定了地块可以追溯，前提是要提供充分的证据证明在过去 36 个月内未使用禁用物质。

表 2-3　中国和欧盟有机标准对转换期的要求比较

植物类型	中国	欧盟
一年生植物	播种前 24 个月	播种前 24 个月
草场和多年生饲料作物	收获前 24 个月	收获前 24 个月
多年生作物(不包含饲料作物)	收获前 36 个月	收获前 36 个月
新开荒、撂荒土地和未使用禁用物质的地块	至少 12 个月	有充分证据可直接追溯为有机

另外，两个标准都规定了，可以根据土地的情况延长转换期；对于转换期的地块，如果使用了禁用物质，应该重新转换，所收获的产品不能作为有机产品销售，但是政府强制要求的除外；土地转换的目的都是为了使土壤中或者多年生作物体内的残留达到非显著水平。

2.3.4 产地环境要求

GB/T 19630—2011 第一部分的 5.3 条,是对产地环境的要求:有机生产需要在适宜的环境条件下进行。有机生产基地应远离城区、工矿区、交通主干线、工业污染源、生活垃圾场等。并且规定了产地的环境质量应符合以下要求:a)土壤环境质量符合 GB 15618 中的二级标准;b)农田灌溉用水水质符合 GB 5084 的规定;c)环境空气质量符合 GB 3095 中二级标准和 GB 9137 的规定。而欧盟标准中对产地环境并没有作具体要求,所以在产地环境这方面,中国有机产品的要求更加严格。

2.3.5 种子种苗

GB/T 19630—2011 第一部分的 5.3 条对种子和繁殖材料的要求进行了具体描述,而欧盟标准则是在 EC 834/2007 的第 12 条作了总的原则描述,在 EC 889/2008 中就具体实施作了详细描述。对比两个标准,对于种子和繁殖材料的要求基本一致,都是要求优先使用有机种子,一年生种苗必须是采用有机方式繁殖的,对于多年生的繁殖材料不应使用禁用物质和方法处理等。但是欧盟标准对于种子和繁殖材料的要求更为详细具体,并且要求每个成员国必须建立有机种子数据库,可见欧盟标准中更加注重对有机种子的获得。

2.3.6 土壤养分管理

GB/T 19630—2011 第一部分的 5.5 条对土壤养分管理做出了具体要求,包括应首先通过适当的耕作与栽培措施维持和提高土壤肥料,倡导优先使用来自有机生产体系的物质来增加土壤肥力。鼓励轮作,轮作中要包含豆科植物等。同时允许使用矿物肥、生物肥料(不能使用转基因及其产品)。

并且对允许使用的土壤培肥物质给出了具体列表。欧盟标准在 EC 834/2007 的第 12 条和第 16 条阐述了培肥的原则，在 EC 889/2008 的第 3 条进行了具体描述，并在标准的附则 I 中给出了具体的物质列表。

中国和欧盟有机产品标准均明确规定了土壤培肥和改良允许使用的物质清单，并且详细规定了限制条件。中国标准明确规定了人粪尿的使用要求：不应在叶菜类、块茎类和块根类植物上施用人粪尿；在其他植物上必须使用时，应当进行充分腐熟和无害化处理，并不得与植物食用部分接触。而欧盟有机产品标准明确禁止使用人粪尿。

通过比对两国标准附录清单中列出的允许使用的土壤培肥和改良物质发现，在中国标准中列出而未在欧盟标准中的物质有：草木灰（作为薪柴燃烧后的产品）、窑灰、可生物降解的微生物加工副产品（如酿酒和蒸馏酒行业的加工副产品）、天然存在的微生物提取物。其中天然存在的微生物提取物虽然在欧盟标准附录里面没有列出，但是在欧盟标准第 3 条的土壤管理和施肥中指出，可以适当使用微生物制剂来改善土壤的总体条件，或者增加土壤或作物中养分的有效性，并且为使堆肥充分腐熟，可使用适当的植物制剂或微生物制剂。这里对微生物的要求只要满足是非转基因生物的要求即可。

欧盟标准列出而未在中国标准中的物质有：堆制或发酵的庭院废弃物、海鸟粪、铝钙磷酸盐、碱性矿渣、硫酸镁盐（如硫酸镁石）、蒸馏物或蒸馏提取物（不包含铵蒸馏物）、氯化钙溶液、风化褐煤（腐殖酸中的有机沉积物）、甲壳素（从甲壳类动物中获得的多聚糖）、来源于无氧淡水水体的有机富集沉积物（如腐泥）。

虽然两国标准都明确提出可以使用动物粪便作为土壤培肥的物质，但是欧盟标准同时还要求动物养殖需要满足特定的条件，禁止使用工厂化养殖来源的动物粪便，而中国标准并无此要求。欧盟标准还对牲畜粪便总量做出限制，为了预防农田中硝酸盐对水资源的污染，每年每公顷的土地上施氮含量不得超过170千克,此规定仅适用于农家肥、干的农家肥或脱水家禽粪便、堆制的动物排泄物,其中包括家禽粪便、堆制的农家肥与液体动物排泄物。总体上,欧盟标准对于土壤培肥物质在原则上要求一致,但在具体使用的物质上稍有不同。

2.3.7 植物保护措施

GB/T 19630—2011第一部分的5.8条、欧盟标准EC 834/2007的第12条和EC 889/2008的第5条都对病虫草害的控制方法进行了具体的描述。两个标准的要求基本一致,都是优先采取农业措施,如选用抗性品种、合理轮作、采取合理的栽培措施等来控制病虫草害,然后才允许使用在各自标准中列出的植保产品。但是在具体的农业措施中,中国大多会采用祖辈流传下来的农作经验,例如中耕除草、耕翻晒垡等,而欧盟则多采用技术含量略高的生物控制措施(马文娟,2011)。

中国和欧盟有机产品标准均明确规定了植物病虫害控制允许使用的物质清单,并且详细规定了限制条件。在中国标准列出而未在欧盟标准中列出的物质有:明胶、苦参碱及氧化苦参碱(苦参等提取物)、鱼藤酮类(如毛鱼藤)、蛇床子素(蛇床子提取物)、小檗碱(黄连、黄柏等提取物)、大黄素甲醚(大黄、虎杖等提取物)、寡聚糖(甲壳素)、天然诱集和杀线虫剂(如万寿菊、孔雀草、芥子油)、天然酸(如食醋、木醋和竹醋)、菇类蛋白多糖(蘑菇提取物)、牛奶、蜂胶、具有驱避作用的植物提取物(大蒜、薄荷、辣椒、花椒、薰衣草、柴胡、艾草的提取物)、昆虫天敌(如赤眼蜂、瓢虫、草蛉等)、高锰酸钾、轻矿物油、氯化钙、硅藻土、黏土(如斑脱土、珍珠岩、蛭石、沸石等)、氢氧化钙、二氧化碳、乙醇、海盐和盐水、明矾、磷酸氢二铵。其中中国标准列出的具有驱避作用的植物提取物(大蒜、薄荷、辣椒、花椒、薰衣草、柴胡、艾草的提取物)和昆虫天敌(如赤眼蜂、瓢虫、草蛉等)虽未在欧盟标准的附录中列出,但是根据标准的原则，这些方法在欧盟也是允许使用的。

在欧盟标准中列出而未在中国标准中列出的物质有：从苦木提取的苦味液、来自由气味动物或植物/羊脂的驱虫剂、昆布素和拟除虫菊酯（只是溴氰菊酯或 λ-高效氯氟氰菊酯）。总体来说，中国标准和欧盟标准的要求原则上相同，但是在实际生产中所选用的措施略有不同，具体允许使用的物质也略有不同，具体物质使用情况请见相关标准。

2.3.8 收获与储藏、包装运输

对于有机产品储藏的要求，两个标准（GB/T 19630—2011 第一部分的 11.2 和 EC 889/2008 第 35 条）的要求基本一致：有机产品尽可能单独储藏。如与常规产品共同储藏，应在仓库内划出特定区域，并采取必要的包装、标签等措施，确保有机产品和常规产品的识别。另外，中国有机标准还对仓储方法和仓库的清洁做了要求，欧盟标准并未描述。

对于包装，GB/T 19630—2011 第一部分的 11.1 对包装材料作了要求：包装材料应符合国家卫生要求和相关规定；宜使用可重复利用、可回收和可生物降解的包装材料；包装应简单、实用。不应使用接触过禁用物质的包装物或容器。EC 889/2008 第 31 条规定，操作者必须保证运往其他单元的有机产品盛放在适当的包装、容器或运输工具中，这些包装、容器或运输工具必须是密封的并且在不破坏封条的情况下无法替换里面的产品。欧盟标准的关注点在运输过程中的包装上标签的标识上面，并未对包装的材料作具体要求。

对于运输的要求，两个标准（GB/T 19630—2011 第一部分的 11.3 和 EC 889/2008 第 30 条和第 31 条）的要求基本一致，如在使用非有机专用工具运输时，应避免常规产品混杂和禁用物质污染，在容器和包装物上应有清晰的有机标识和相关说明。但是欧盟标准更加关注标识情况，对标识的具体要求进行了详细的规定。

2.3.9 其他要求(芽苗菜、食用菌、野生采集等)

2.3.9.1 芽苗菜生产

GB/T 19630—2011 第一部分的 5.9.2 条对芽苗菜的有机生产作了具体要求：应使用有机生产的种子生产芽苗菜；生产用水水质应符合 GB 5749 的要求；应采取预防措施防止病虫害；可使用蒸汽和标准附表 A.3 列出的清洁剂和消毒剂对培养容器和生产场地进行清洁和消毒。欧盟标准中没有芽苗菜生产的规定。

2.3.9.2 食用菌

GB/T 19630—2011 第一部分的第 7 条对食用菌的生产作了详细的要求，包括隔离措施、菌种、基质、覆土栽培的土壤转换期、涂料、管理措施、清洁措施以及收获要求。但是欧盟标准中，只对基质的要求做了具体描述(EC 889/2008 第 6 条)，其他方面的要求参照植物生产的总要求。对于基质的要求，两个标准基本相同，都可以使用农家肥和动物粪便，对于农业来源的产品，必须是按照有机生产方式获得的。可以使用未经化学处理的泥炭和砍伐后未经化学产品处理的木材，以及各自标准附则中列出来的矿物质。

总的来说，对于食用菌的生产，两个标准原则上要求一致，但是中国有机产品标准对于食用菌的生产更加重视，作为单独的一部分列出，要求更加精细。如食用菌水源的水质要求符合 GB 5749 的要求。并且中国有机标准要求木料和接种位使用的涂料应是食用级的产品，不应使用石油炼制的涂料、乳胶漆和油漆等。而欧盟有机标准对食用菌水源及使用的涂料并没有提出明确的要求。

2.3.9.3 野生采集

GB/T 19630—2011 第一部分的第 6 条，对野生采集的要求进行了具体描述，不仅包含采集区域的环境要求和对生态影响的限制，还包含对采集区域边界、可持续采集的管理方案以及采集后处理要求作了具体要求。欧盟标准中只对采集区域的环境要求和对生态影响的限制作了要求。两个标准都要求在采集前至少三年内未使用任何各自标准禁用的物质，并且采集活动未影响到自然生态环境的稳定或采集地区物种的维持。相比较而言，中国有机标准的标准要求更加精细和严格。

2.3.9.4 设施栽培

GB/T 19630—2011 第一部分的 5.9.1 条对设施栽培的有机生产要求进行了具体描述：应使用土壤或基质进行植物生产，不应通过营养液栽培的方式生产；使用的土壤培肥和改良物质必须是列在标准附表 A.1 中；如果使用动物粪便必须经过堆置；在生产过程中，可以采用与抗病植株嫁接、耕翻晒垡、更换土壤等措施代替轮作，防治病虫害。但是欧盟标准中，只在 EC 889/2008 的第 4 条描述禁止水培生产，将设施栽培的要求都归入了植物生产中，并未区分。

2.4 中欧有机畜禽产品标准比较

2.4.1 概述

欧盟有机产品标准的动物养殖部分包括畜禽产品、蜂产品和水产品的内容,而中国有机产品标准虽然也包含这三方面的内容,但是根据中国《有机产品认证等目录》目前的产品情况,暂时不能认证有机蜂产品。

关于平行生产,中国(GB/T 19630—2011 第一部分的 8.2)和欧盟(EC 837/2007 第 11 条和第 14 条,EC 889/2008 第 17 条)有机产品标准中对动物平行生产的要求大体一致,主要体现在:有机畜禽和非有机畜禽应是易于区分的品种;两者的圈舍和场地应隔开;两个的饲料也应分开并保持记录。当平行生产动物在时间和空间上隔离且满足一定条件时,可以在非有机的牧场放牧有机畜禽,在有机牧场放牧非有机畜禽。

2.4.2 圈舍与放牧区

中国和欧盟有机标准都很注重动物福利,对于饲养环境都要求满足动物的生理和行为需要:畜禽有充足的活动空间和睡眠时间,水禽应能在溪流、水池、湖泊或池塘等水体中活动等。对于圈舍的具体条件,两个标准都规定了圈舍必须保持环境气候适宜,养殖密度合理。GB/T 19630—2011 在附录 D 中对各种类的动物的养殖密度做了规定,欧盟标准在附则Ⅲ中做了具体的规定。两个标准还同时规定了圈舍需要使用绝缘材料或者对动物明显有害的建筑材料和设备,防止对动物造成伤害。中国有机标准还规定了动物饮用水必须满足生活饮用水的要求,欧盟标准对这点并未作说明。

两个标准对蛋鸡都允许人工照明延长光照时间,但每天的总光照时间不得超过 16 小时,这点规定两个标准一致。中国有机标准稍有放宽,可根据蛋禽健康情况或所处生长期(如新生禽取暖)等原因,适当增加光照时间。

GB/T 19630—2011 中第一部分 8.5.1 条规定动物应当在适当的季节进行户外自由活动。EC 834/2007 第 14 条的要求的是应给牲畜提供露天区域,最好是牧场。并且在 EC 889/2008 第 14 条就动物自由活动作了详细的描述。虽然表述不同,但是实质相同,都是要保证动物有充足的室外活动。不过,中国有机标准允许肉牛在最后的育肥阶段可采取舍饲,但育肥阶段不应超过其养殖期的1/5,且最长不超过3个月。欧盟有机产品标准还专门对哺乳动物的饲养条件进行了单独说明,但是中国有机标准未作单独说明。

2.4.3 动物引种

动物的引种主要是在动物引入龄和引入数量以及转换期这三个方面进行比较。

关于动物的引入,中国有机标准(GB/T 19630—2011 第一部分 8.3)和欧盟有机标准(EC 889/2008 第9条和第42条)都对引入龄和引入数量做了具体要求(表2-4)。关于动物的引入龄,只有蛋用鸡的要求,两个标准完全一致,其他都有差别。对于引入数量,两个标准对于有机母畜的要求一致,对于牛马属,每年不超过10%;对于猪羊,每年不超过20%;在特殊情况下可增至40%。中国有机标准还对种公畜的引入做了要求,但是欧盟标准并未做要求。

表2-4 中国和欧盟有机标准对动物引入龄的要求比较

动物分类	中国	欧盟
肉用鸡	2日龄(其他禽类可放宽到2周龄)	3日龄
蛋用鸡	18周龄	18周龄
肉用牛、马属动物	6个月且已断乳	6个月
猪	6周龄且已断乳	不超过35 kg
羊	6周龄且已断乳	60日龄
乳用牛	4周龄,接受过初乳喂养且主要是以全乳喂养的犊牛	

关于转换期,GB/T 19630—2011 在第一部分的8.1条做出了详细的规定;而欧盟有机标准EC 889/2008的第37条和第38条分别对草场与非草食

动物牧场和动物的转换期进行了详细说明。对于草场与非草食动物牧场，两个标准的要求一致。对于动物的转换期的要求，也完全一致(表 2-5)。

表 2-5 中国和欧盟对动物转换期的要求比较

动物分类	中国	欧盟
肉用牛、马属动物	12 个月	12 个月
肉用羊和猪	6 个月	6 个月
乳用畜	6 个月	6 个月
肉用家禽	10 周	10 周
蛋用家禽	6 周	6 周
其他种类	其养殖期的 3/4①	其生命周期的 3/4①

①两个表中对于养殖期和生命周期的理解是一致的，都是从动物出生到被屠宰所经历的时间段。

2.4.4 动物饲料与营养

健康的作物养育健康的动物，饲料是有机畜禽养殖是否成功的关键环节，中国和欧盟有机标准原则上要求饲喂 100%的有机饲料，并且对饲料的来源都提出了明确要求。中国有机标准 GB/T 19630—2011 的 8.4.1 中规定饲料中至少应有 50%来自本养殖场饲料种植基地或本地区有合作关系的有机农场，而 EC 834/2007 的第 14 条规定，关于饲料应主要从动物养殖场或者同地区的其他有机农场获得。对于草食动物，除了第 17 条 4 款所述的每年的季节性迁移期，至少 60%的饲料应来源于自己的农场，如果不可能，应联合同一地区的其他有机农场生产饲料。两个标准相比，欧盟有机标准的要求更高。

在难以获得足够数量有机饲料的情况下，两个标准都允许使用一定比例的常规饲料，并且对常规饲料消费量在全年消费量中所占比例做出了明确的规定。对于草食动物，中国有机标准规定的最大比例不超过 10%，非草食动物不超过 15%。畜禽日粮中常规饲料的比例不得超过总量的 25%(以干物质计)。出现不可预见的严重自然灾害或人为事故时,可在一定时间期限内饲喂超过以上比例的常规饲料。在养殖场实行有机管理的前12个月内,本养殖场饲料种植基地按照本标准要求生产的饲料可以作为有机饲料饲喂本养殖场的畜禽,但不得作为有机饲料销售。EC 889/2008 第21条规定,饲料日粮平均最多可使用30%转换期饲料。如果转换期饲料是自己单元生产的,此百分比可增加到100%。如果饲喂牲畜所用饲料是本牧场自身的且不属于近5年内从事有机生产单元的一部分,第一年转换期内,20%的饲料可源于放牧或收割永久牧场的牧草或多年生牧区的牧草或者有机管理的蛋白作物。

此外,两个标准都对草食动物的日粮组成做出了规定。GB/T 19630—2011 的 8.4.4 中要求必须含有饲料、鲜草、青干草或者青贮饲料等粗饲料,且粗饲料比例至少为60%(对乳用畜,对于泌乳期前3个月的乳用畜,此比例可降低为50%)。在杂食动物和家禽的日粮中应配以粗饲料、鲜草或青干草或者青贮饲料。EC 889/2008 第20条中规定,草食动物饲料中至少60%干物质由粗饲料、新鲜或干的草料或者青贮饲料组成。在乳品生产中,对于哺乳早期的产奶动物在前3个月最多可将此量减少到50%。必须在猪和家禽饲料配方中加入粗饲料、新鲜或干草料或者青贮饲料,此点上两个标准要求基本一致。

两个标准都明确提出对于幼畜在哺乳期必须饲喂母乳或同种类的有机奶,并且对幼畜的哺乳期都做出了明确规定:牛、马等至少3个月,绵羊和山羊至少45天,猪至少40天。此外,中国标准还规定在紧急情况下可使用代乳品补饲,但其中不得含有抗生素、化学合成的添加剂或动物屠宰产品。而欧盟有机标准并无此放宽。

两个标准都明确规定有机畜禽饲料禁止添加化学合成物质,并且禁止使用转基因生物或转基因生物的衍生品,并且两国都列出了允许使用的饲料及饲料添加剂的清单。此外,中国有机标准明确规定了禁止用动物及其制品饲喂反刍动物或给畜禽饲喂同科动物及其制品，禁止饲喂动物粪便和人工合成的物质，如生长促进剂、非蛋白氮、化学提纯的氨基酸及开胃剂等。欧盟标准的特殊规定是禁止使用引起牲畜贫血的饲养条件和饲料。

对于饲料添加剂和动物营养物质，两国标准允许使用的物质基本相同，但是使用条件会稍有差异。在中国标准列出而未在欧盟标准中列出的物质有：钠、钙、磷、镁、硫、酿酒酵母、硬脂酸钙、二氧化硅、海盐、粗石盐、乳清、糖、甜菜渣、谷物粉。在欧盟有机产品标准中列出而未在中国标准中列出的物质有：甲酸钠、香料混合物、富含维生素 E 的天然提取物、来自有机原料的卵磷脂、亚铁氰化钠、硅胶、硅藻土（精制硅藻土）、膨润土、无石棉高岭石黏土、硬脂酸和亚氯酸盐的天混合物、蛭石、海泡石、钠沸石-响岩、沉积来源的斜发沸石、珍珠岩。

2.4.5 健康管理

对于动物健康管理，两个标准都是本着预防为主、防治结合的原则。GB/T 19630—2011 第一部分的 8.6 条对动物疾病防治做了具体的表述，欧盟标准在 EC 834/2007 第 14 条给出了疾病防治的原则，并在 EC 889/2008 第 23 条和第 24 条就疾病预防和疾病治疗做出了详细的规定。两个标准都要求优先采取预防措施，如育种选种、养殖管理方法、优质饲料和训练、适当养殖密度以及适当卫生条件等。强调对圈舍环境清洁和消毒，预防动物疾病。在动物疾病治疗时，优先选用草药治疗、顺势疗法，但是中国有机标准还规定可使用中兽医、针灸等中国祖传治疗方法。在这些治疗方法都无效的情况下，才能在兽医的监督下使用化学合成的对抗疗法的兽药产品或抗生素，但是应经过该药物的休药期的 2 倍时间（如果 2 倍休药期不足 48 小时，则应达到 48 小时）之后，这些畜禽及其产品才能作为有机产品出售。然而，两个标准都规定禁止使用化学合成的对抗疗法的兽药产品或抗生素预防疾病。两个标准也都允许使用疫苗接种预防疾病，但是中国有机标准不允许使用基因工程兽药，欧盟有机标准可以使用。

对于治疗的疗程，两个标准要求一致：养殖期不足 12 个月的畜禽只可接受一个疗程的抗生素或化学合成的兽药治疗；养殖期超过 12 个月的，每 12 个月最多可接受三个疗程的抗生素或化学合成的兽药治疗。超过允许疗程的，应再经过规定的转换期。在非治疗性手术方面，出于动物福利的考虑，两个标准都作了具体的限制：中国有机标准规定的更加详细，限制的操作更多，并且是绝对禁止；欧盟有机标准中并没有明确禁止，经权威机构批准后可以实施。

关于动物的繁殖，两个标准的要求基本一致：应使用自然的繁殖方法，也可以使用人工授精。除非为了治疗目的，不应使用生殖激素促进畜禽排卵和分娩，不应使用胚胎移植、克隆等对畜禽的遗传多样性会产生严重影响的人工或辅助性繁殖技术。中国有机标准同时规定，如母畜在妊娠期的后 1/3 时段内接受了禁用物质处理，其后代应经过相应的转换期。

2.4.6 屠宰与储藏、包装运输

关于动物的运输，GB/T 19630—2011 第一部分的 8.9 条，对动物的运输和屠宰作了详细的要求，而欧盟有机标准只在 EC 834/2007 第 14 条中规定尽量缩短牲畜的运输时间，并在 EC 889/2008 第 18 条中规定，动物的装卸必须小心，禁止使用任何种类的电刺激强迫牲畜移动。在运输前和运输过程中，均禁止使用镇静剂。总体来说，中国有机标准规定更加详细具体，欧盟有机标准对动物运输的原则要求与中国一致，都是基于动物福利，但是在具体实施方面未做要求。

关于动物的屠宰，基于动物的福利，EC 834/2007 第 14 条中规定：在动物的一生中，都应尽量减少其痛苦和身体伤害，包括宰杀时，但是并未给出具体的实施要求。GB/T 19630—2011 第一部分的 8.9 条作了详细的描述：运输和宰杀动物的操作应力求平和，并合乎动物福利原则。不应使用电棍及类似设备驱赶动物；不应在运输前和运输过程中对动物使用化学合成的镇静剂；应在政府批准的或具有资质的屠宰场进行屠宰，且应确保良好的卫生条件；应就近屠宰，除非从养殖场到屠宰场的距离太远，一般情况下运输畜禽的时间不超过 8 小时；不应在畜禽失去知觉之前就进行捆绑、悬吊和屠宰，小型禽类和其他小型动物除外；用于使畜禽在屠宰前失去知觉的工具应随时处于良好的工作状态，如因宗教或文化原因不允许在屠宰前先使畜禽失去知觉而必须直接屠宰，则应在平和的环境下以尽可能短的时间进行。有机畜禽和常规畜禽应分开屠宰，屠宰后的产品应分开储藏并清楚标记。用于畜体标记的颜料应符合国家的食品卫生规定。总体来说，中国有机标准的规定比欧盟标准更加具体，更具可操作性。

2.4.7 其他要求

2.4.7.1 有害生物防治

GB/T 19630—2011 中第一部分 8.10 规定“有害生物防治应按照优先次序采用以下方法：a)预防措施；b)机械、物理和生物控制方法；c)可在畜禽饲养场所，以对畜禽安全的方式使用国家批准使用的杀鼠剂和标准附表 A.2 中的物质”。欧盟有机标准 EC 889/2008 第 23 条规定，圈舍、围栏、设备和用具必须进行适当地清洁和消毒，以防止交叉感染及牲畜发病。粪便、尿和吃剩或洒出的食物必须经常收拾，以减少气味和避免吸引昆虫或啮齿类动物。根据欧盟有机标准 EC 834/2007 第 14 条 1 款(f)项，只有列于附则Ⅶ的产品可以用来进行畜禽圈舍设施和器具的清洁和消毒。灭鼠剂(只可以用在诱引陷阱中)和只有列于附则Ⅱ的产品可用于消除畜禽圈舍中的昆虫和其他虫害。

两个标准的要求实质一致，都是先采取预防措施，如及时清除粪便、食物残渣等，之后才使用清洁和消毒剂。

2.4.7.2 环境影响

欧共体委员会在 EEC 91/676 指令中对牲畜粪便总量做出限制，为了预防农田中硝酸盐对水资源的污染，每年每公顷的土地上施氮含量不得超过 170 千克，此规定仅适用于农家肥、干的农家肥或脱水家禽粪便、堆制的动物排泄物，其中包括家禽粪便、堆制的农家肥与液体动物排泄物。这同时也是对放养密度的要求。GB/T 19630—2011 的第一部分 8.11 规定，应充分考虑饲料生产能力、畜禽健康和对环境的影响，保证饲养的畜禽数量不超过其养殖范围的最大载畜量。应采取措施，避免过度放牧对环境产生不利影响。应保证畜禽粪便的贮存设施有足够的容量，并得到及时处理和合理利用，所有粪便储存、处理设施在设计、施工、操作时都应避免引起地下及地表水的污染。养殖场污染物的排放应符合 GB 18596 的规定。在此点上，欧盟标准给出了具体的数量要求，中国标准的要求比较宽泛。

2.5 中欧有机水产品标准比较

2.5.1 概述

按照产品分类，水产养殖的范围可分为水生植物（如海草、紫菜等）和水生动物（如鱼类、扇贝等）两类。GB/T 19630—2011 中虽然包含了水生植物和水生动物两大类，但是对于水生植物的描述仅限于野生固着生物，其他标准规定都是针对水生动物的。欧盟规定了水产养殖标准的适用范围除了水生植物和动物外,还包括浮游生物和微藻类等水生饲料作物以及微甲壳类动物、轮虫、蠕虫等水生饲料动物。欧盟根据水生动物是鳍鱼类还是双壳软体动物来决定其饲养方式,双壳类软体动物和其他非人工饲养的以浮游生物为食的动物应从自然界获取营养,需要人工投饵饲养的是鱼类和甲壳类水生动物。在欧盟还会根据水生动物的种类规定具体的饲养要求,具体种类有鱼、甲壳动物、棘皮动物和软体动物,其中鱼的品种包括鲑鱼、鳕鱼、鲈鱼、鲟鱼、鲤鱼、热带淡水鱼等。

按照区域分类,水产养殖的范围可分为封闭水体和开放水体养殖。欧盟有机标准将水产养殖分为鱼塘、池塘、水沟等封闭水体单元和开放式围养系统两类。GB/T 19630—2011 中将水产养殖分为开放固着生物养殖和封闭养殖两类,因为无法对开放水域的非固着水生生物实施全程检查,所以这些生物不能被列入有机认证范围。

2.5.1.1 水质要求

中国有机产品标准规定了"有机水产养殖场和开放水域采捕区的水质应符合 GB 11607 的规定",对于水质做出了明确要求,符合常规水产养殖的水质要求即可。欧盟有机产品标准总体要求为含氧充足的高质量水源,并根据不同动物和植物种类有不同要求。在 EC 834/2007 的第 15 条规定,双壳类软体动物和其他非人工饲养以浮游生物为食的品种,必须生长在欧盟条例 EC 854/2004 定义的 A 类和 B 类水域,生长环境必须满足 EC 2000/60 中定义的优质生态环境,并且水质要求满足 EC 2006/113 指令要求。对于水草,EC 889/2008 标准中的第 6b 条中要求,水域不能受到污染,且未使用过违禁物质和影响产品特性的有机污染物。

对欧盟 EC 2006/113 指令的水质指标和中国 GB 11607《渔业水质标准》进行比较,中国与欧盟对生化指标和重金属等常规指标的要求大致相同,但其他指标各有其特色。如中国要求检测农药残留,如六六六、滴滴涕、马拉硫磷、五氯酚钠、乐果等农药指标,而欧盟要求检测有机卤代物、贝类毒素由腰鞭毛虫释放等指标(马文娟,2011)。

2.5.1.2 养殖场的选择和环境影响

关于养殖场的选择和对环境的影响,两个标准的原则基本一致,都要求有机养殖要能够可持续管理,以便保护生态环境不受影响。

中国有机产品标准中对养殖场的地址选择做了两条阐述,主要是考虑对环境的影响和便于检查。GB/T 19630—2011 第一部分的 9.2 部分规定,养殖场选址时应考虑维护周边的生态环境以保持生态平衡,并应不受污染源和常规水产养殖的不利影响,并要求养殖和捕捞区应界定清楚,以便对水质、饵料、药物等要素进行检查。欧盟有机产品标准并未对养殖场的选址做单独的要求,但是在 EC 889/2009 的第 6B 条中规定,实施有机操作应选取未受污染的区域,该区域没有投入有机生产过程中的违禁产品或物质以及没有使用影响产品有机特性的污染物,这点同中国的要求一致。在第 6B 条的 3、4 和 5 中,要求年生产量超过 20 吨的操作者要提供环境影响评价;每个操作者都要提供管理计划,详细记录监控情况,最大限度地减少对环境的影响;应优先使用可再生和循环材料,这 3 点都说明欧盟有机标准强调对环境的影响要达到最小,要维持生态平衡。

对于环境影响,中国有机产品标准在 9.8 部分要求非开放性水域的排水应该获得当地政府部分的许可,在开放性水域养殖有机生物时应该避免减少对水体的污染,并鼓励对非开放性水域底泥的农业综合利用。这部分要求也是出于维护生态环境的要求。欧盟有机产品标准中,除了上一段中叙述的内容,EC 834/2007 中的第 15 条和 EC 889/2008 中的第 25b 条对环境影响做了规定,要求养殖管理应该将负面的环境影响减小到最低。在封闭水产养殖单元中,应配备天然滤水池、沉降池等过滤器以收集废弃的营养,或者使用海草和/或者一些水生动物(双壳类或者藻类)来改善排出污水的质量。应当按照适当的频率监控排出的污水是否符合要求。所以两个标准对于环境影响的规定基本一致。

2.5.2 转换期与平行生产

对于转换期,GB/T 19630—2011 的第一部分的 9.1 条中规定,非开放性水域养殖场从常规养殖过渡到有机养殖至少应经过 12 个月的转换期;开放水域采捕区的野生固着生物, 如果水体未受本部分中禁用物质的影响,或者水生生态系统处于稳定和可持续的状态,则可以直接被认证为有机水产品。欧盟有机产品标准对转换期的要求更为细致,将海草(EC 889/2008 的第 36a 条)和水生动物(EC889/2008 的第 38a 条)做出了区分。海草收获场所的转换期为 6 个月,海草养殖单元的转换期应当长于 6 个月或者是一个完整的生产周期。对于水生动物,则规定:(a)使用没有排干、清洁和消毒的设施,转换期为 24 个月;(b)使用排干或休闲的设施,转换期为 12 个月;(c)使用排干、清洁和消毒的设施,转换期为 6 个月;(d)开放式水域设施,包括双壳贝类养殖所用设备,转换期为 3 个月。另外,欧盟还允许追溯水产养殖的转换期。对于天然生长在海里的海草及其部位的采集可以认为是有机生产,这点同中国有机产品标准的要求。总体来说,两个标准对转换期的要求差异很大,欧盟有机标准的要求更加细致。

两个标准都允许存在平行生产,并要求有机与常规生产单元之间要采取隔离措施,相关文件和记录分开。对于非开放性水域,中国有机产品标准要求位于同一非开放性水域内的生产单元的各部分不应分开认证,只有整个水体都完全符合有机认证标准后才能获得有机认证。有机转换养殖场应持续进行有机管理,不得在有机和常规管理之间变动。欧盟的特殊要求是,平行生产单元之间有各自独立的配水系统,这是因为欧盟对水质的要求比较高,这点 GB/T 19630—2011 未做说明。

2.5.3 动物引入与繁殖

关于动物引入,GB/T 19630—2011 第一部分的 9.1.5 和 9.1.6 规定,可引入常规养殖的水生生物,但是所有引入的水生生物至少应在后 2/3 的养殖期内采用有机方式养殖。欧盟标准的要求与之相同,也是要求对幼体实施至少 2/3 生产周期的有机管理,同时还要求在将野生捕获或非有机水产动物用于育种操作前,必须保持对其进行至少 3 个月的有机操作管理。另外,中国有机产品标准规定,引进非本地种的生物品种时应避免外来物种对当地生态系统的永久性破坏,并且不得引入转基因生物。欧盟规定必须是对本地品种或对野生种群不会产生重大影响的品种。这一点两个标准要求实质相同。

GB/T 19630—2011 第一部分的 9.4.4 部分规定,应尊重水生生物的生理和行为特点,减少对它们的干扰。宜采取自然繁殖方式,不宜采取人工授精和人工孵化等非自然繁殖方式。不应使用孤雌繁殖、基因工程和人工诱导的多倍体等技术繁殖水生生物。应尽量选择适合当地条件、抗性强的品种。如需引进水生生物,在有条件时应优先选择来自有机生产体系的。欧盟有机产品标准 EC 834/2007 的第 15 条描述“关于育种:除了人工挑选外,不能使用人工诱导多倍体、人工杂交、克隆以及单性种繁殖生产;选育合适品种;建立亲本、育种和幼体生产的物种特异性条件”。两个标准的要求基本一致。

2.5.4 水产动物的管理

中国有机产品标准在 GB/T 19630—2011 第一部分的 9.4.1.1 部分对养殖的基本要求做了描述:采取的养殖方法要适合养殖对象生理习性和当

地条件，保证养殖对象的健康，不应采取永久性增氧养殖方式。欧盟有机产品标准在 EC 889/2008 的第 25f 条规定，建立水产动物的养殖环境时要考虑物种的特殊要求，如淡水鱼养殖，池底应尽量保持天然状况；鲤鱼养殖应尽量使用天然泥土等。两个标准对于养殖方法的要求原则上一致，只是欧盟的要求更加细致。同时，两个标准都要求，不应对养殖对象采取任何人为伤害措施，延长人工光照最长不能超过 16 小时，应该采取有效措施，防止其他养殖体系的生物进入有机养殖区及捕食有机生物。

另外，欧盟有机标准特别关注围养系统的设计，要求围养系统设计时要尽量减小动物逃逸的风险，禁止使用封闭的再循环水产动物养殖设施。对于陆地饲养单元，应当监控流动系统的流入和流出水的流速和质量，"水陆交界"的周边区域至少 5%覆盖自然植被；对于海水围养系统，选择在水流、水深以及水体交换速率对海床和周围水体影响最小的区域，应当设计适合操作环境的网箱、建筑和维护方案。中国有机标准没有此方面的具体规定。

2.5.5 饵料

有机的水产动物应采取有机饵料进行饲喂。但是在特定情况下，允许养殖场在限定的时间范围内饲养一定比例的非有机饲料。关于非有机饵料的使用条件，中国有机产品标准规定：在有机或者野生的饵料数量或质量不能满足需求时，可使用最多不超过 5%的常规饵料，在出现不可预见的情况时，可放宽至 20%。欧盟有机产品标准规定：饲料中的植物来源成分必须来源于有机生产，饲料中的水生动物来源成分必需来自可持续开发的水产业；只有 EC 834/2007 的第 16 条允许使用的非有机植物来源的饲料原料、动物来源和矿物来源饲料原料、饲料添加剂、动物营养产品和加工助剂，才能用于有机水产动物生产。应优先选择以下来源的饲料喂养食肉类水产动物：

(a)有机水产原料制成的饲料;(b)有机水产边角料制成的鱼粉和鱼油;(c)来源于可持续渔业,适合人类消费的鱼类加工中的边角料制成的鱼粉、鱼油及其他成分;(d)植物或动物来源的有机原料,但是饲料最多只可以含有60%的有机植物产品。如果没有有机来源的虾青素,允许使用天然来源的虾青素。关于两个标准饲料的具体使用情况见表2-6(马文娟,2011)。

表2-6 中国和欧盟有机水产养殖的饲料比较

<table>
<tr><th>饲料种类</th><th>来源</th><th colspan="2">中国</th><th>欧盟</th></tr>
<tr><td rowspan="3">植物来源(包括农作物)</td><td>有机</td><td colspan="2">无限制</td><td>无限制,小于60%</td></tr>
<tr><td>野生来源</td><td colspan="2">无限制</td><td>禁止</td></tr>
<tr><td>常规</td><td colspan="2">最多不超过5%(植物饲料和动物蛋白),最多可放宽到20%</td><td>禁止</td></tr>
<tr><td rowspan="4">动物蛋白质(包括鱼粉和鱼油)</td><td>有机</td><td rowspan="4">至少50%,不可预见情况下,可降至30%</td><td></td><td>无限制</td></tr>
<tr><td>野生来源</td><td></td><td>禁止</td></tr>
<tr><td>可持续来源</td><td></td><td>每日不超过30%</td></tr>
<tr><td>常规</td><td>最多不超过5%(植物饲料和动物蛋白),最多可放宽到20%</td><td>禁止</td></tr>
</table>

关于饲料中的添加剂,中国有机产品标准规定可以使用天然的矿物质添加剂、维生素和微量元素;不能满足水产动物营养需求时,可使用标准表B.1中列出的矿物质和微量元素和人工合成的维生素。不允许使用合成的促生长剂、合成诱食剂、合成的抗氧化剂和防腐剂、合成色素、非蛋白氮(如尿素等)、与养殖对象同科的生物及其制品、经化学溶剂提取的饲料、化学提纯氨基酸、转基因生物或其产品。欧盟有机产品标准规定不允许使用促生长剂和合成的氨基酸,禁止使用激素和激素类衍生物。总体来说,中国有机产品标准对规定禁止使用的物质的要求更加细致一些。

中国有机产品标准中禁止使用人粪尿作为饲料,但是可以使用充分腐熟的动物粪便。欧盟有机产品标准的正文中未见有人粪尿和动物粪肥，但规定水产养殖动物的饲养规则同样适用于水生饲料动物，由此可见，欧盟不允许施用人粪尿和动物粪肥，这点上两个标准要求略有差异。

2.5.6 疾病防治

关于水产动物的疾病预防原则，中国有机产品标准在GB/T 19630—2011第一部分的9.4.3部分做了具体说明，包括通过优化管理、饲养和进食、定期检测调整养殖密度、定期对水体和底泥消毒、育种选种等措施进行疾病预防。欧盟有机产品标准在这点上与中国的要求基本一致。除此之外，欧盟有机标准还有其他的预防原则：建立动物健康管理计划，定期进行动物健康服务，水草类每年不少于一次，双壳类甲壳类每年不少于两次；提倡休渔，每个生产周期后，权威机构应该决定是否休渔及休渔的最佳时期，但不强制要求双壳类软体动物休渔，休渔期间要清空设施并消毒；及时清除未食完的饲料、动物粪便和动物尸体，最大程度降低疾病风险，避免招引昆虫和啮齿动物。

水产动物疾病治疗的原则与畜禽疾病治疗原则类似，优先采用自然疗法。GB/T 19630—2011的第一部分9.4.3规定，可以使用天然药物预防和治疗疾病，在上述的预防措施和天然药物治疗无效的情况才能使用常规鱼药。欧盟有机产品标准则还规定了治疗的先后顺序：(a)采用顺势疗法涉及的动植物或者矿物质材料；(b)没有麻醉作用的植物及植物提取物；(c)其他物质如微量元素、金属元素、天然免疫增强剂或者授权使用的益生菌。在这点上欧盟标准的要求更加精细和严格。

在自然疗法无效的情况下，才能使用对抗疗法。中国有机产品标准规定使用常规药物后，要对患病动物采取隔离措施，并应经过所用药物休药期的2倍时间才能继续作为有机水生生物销售。欧盟的休药期为48小时，如果不足48小时，则应该是指令EC 2001/82第11条规定撤销时间的两倍。欧盟有机标准还规定了对抗治疗的次数，每年只能使用两个疗程，如果生产周期小于1年，每年只能使用一个对抗疗法。寄生虫治疗每年最多两次，生产周期不足18个月的情况下每年一次。

中国有机产品标准还规定，不能使用抗生素、化学合成药物和激素对水生生物实行日常的疾病预防处理。当有发生某种疾病的危险而不能通过其他管理技术进行控制，或国家法律有规定时，可为水生生物接种疫苗，但不应使用转基因疫苗。欧盟可以进行预防接种，但是并未限制转基因产品，此点上两个标准差异较大。

2.5.7 捕捞、运输和宰杀

对于水生生物的捕捞，两个标准要求基本一致，都强调在捕捞的时候要考虑对环境的影响。GB/T 19630—2011第一部分的9.5中要求，开放性水域的有机水产的捕捞量不应超过生态系统的再生产能力，应维持自然水域的持续生产和其他物种的生存。欧盟有机产品标准EC 889/2008的第6B和6C要求，水生动物的采集要可持续，如对于水产品年生产量超过20吨的操作者，要提交环境影响评价报告，以确保对环境的影响最小。采集海草时要保证采集量不会对水生环境产生明显的影响，采取保护措施以确保海草可以再生。另外，两个标准都要求在捕捞时要尽量减少对动物的伤害，这是出于对动物福利的考虑。

有机水产品运输时的重点也在于保护动物福利。欧盟有机产品标准要求，在运输过程中要防止水质变坏，尽量减少运输频率和运输时间，运输时密度应当适中，在运输过程中允许充氧。中国有机产品标准除了上述欧盟的要求外，还要求在运输前或运输过程中不应对水生动物使用化学合成的镇静剂或兴奋剂，运输过程中，不应对运输对象造成可以避免的影响或物理伤害，并且要求应有专人负责管理运输对象，使其保持健康状态。所以，关于运输两个标准要求基本一致，而中国的要求更加细致一些。

两个标准在水产品宰杀时也充分考虑了动物福利的要求：在宰杀过程中，尽量减小动物受到的痛苦，屠宰应当迅速使鱼失去知觉并没有痛感。应当根据尺寸、种类和加工地点的差异选择最佳的屠宰方法。除此之外，中国有机产品标准还规定，在水生动物运输到达目的地后，应给予一定的恢复期，再行宰杀，应避免让活的水生动物直接或间接接触已死亡的或正在宰杀的水生动物，以减少应激。所以，两个标准的原则要求基本一致，但是中国的要求更加细致。

2.6 中欧有机加工产品、标识销售、管理体系标准比较

2.6.1 概述

中国有机标准加工认证范围包括食品、饲料加工和纺织品加工，而欧盟标准只认证食品和饲料的加工。所以中国有机标准认证的加工产品范围比欧盟标准更宽，不仅限于人类和动物食用产品。但是中国有机标准能够认证的具体产品需包含在《有机产品目录》中，从某种意义上来说，限制比较大。但是随着中国有机产业的发展，能够认证的产品越来越多，《有机产品目录》也已经修订过两次。

在 GB/T 19630—2011 第二部分的 4.1 加工通则中规定，有机食品加工的 3 个主要原则是：有机完整性的保持、符合相关法律法规的要求和对环境的负面影响最小。欧盟标准在 EC 834/2007 的第 6、7、18 和 19 条中对加工

食品和饲料做了详细的阐述。其原则要求和中国有机标准基本一致,只是就食品和饲料的加工分开进行描述,更加具体和详细。关于平行生产,两个标准要求完全一致:有机产品加工及其后续过程在空间或时间上与非有机产品加工及其后续过程分开,避免污染。

对于有机产品的销售和标识,中国和欧盟有机产品标准都做了很多详细的要求,两个标准要求的原则基本一致,首先就是产品要满足生产标准的要求,其次对标识都进行了明确要求。

关于有机管理体系,中国有机标准根据自己实际国情,做出了明确的要求,而欧盟标准并未对该部分内容做单独说明。不过,根据欧盟标准,操作者在申请认证之时,一些必须提交的文件要求基本与中国有机产品标准的要求一致,如程序文件、投入物证明文件等。

2.6.2　加工厂环境

GB/T 19630—2011 中规定,有机产品加工应当符合相关法律法规的要求。有机食品加工厂应符合 GB 14881 的要求,有机饲料加工厂应符合 GB/T 16764 的要求,其他有机产品加工厂应符合国家及行业部门有关规定。欧盟对这点没有具体要求。

2.6.3　配料、添加剂和加工助剂

关于加工中使用的物质,包括配料、添加剂和加工助剂,GB/T 19630—2011 第二部分的 4.2.1.8 进行了再次强调,不应使用来自转基因的配料、添加剂和加工助剂。这点和欧盟有机标准规定的一致。

对于配料的要求,中国有机标准在 GB/T 19630—2011 第二部分的 4.2 进行了描述,欧盟标准在 EC 834/2007 的第 18、19 和 23 条进行了原则性的描述,在 EC 889/2008 的第 27、28 和 29 条进行了具体实施规则的

描述。两个标准对于农业源的配料在有机加工产品中的比例要求一致，都必须至少含有95%的有机成分，并且同一配料中不能同时包含有机、转换和常规成分。当有机配料不充足时，可以使用非有机配料，但是不能超过5%。但是欧盟标准对非有机农业的成分使用作了限制，允许使用的非有机农业物质必须是列在附则Ⅸ中的物质。两个标准都规定水和盐不计入农业成分，但是欧盟标准规定在附则Ⅷ中标记星号的物质要作为农业源成分计算入内。

对于加工过程中使用的添加剂和加工助剂，中国有机标准规定只能使用标准附录A.1和A.2中的物质，使用条件应符合GB 2760的规定。对于饲料加工，可使用标准附录B所列的饲料添加剂，使用时应符合国家相关法律法规的要求。对于食品加工，需使用其他物质时，首先应符合GB 2760的规定，并参见附录C中的程序对该物质进行评估。欧盟有机标准规定能够使用的物质在附则Ⅷ中列出，并在EC 889/2008的第27条进行了具体分析，如对微生物和酶、天然香精、矿物质、维生素等物质都做了具体要求。

综上所述，对于添加剂和加工助剂的使用，两个标准的要求原则大致相同，只是关于具体物质的使用不尽相同。对于标准中列出的可以使用的食品添加剂，在中国有机标准列出而未在欧盟有机标准中列出的物质有：刺梧桐胶、瓜尔胶、酒石酸、卡拉胶、磷酸氢钙、氯化钾、氯化镁（天然）、明胶、柠檬酸钾、氢氧化钙、碳酸氢铵。而在欧盟标准中列出但在中国标准中没有的物质为：焦亚硫酸钠、植物源碳、抗坏血酸、二氧化碳、富含维生素E提取液、柠檬酸钙、酒石酸钠磷酸一钙、迷迭香提取物、藻酸、角叉菜胶、瓜尔豆胶、羟丙基甲基纤维素（HPMC）、碳酸铵、碳酸镁、氢氧化钠、云母、蜂蜡、小烛树蜡、巴西棕榈蜡、氩、氦、氮、氧、甜菊糖苷。此外，虽然部分食品添加剂在两国标准中都允许使用，但是具体的使用条件略有不同。比如硝酸钾都可以用于肉制品，并且最大使用量均不得超过80毫克/千克，但是最大残留量（均以亚硝酸钠计）两国要求不同：欧盟有机标准要求最大残留量为50毫克/千克，而中国有机标准要求为30毫克/千克。此外，欧盟有机标准部分添加剂需要按照农业源配料计算成分，比如胭脂、胭脂树橙、降红木素、果胶、卵磷脂、刺槐豆胶、瓜尔豆胶、果胶等，但是中国有机标准并未对此要求。食品加工中允许使用的加工助剂，在中国有机标准中列出而未在欧盟有机标准列出的物质有：固化单宁、硅胶、碳酸镁、滑石粉和磷脂。在欧盟标准列出而未在中国标准列出的物质有：硫酸钙、氯化镁（或盐卤）、乳酸、柠檬酸、氢氧化铵、过氧化氢、卵清蛋白、酪蛋白、白明胶、明胶、植物油、二氧化硅或凝胶溶液、云母、膨润土、榛子壳、米粉、蜂蜡、巴西棕榈蜡。此外，虽然部分加工助剂在两国标准中都允许使用，但是具体的使用条件不同，比如：硫酸在中国标准使用条件是絮凝剂，用于啤酒的生产；而在欧盟标准是用于糖的生产和小烛树蜡的生产以及白明胶的生产。

对于调味剂，GB/T 19630.2 附录 A.3 列出允许使用的调味品包括：①香精油：以油、水、酒精、二氧化碳为溶剂通过机械和物理方法提取的天然香料；②天然烟熏味调味品；③天然调味品：须根据附录C评估添加剂和加工助剂。欧盟有机标准要求天然的食用香料或者天然的食用香料制剂。两者要求有所不同。

对于加工用水，中国有机标准规定加工用水必须符合GB 5749生活饮用水的要求；欧盟有机标准中规定加工用水需要符合理事会EC 98/83指令中关于饮用水的规定。盐、微生物制剂、矿物质（包括微量元素）、维生素、氨基酸和其他的氮基化合物的要求两国标准要求基本一致。

2.6.4 加工工艺

对于加工工艺，中国有机标准在GB/T 19630—2011第二部分的4.2.2部分做了详细的说明：不应破坏食品和饲料的主要营养成分，可以采用机械、冷冻、加热、微波、烟熏等处理方法及微生物发酵工艺；可以采用提取、浓缩、沉淀和过滤工艺，但提取溶剂仅限于水、乙醇、动植物油、醋、二氧化碳、氮或羧酸，在提取和浓缩工艺中不应添加其他化学试剂。欧盟标准并未对加工工艺作具体要求，但是在 EC 834/2007 第 18 条规定，饲料加工过程中不能使用化学合成溶剂。

中国有机标准规定应采取必要的措施防止有机产品与非有机产品混合或被禁用物质污染，在加工和储藏过程中不应采用辐照处理，这两点在欧盟标准中同样也做了规定，两个标准要求一致。此外，中国有机标准中还规定了不应使用石棉过滤材料或可能被有害物质渗透的过滤材料，这两点欧盟有机标准均未作具体规定。

2.6.5 有害生物防治

关于食品和饲料有机生产中的有害生物防治，GB/T 19630—2011 第二部分的 4.2.3 进行了详细的描述，应优先采取物理措施进行控制，可以使用机械类、信息素类、气味类、黏着性的捕害工具、物理障碍、硅藻土、声光电器具，作为防治有害生物的设施或材料，还规定了可以使用的具体的消毒剂。对储藏场所遭受有害生物严重侵袭的紧急情况，提倡使用中草药进行喷雾和熏蒸处理；不应使用硫黄熏蒸。但是欧盟有机标准中并没有此部分的要求。

2.6.6 储藏、包装和运输

关于储藏，中国和欧盟有机产品标准的要求原则上一致。储藏过程中不得受到其他物质的污染，仓库应该干净，采取适当的清洁措施，存在平生生产时，采取必要的措施确保有机产品不与其他产品混放。不过中国有机标准在 GB/T 19630—2011 第二部分的 4.2.5 部分提供了有机产品的储藏方法,而欧盟有机标准没有该内容。欧盟标准在EC 889/2008第35条对进入仓库的其他物质做了具体的规定,如在有机植物、海草、牲畜和水产动物生产单元中,禁止储藏禁用的投入物,用于对抗疗法使用的医药产品和抗生素需要储藏于特定的监管场所并进行记录。

GB/T 19630—2011第二部分的4.2.6部分对有机产品的运输作了具体要求,而欧盟标准在EC 889/2008第31条和第32条分别对食品和饲料的运输要求做了详细规定,两个标准的要求原则上相同。有机产品在运输过程中应避免与常规产品混杂或受到污染,并且在运输过程中要标识清楚。此外,欧盟有机标准更加注重标识的要求,并在第31条和第32条作了详细的描述。此部分不再具体阐述标识的要求,将在本文2.7部分进行描述。

GB/T 19630—2011第二部分的4.2.4对包装材料做了具体要求:提倡使用由木、竹、植物茎叶和纸制成的包装材料,可使用符合卫生要求的其他包装材料;所有用于食品包装的材料应是食品级包装材料,包装应简单、实用,避免过度包装,并应考虑包装材料的生物降解和回收利用;可使用二氧化碳和氮作为包装填充剂;不应使用含有合成杀菌剂、防腐剂和熏蒸剂的包装材料;不应使用接触过禁用物质的包装袋或容器盛装有机产品。欧盟有机标准中并没有此部分的要求。

2.6.7 标识销售管理

对于有机产品标识的原则,两个标准的要求一致:“有机”术语只能标识在满足标准要求的产品上,并且不能使用容易误导消费者的商标和标签、广告,避免对消费者误导。

GB/T 19630—2011第三部分的5.1和5.2中规定,有机配料含量等于或者高于95%并获得有机产品认证的产品,方可在产品名称前标识“有机”,在产品或者包装上加施中国有机产品认证标志。有机配料含量低于95%、有机配料含量高于或者等于95%但未获得有机产品认证的产品，不得在产品、产品最小销售包装及其标签上标注含有“有机”、“ORGANIC”等字样且可能误导公众认为该产品为有机产品的文字表述和图案。欧盟有机标准规定，只有95%(含)以上的产品才能标识为有机，这点和中国有机标准要求一致。但是欧盟有机标准中存在转换期产品，可以标识植物来源的转换期产品，然而中国有机标准只有有机产品和非有机产品，没有转换期产品及其标识。

中国有机标准对标签的要求是标识中的文字、图形或符号等应清晰、醒目。图形、符号应直观、规范，文字、图形、符号的颜色与背景色或底色应为对比色。中国的有机产品现在强制要求加贴防伪标，每一个产品都有其唯一编号。欧盟有机标准对标签的要求更加严格具体，比如在标签中，对于有机加工产品应标明配料比，并且有机术语和有机配料百分比应和产品其他配料保持一样的颜色、大小、字体。欧盟成员国内强制使用欧盟有机标识，并且要在标签中标明认证机构代码和原料的生产地。

对于有机产品的销售，中国有机产品标准强制要求在产品的最小销售包装上加施中国有机产品认证标识及其唯一编号、认证机构名称或者其标识，也就是现在强制要求加贴防伪标。另外，中国有机产品还要求，有机产品进货时，销售商应索取有机产品认证证书、有机产品销售证等证明材料。生产商、销售商在采购时应对有机产品认证证书的真伪进行验证，并留存认证证书复印件。在有机产品的销售专区或陈列专柜，应在显著位置摆放有机产品认证证书复印件。欧盟有机标准并未对产品销售作单独的说明，其更加注重产品的标识要求，间接地对销售作了要求。

2.6.8 管理体系

中国有机产品标准GB/T 19630—2011在第四部分专门对有机认证的

管理体系做了要求：有机产品生产、加工、经营者应有合法的土地使用权和合法的经营证明文件。有机产品生产、加工、经营者应按 GB/T 19630.1、GB/T 19630.2、GB/T 19630.3 的要求建立和保持有机生产、加工、经营管理体系，该管理体系应形成本部分 4.2 要求的系列文件，加以实施和保持。申请应该提交的文件包括生产单元或加工、经营等场所的位置图、管理手册、操作规程、系统记录，并且要求这些文件最新有效。有机产品生产、加工、经营者应具备与有机生产、加工、经营规模和技术相适应的资源，生产管理者代表和内部检查员应该符合要求。并且中国有机产品标准还要求操作者应该建立可追溯体系与产品召回和持续改进体系。

欧盟有机产品标准在 EC 889/2008 的第Ⅳ部分检查中要求，申请者要做出一份承诺，内容包括对生产单元或经营场所和生产活动做详细说明，生产采取的措施，包括仓储设施和清洁措施。这份声明还要包括承诺按照有机生产规则来实施操作、违规操作时会及时采取措施和告知产品购买商关于不符合产品的信息。在申请认证之前，操作者要提前告知认证机构关于其有机操作的相关信息，比如操作者信息、产品信息、地块信息等。在检查过程中，要提供相关的操作记录以便认证机构进行核实，并且还要提交关于使用物质的一些声明，如非转基因证明等。两个标准比较而言，中国有机标准对管理体系的要求更为具体和严格。

2.7 中欧有机产品互认可行性分析

中国和欧盟有机产品标准基本思路和框架是一致的，涉及有机生产链条的各个环节，包括植物和植物产品、动物和动物产品、加工、包装、处理、储藏和运输以及标识和要求等。相比较欧盟有机标准来说，中国有机产品标准涵盖的范围更加广泛，其中包括了设施农业生产、芽苗菜的生产和纺织品生产等内容，而这些产品在欧盟有机标准中没有明确规定。因此，中欧有机产品互认从有机标准涵盖的认证产品范围植物生产、畜禽养殖、野生采集、食用菌及加工、标识等几个方面进行讨论，进一步探讨中欧两国有机标准互认的可行性。

2.7.1 植物生产

中国和欧盟有机标准在生产范围、基因工程、转换期、平行生产、种子和植物繁殖材料、土肥管理、病虫草害控制、收获后处理等方面都做了具体的规定。两个标准就这些方面的要求大致相同(表 2-7)。中国有机产品标准在产地环境、缓冲带、芽苗菜生产、污染控制等方便做了具体要求，这些欧盟有机标准都未做具体规定。另外，两个标准也存在很多细节上的不一致，比如关于土壤肥力调节物质和植保产品，两个标准都有各自能够使用的范围，特别是中国有机标准允许使用人粪尿，但是欧盟有机标准不允许使用。总体来说，关于植物生产部分(除野生采集和食用菌生产)，两个标准的互认存在一定的可能，但是在具体实施时要考虑细节限制。

野生采集的植物因为本身自带天然属性，与有机产品的理念最为接近，所以中国有机产品标准和欧盟有机产品标准就野生采集的要求基本一致，可以达到互认的程度。

食用菌栽培是一类比较特别的产品，栽培基质的一个关键因素。两国有机产品标准均对食用菌使用的基质进行了规定，并且对于基质的要求是一致的。此外中国有机标准对食用菌的规定更加细致，对食用菌的菌种、覆土栽培食用菌的转换期、防止禁用物质污染的措施等进行规定，虽然欧盟有机标准并没有对这些内容单独列出，但是依据欧盟有机标准对植物及植物产品相关要求，这部分的规定同中国有机标准的要求是一致的。所以两国的食用菌标准基本具备互认的可能性，但是需要关注菌种、饮用水及接种部位涂料的符合性。

表 2-7　中欧有机作物生产标准比较汇总表

项目	相似度	差异点描述
生产单元范围	***	中国：需要在认证前建立并实施有效的有机生产管理 3 个月以上
转换期	****	撂荒地和未使用禁用物质的地块： 中国：要求至少 36 个月以上的证明，且至少转换 12 个月 欧盟：有充分证据可直接追溯为有机
GMO	*****	
电离辐射	*****	
投入品	***	部分物质存在差异
平行生产	****	欧盟：产品收获前 48 小时和收获后需要通知认证机构
产地环境		中国：对环境条件（水、土壤、大气）提出了明确的要求
种子与繁殖材料	*****	
土壤养分管理	****	具体物质使用存在差异见附表 1
植物保护措施	****	具体物质使用存在差异见附表 2
设施栽培	**	中国：具体规定了可使用的土壤培肥物质和代替轮作的措施
芽苗菜生产		欧盟无此标准
储藏、包装和运输	**	中国：对包装材料具体要求；对仓储方法和仓库清洁有具体要求

* 代表中欧标准的相似度，其中 ***** 代表完全一致，以下表格相同。

2.7.2　畜禽养殖

中国和欧盟有机产品畜禽养殖标准在转换期、平行生产、畜禽的引入、饲料、疾病控制、饲养条件、繁殖、非治疗性手术、运输屠宰等方面的要求大致相同,但是存在一个关键问题(表 2-8),就是在畜禽兽药的使用方面,欧盟标准允许使用转基因的产品,但是中国有机产品标准不允许使用转基因兽药。并且在很多细节的要求上,还存在很多不同之处,如针对动物的引入,两个标准除了对蛋鸡的引入龄要求相同之外,其他动物的引入龄都有差异。关于动物饲料的使用,两个标准规定的物质也有所不同。总体上来说,两个标准关于畜禽养殖部分存在互认的可能性,但是鉴于动物产品认证的难度大,真正实施互认时会存在很大的难度。

表 2-8 中欧有机畜禽产品标准比较汇总表

项目	相似度	差异点描述
饲养条件	***	中国:饮用水必须满足生活饮用水的要求;肉牛在最后的育肥阶段可采取舍饲 欧盟:对饲养条件单独说明
动物引种	***	除蛋用鸡外,其他都有差别
转换期	*****	
平行生产	*****	
动物饲料与营养	**	中国:50%来自本养殖场饲料种植基地或本地区有合作关系的有机农场;对于草食动物,常规饲料的最大比例不超过 10%,非草食动物不超过 15%。畜禽日粮中常规饲料的比例不得超过总量的 25%;在紧急情况下可使用代乳品补饲;禁止用动物及其制品饲喂反刍动物或给畜禽饲喂同科动物及其制品,禁止饲喂动物粪便和人工合成的物质 欧盟:60%来自本养殖场饲料种植基地或本地区有合作关系的有机农场;饲料日粮平均最多可使用 30%转换期饲料。如果转换期饲料是自己单元生产的,此百分比可增加到 100%;禁止使用引起牲畜贫血的饲养条件和饲料
疾病预防	*	中国:可使用中兽医、针灸等 欧盟:可使用基因工程兽药
非治疗性手术	**	欧盟:没有明确禁止,经权威机构批准后,可以实施

续表 2-8

项目	相似度	差异点描述
繁殖	***	中国:母畜在妊娠期的后 1/3 时段内接受了禁用物质处理,其后代应经过相应的转换期
有害生物防治	*****	
屠宰与运输	**	欧盟:未做具体的实施要求
环境影响	***	中国:养殖污染物的排放应符合 GB 18596 的规定 欧盟:对粪便排放总量以及载畜率都做出了明确的规定

2.7.3 水产养殖

关于水产养殖,两个标准的认证范围差异很大(表 2-9),中国有机产品标准只能认证水生植物中的野生固着生物,并且无法认证开放式水域;而欧盟有机产品标准可认证浮游生物和微藻类等水生类饲料作物以及微甲壳类动物、轮虫、蠕虫等水生类饲料动物。除了繁育和养殖场的选址外,两个标准在转换期、平行生产、引入、动物管理、水质要求、饵料、疾病防治以及捕捞、运输和宰杀等方便都有很大的差异。总体来说,两个标准本部分互认的难度比较大。

表 2-9 中欧有机水产产品标准比较汇总表

项目	相似度	差异点描述
认证范围	***	中国:水生植物的描述仅限于野生固着生物;无法认证开放式水域 欧盟:可认证浮游生物和微藻类等水生类饲料作物以及微甲壳类动物、轮虫、蠕虫等水生类饲料动物
转换期	*	欧盟:海草转换期 6 个月或者是一个完整的生产周期。对于水生动物,则规定:(a)使用没有排干、清洁和消毒的设施,转换期为 24 个月;(b)使用排干或消毒的设施,转换期为 12 个月;(c)使用排干、清洁和消毒的设施,转换期为 6 个月;(d)开放式水域设施,包括双壳贝类养殖所用设备,转换期为 3 个月。另外,欧盟还允许追溯水产养殖的转换期

续表 2-9

项目	相似度	差异点描述
平行生产	**	欧盟:平行生产单元之间有各自独立的配水系统
动物引入	***	欧盟:野生捕获或非有机水产动物用于养殖操作时,在用于育种前,必须保持对其进行至少 3 个月的有机操作管理
繁育	*****	
养殖场的选址与环境影响	****	欧盟有机产品标准并未对养殖场的选址做单独的要求
水产动物的管理	***	欧盟:关注围养系统的设计
水质要求	***	具体要求的指标有差异
饵料	**	中国:可使用至多不超过 5%的饵料,在出现不可预见的情况时,可放宽至 30%;可以使用充分腐熟的动物粪便 欧盟:饲料中的植物来源成分必须来源于有机生产,饲料中的水生动物来源成分必需来自可持续开发的水产业;饲料最多只可以含有 60%的有机植物产品;允许使用天然来源的虾青素
疾病防治	**	欧盟:建立动物健康管理计划,定期进行动物健康服务;提倡休渔;规定了对抗治疗的次数;未限制转基因疫苗
捕捞、运输和宰杀	***	欧盟:对于水产品年生产量超过 20 吨的操作者,要提交环境影响评价报告 中国:不应使用镇静剂或兴奋剂,应有专人负责管理运输对象;应给予一定的恢复期,再行宰杀,应避免让活的水生动物直接或间接接触已死亡的或正在宰杀的水生动物,以减少应激

2.7.4 加工

中国和欧盟有机产品标准在加工方面的使用范围不同,中国有机产品标准不仅适用于食品和饲料,还适用于纺织品,而后者只适用于食品和饲料。中国与欧盟有机产品标准在加工的总体原则上保持一致,不存在分歧(表 2-10)。但是中国对加工工艺、加工场的有害生物防治、食品和饲料的包装等方面都有要求，这些是欧盟标准没有规定的。中国和欧盟有机产品加工标准的主要差异在与允许使用的添加剂和加工助剂不同。总体来说，两个标准在加工部分的互认具有一定的可能性，但是也存在一定的难度。

表 2-10 中欧有机加工产品比较汇总表

项目	相似度	差异点描述
认证范围	****	欧盟：不包括纺织品生产
平行生产	*****	
配料、添加剂和加工助剂	***	非有机农业源配料只可以使用标准附表中列出的物质，若不在附表列出需要经过授权
加工通则	****	中国：对食品加工厂和饲料加工厂本身提出了要求；对加工工艺提出了具体要求；并且列出了允许使用的提取溶剂；禁止使用石棉作为过滤介质
有害生物防治		欧盟标准未有明确规定
包装	****	欧盟未作具体要求
储藏和运输	****	中国：对储藏方法具体要求

2.7.5 小结

通过上述分析，野生采集和食用菌栽培部分具有良好的互认基础，其次是加工和植物生产，再次是畜禽养殖和水产养殖(表 2-11)。

表 2-11 中欧有机标准互认可行性分析**

标准内容	作物生产	野生采集	菌类生产	畜禽养殖	水产养殖	加工
可行性	++++	+++++	+++++	++	++	++++

** 达成标准互认的可行性程度，+++++ 为 100%可行。

第3章

中新有机产品贸易合作与法律法规比较分析

3.1 新西兰有机农业发展现状

3.1.1 新西兰有机农业生产与认证现状

新西兰是一个经济发达，人口素质较高的国家，人们十分关注食品的健康与安全，有机农业在新西兰发展迅速，生产覆盖面很广，包括水果、蔬菜、粮食、种子、葡萄酒、奶制品、肉以及蜂蜜等新鲜的或加工的动植物产品，产品不仅用于满足国内市场，而且还大量出口。

新西兰有机农业起源于20世纪80年代，有机农业发展初期规模较小，只有一小部分的有机农户向国内市场供应有机产品。随着市场消费需求的不断上涨，有机农业的生产规模和数量不断增加，并且在1990年得到快速增长。增长主要得益于出口企业(主要是水果和蔬菜的出口商)，特别是一些大型的出口公司通过结成联盟，显著地影响并刺激了欧盟、美国和日本市场的需求。截至 2012 年，新西兰有机土地面积约为 106 753 公顷，有机产品在国内食品和饮料市场的占比约为 1.1%(Mark Cooper, etc., 2013)。

依据新西兰有机市场报告的统计数据，截至 2012 年，新西兰有 1 221 家企业(或个人)获得有机认证，共计注册 1 765 个有机生产单元，与 2009 年相比分别增幅 6.6% 和 24.6%，与 2007 年相比增幅分别为 42% 和 46%(表 3-1)。1 765 个有机生产单元中，包括 720 个园艺生产单元，413 个混合生产单元，274 个加工生产单元和 168 个畜禽生产单元(Mark Cooper, etc., 2013)。

表 3-1　有机认证企业和生产单元的数量(1997—2012 年)

项目	1997	2007	2009	2012
获证企业	335	860	1 145	1 221
操作单元	—	1 206	1 416	1 765

此外，在 2011—2012 年期间共有 936 家企业在初级产业部(MPI)批准的第三方机构注册认证，以期他们出口的有机产品能够满足新西兰有机产品官方保证计划的要求，并且这些企业中有 75 家成为初级产业部(MPI)注册的出口商，将来他们的产品出口到与初级产业部建立协议的国家时，初级产业部可以为其提供官方担保。这与 2010—2011 年相比增幅为 2%(Mark Cooper, etc., 2013)。

新西兰是世界上重要的畜牧业国家，畜牧业在新西兰国民经济中占有重要地位，畜牧业的产值在农业生产中占 4/5，是世界上按人口平均养羊、养牛头数最多的国家(李玲慧等，2013)。截至 2012 年，全国有机牧场面积占比总有机土地的面积近 87%，且畜产品出口外向型特征十分明显。截至 2012 年，新西兰境内有机土地面积约为 106 753 公顷，其中有机畜禽放牧土地面积约为 92 522 公顷，与 2009 年相比下降 14.8%，主要是因为这一时期奶制品、肉制品和羊毛的价格有较大增幅，因此生产有机产品的单元有所减少。

新西兰的农作物主要以小麦、大麦、燕麦、新西兰麻、水果为主，人均耕地是0.11公顷。新西兰的玉米主要产在北岛，面积在1.5万公顷左右，单产非常高，主要用途是作畜禽业的饲料。近十多年里，新西兰的蔬菜和水果生产得到了蓬勃的发展。水果的主要品种是苹果、猕猴桃、葡萄以及一些亚热带、热带水果。截至2012年，园艺产品有机土地面积约为11 188公顷，与2009年相比增幅为37%，其中新西兰园艺产品中有机葡萄的生产面积增长迅速；截至2012年，已经有超过100家有机认证的葡萄园，占新西兰全部葡萄园的7.6%。此外，混合生产有机土地面积为3 043公顷（表3-2）（Mark Cooper, etc., 2013）。

表3-2 有机认证土地面积（1997—2012年） 公顷

项目	1997	2002	2007	2009	2012
畜禽	6 210	39 564	52 070	108 586	92 522
园艺	4 945	7 322	5 045	8 175	11 188
混合/其他	805	—	6 768	7 702	3 043
总面积	11 960	46 886	63 883	124 463	106 753

3.1.2 新西兰有机产品消费与市场状况

在新西兰，整个有机产品消费市场的估值为3.4亿～3.6亿美元（2012年），这一数据包括出口的有机产品和国内销售的有机产品，其中60%～70%用于出口，而且规模还在不断扩大。

在世界各地，越来越多的消费者意识到有机食品对人体健康和环境可持续发展的有利影响。因此全球有机产品消费持续增加，新西兰有机产品出口额也在快速增长。2012年新西兰有机产品出口额达到2.15亿～2.25亿美元，与2009年相比增长幅度接近25%（图3-1）。

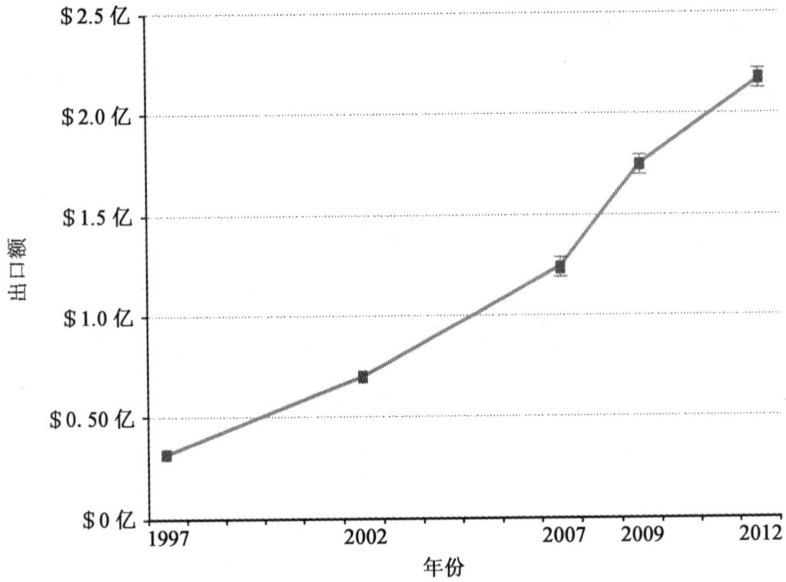

图 3-1 新西兰有机产品出口市场规模(以美元计,1997—2012 年)

在新西兰,出口的有机产品主要是园艺产品,出口额达到 0.96 亿美元(约为出口总额的 45%),较之 2009 年相比出口额有所下降了 50%,与 2007 年相比下降了 73%;其次是奶制品(与 2009 年相比,出口额已经增长了 33%)、加工的食品和配料(与 2009 年相比,出口额已经增长 45%)、饮料、葡萄酒和啤酒(与 2009 年相比,出口额增长了 70%)、肉和羊毛(与 2009 年相比,出口额增长了 10%,并且这部分主要有新的企业加入)以及蜂蜜(与 2009 年相比,出口额略有下降)(表 3-3 和图 3-2)(Mark Cooper, etc., 2013)。

新西兰有机产品主要销往欧盟、北美和澳大利亚,出口到这 3 个国家的有机产品约占出口有机产品总量的 70%。但是近年来,新西兰有机产品出口到亚洲国家的数量也在迅速的增加,其中出口到韩国的比例从 2009 年的 8%增长到 11%,这期间出口到中国的比例也从 1%增长到 2.6%,出口到其他亚洲国家(不包括日本),比例增长到 6%(表 3-4)(Mark Cooper, etc., 2013)。

表 3-3　2007—2012 年不同种类有机产品出口额(以美元计)

种　类	2007	2009	2012
新鲜的水果和蔬菜	$ 88 360 000	$ 85 850 000	$ 96 860 000
奶制品	$ 6 990 000	$ 27 850 000	$ 36 950 000
加工的食品和配料	$ 6 120 000	$ 20 280 000	$ 29 350 000
饮料	$ 3 890 000	$ 16 960 000	$ 17 840 000
葡萄酒和啤酒			$ 10 970 000
肉类和羊毛	$ 8 920 000	$ 9 185 000	$ 10 120 000
蜂蜜	$ 3 960 000	$ 8 320 000	$ 7 940 000
其他的和不分类的	$ 2 170 000	$ 2 040 000	$ 4 970 000
总计	$ 120 400 000	$ 170 485 000	$ 215 000 000

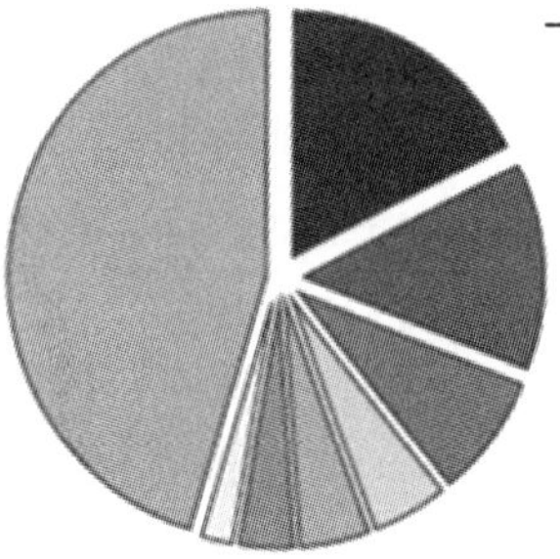

种类	占比 /%	与 2009 年相比增长比例 /%
新鲜水果和蔬菜	45	+13
奶制品	17	+33
加工的食品和配料	14	+45
饮料	8	+70 (饮料、葡萄酒和啤酒)
葡萄酒和啤酒	5	
肉和羊毛	5	+10
蜂蜜	4	−5
其他的和不分类的	2	+145

图 3-2　2012 年新西兰不同种类有机产品出口额占比

表 3-4　2002—2012 年新西兰有机产品出口到不同国家的比例 %

目的国家	2002	2007	2009	2012
北美	15	27	22	28
欧洲	41	46	37	27
澳大利亚	1	4	19	15
日本	26	12	9	10
韩国	—	5	8	11
中国	—	—	1	3
其他亚洲	1	5	3	6
其他国家	17	1	1	0
总计	100	100	100	100

新西兰的有机操作者在大量出口有机产品的同时，也在开发国内市场，截至2012年，这一销售额约0.68亿美元，该值不包括直销、进口的有机产品以及小型农贸市场的消费额。新西兰国内消费的有机产品与出口的产品种类差别较大，国内消费的主要是加工的食品和奶制品，约为70%（表3-5）。加工的食品和配料占比为47%，而出口仅为14%。新鲜的水果和蔬菜在国内消费仅为6%，出口却高达45%。

表3-5　2009—2012年新西兰国内不同种类有机产品产值销售额（以美元计）

种　类	2009		2012	
新鲜的水果和蔬菜	$2 344 888	4%	$4 070 000	6%
奶制品	$13 915 922	23%	$15 650 000	23%
加工的食品和配料	$17 611 731	29%	$32 620 000	47%
饮料	$17 610 352	29%	$2 760 000	4%
葡萄酒和啤酒			$6 160 000	9%
肉类和羊毛	$2 199 273	4%	$2 410 000	4%
蜂蜜	$844 337	1%	$710 000	1%
其他的和不分类的	$6 680 226	11%	$4 320 000	6%
总计	$61 200 000	100%	$68 700 000	100%

实际上，截至2012年，新西兰整个国内有机产品总值在1.26亿～1.33亿美元，其中在大型超市销售的非生鲜类的有机产品总值与2009年相比增幅为26.8%，与2011年相比增长7.5%。在有机产品专门的零售店销售的有机产品总值约为0.255亿美元，与近3年相比增加了近2倍（Mark Cooper, etc., 2013）。

3.1.3　中新有机产品贸易合作现状

自1972年中国与新西兰建交以来，两国经贸关系平稳发展，进入20世纪90年代后两国双边贸易呈现快速增长的趋势，2009年中国已经晋升为新西兰第二大贸易伙伴。此外，新西兰还是首个与中国展开自由贸易协定(FTA)谈判的发达国家，双方 FTA 谈判始于 2004 年 11 月，经过 15 轮谈判，最终于 2008 年 4 月 7 日在北京正式签署《中华人民共和国政府和新西兰政府自由贸易协定》，中国对新西兰各类主要农产品进口关税，在 2008 年 10 月 1 日《协定》生效之日起，5～10 年内全部取消(邵昱晔，赵蕾，2010)。此外，2013 年 9 月和 10 月，中国国家主席习近平在出访中亚和东南亚国家期间，先后提出共建“丝绸之路经济带”和“21 世纪海上丝绸之路”(以下简称“一带一路”)，而新西兰也在“一带一路”的合作国家之列。在此背景下，研究新西兰与中国的有机产品贸易合作有着重大的意义。

依据 2014 年我国有机产品出口贸易统计数据显示，2014 年我国有机产品总的出口额为 5.86 亿美元，出口贸易量为 27.47 万吨。从历年我国出口有机产品来看，豆类产品和油料作物出口的最多，每年都在 10 万吨左右，占总贸易量的 43.8%～62.7%，贸易额为 7 000 万美元左右。其次为植物油加工副产品、加工和储藏的蔬菜和谷物等大宗农产品，出口量均在 1 万吨以上；加工饲料、谷物磨制产品、加工和储藏的水果和坚果、蔬菜类、植物油脂、果汁和蔬菜汁以及植物中草药和加工饲料的出口量仅有 1 000～9 000 吨，而动物产品、纺织品、水产品以及淀粉类产品等出口量较小，都在千吨以内(国家认证认可监督管理委员会和中国农业大学，2016)。

2014 年，我国有机产品共出口到 30 多个国家和地区。这些国家主要分布在欧洲，如英国、德国、荷兰、意大利、法国、丹麦等国家；其次是亚洲，如日本、韩国等国家；北美洲的美国、加拿大等国家；澳洲的澳大利亚、新西兰等国家。其中 2014 年出口到新西兰的初级农产品 96 吨，贸易额约为 142 400 美元，加工产品 61 吨，贸易额约为 98 500 美元，总计 157 吨，贸易额约为 240 800 美元。

中国进口有机产品是指在境外生产区域按照中国有机产品标准进行生产和认证，并进口到中国的有机产品。中国有机产品市场需求不断增加，越来越多的国外生产企业有计划向中国出口有机产品，中国有机产品境外认证的面积也越来越大。

2014 年我国共有 10 家认证机构进行了境外认证，颁发有机证书 121 张，认证了 66 家企业。其中新西兰的获证企业数量为 3 家，获得证书为 5 张。主要认证的产品是奶粉、茶、苹果、笋瓜、猕猴桃等。

通过研究分析 2014 年中国与新西兰有机产品贸易合作情况，我们发现，中新贸易的有机产品具有互补性。新西兰输入中国的主要是奶粉加工产品和新鲜水果，而中国输出的有机产品主要是豆类及油料作物和加工储藏的蔬菜和谷物等大宗农产品。

3.2 中新有机产品法律法规体系比较

3.2.1 新西兰有机产品认证法规体系

3.2.1.1 新西兰有机产品认证法规概述

在新西兰，并没有专门针对有机产品的法律法规。有机食品与常规食品一样，使用相同的风险管理框架，即有机食品与常规食品一样必须遵守新西兰相关立法规定，包括《1999 年动物产品法案》（APA）、《1997 年农业化合物和兽药法案》（ACVM）、《1999 年动物福利法案》（AWC）、《1981 年食品法案》、《2003 年红酒法案》、《1996 年危险物质和新微生物法案》（HSNO）、《1991 年资源管理法案》以及《1986 年公平贸易法案》。

新西兰境内有机农业的快速发展与国内大型出口企业的快速发展有着密切的关系。为了确保新西兰出口有机食品到欧盟，2001 年新西兰有机产品出口商协会(OPENZ,现称新西兰有机产品出口商联盟 OEANZ)要求新西兰农业和渔业部(MAF,现称为初级产业部 MPI)建立官方有机保证计划(OOAP)确保有机产品出口到欧盟。

OOAP 自建立以来不断发展,MPI 先后分别与欧盟委员会(2001 年)、美国(2002 年)、瑞士(2003 年)、日本(2007 年)和中国台湾(2009 年)形成合作计划。OOAP 覆盖的产品包括未加工的植物产品、种子和植物繁殖材料、活体动物和动物产品(包括蜂蜜和未加工的羊毛)、加工的农业产品(包括葡萄酒)。OOAP 俨然已经被新西兰初级产业部用来作为同其主要贸易国进行有机产品贸易合作的谈判工具,同越来越多的贸易国家建立等同协议,以方便其国内有机产品的出口,减少其国内有机产品贸易壁垒。

新西兰的官方有机保证计划下的法律法规体系(图 3-3)包括:①NZFSA OP1 标准:有机产品-第三方机构和工作人员的认可、承认及绩效评估准则,它规定了初级产业部对第三方机构认可的要求;②NZFSA OP2 标准:有机产品-第三方认证机构的职责,是对认证机构的要求,涵盖了第三方认证机构与操作者之间的关系;③NAFSA OP3 标准:有机产品-操作人员的注册和绩效评估准则与 OP3 标准附则 2:MAF 有机生产技术法规(最新版本 7.1,2011 年 6 月),是对有机操作者包括出口商的相关要求,是对有机生产和加工以及出口等过程的技术要求,相当于有机产品标准。以上是新西兰对出口有机产品的通用要求。

在此基础上,新西兰还针对在官方有机保证计划框架下达成协议的国家,专门制定了对每个协议国的有机海外市场准入要求(Overseas Market Access Requirements,OMARs),列出了对特定目的国市场的特定要求和限制。新西兰出口商生产的产品只有符合官方有机保证计划的要求,并且满足《有机海外市场准入要求》中对目的市场的特定要求,才有可能获得初级产业部提供的官方担保。

通过研究新西兰有机产品法律法规体系,特别是新西兰官方有机保证

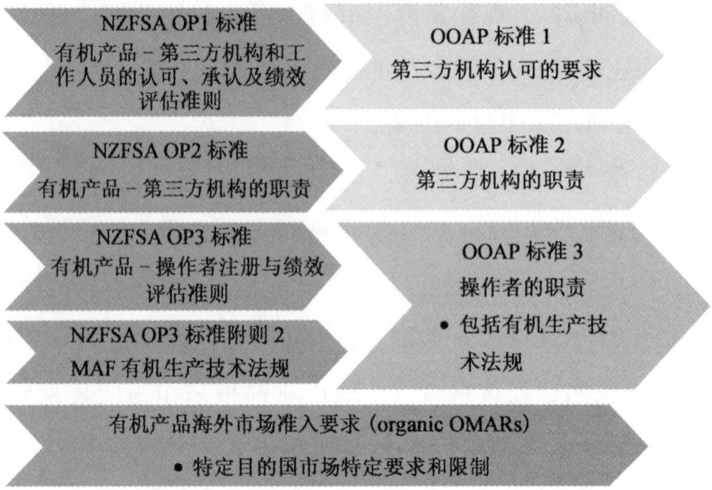

图 3-3 官方有机保证计划下的法律法规体系

计划，并将其与中国的有机产品标准法律法规进行比较，发现两国有机产品的法律法规体系还是有一些差距，但是也具有互认的可行性，后文会对这些内容进行详细的研究与分析（表 3-6）。

表 3-6 中新有机产品法律法规体系的比较

项目	中国	新西兰
主管单位	国家认证认可监督管理委员会（CNCA）	初级产业部 MPI
与有机认证相关的法律	《中国认证认可条例》	NZFSA OP1 标准：有机产品-第三方机构和工作人员的认可、承认及绩效评估准则
部门规章、行政规范	《有机产品认证管理办法》 《有机产品认证实施规则》	NZFSA OP2 标准：有机产品-第三方认证机构的职责
有机标准	国家标准：中国有机产品标准 GB/T 19630，为自愿性标准	NAFSA OP3 标准：有机产品-操作人员的注册和绩效评估准则与 OP3 标准附则 2：MAF 有机生产技术法规

3.2.1.2 新西兰有机产品进出口控制体系

早在20世纪90年代一些市场就已经有了自己的有机标准或者是正在制定本国的有机标准，这些标准适用于本土生产和进口有机食品。比如欧盟有机市场要求所有的有机食品来源的第三方国家通过国家保证，并且严格按照欧盟有机生产标准生产。新西兰对于进口有机产品或进口有机配料国内加工的产品在供应国内市场时，都必须符合《澳大利亚新西兰食品标准规范》的标签和成分方面的要求，且所有标注为有机的产品都需要满足《1986年公平贸易法》的规定，并且接受商业委员会的监管，而对有机产品参照的有机标准并没有具体限定。比如按照中国有机产品标准生产的有机产品在出口新西兰时，只要其满足《澳大利亚新西兰食品标准规范》和《1986年公平贸易法》的相关规定，即可在新西兰按照有机产品进行销售，并且可以加贴中国的有机产品认证标志。

在新西兰，出口的有机产品必须满足新西兰国内对应的一般食品法规要求，这些一般的食品法规包括《1999年动物产品法案》《2003年葡萄酒法案》《1981年食品法案》等。此外，这些出口的有机产品还需要满足海外市场准入的要求。目前，新西兰有机产品主要有如下三种出口途径：

第一条途径，官方有机保证计划，当前新西兰的初级产业部已通过OOAP同一些国家建立关于有机产品出口的协议，出口到这些协议国家的有机产品需要满足初级产业部的官方有机保证计划的要求，并且满足该协约国OMARs的要求，才可以获得MPI提供的官方保证，并且在协议国按照有机产品销售。

第二条途径，新西兰出口有机产品到澳大利亚。需要满足澳大利亚和新西兰签署的《更紧密经贸关系协议》。这也意味着在新西兰能够合法销售的产品在澳大利亚也可以合法销售，反之亦然。该协议由新西兰外交部和贸易部管理。

第三条途径，有机产品出口到未与新西兰初级产业部建立协议的国家。在新西兰，如果有机产品将要出口到欧盟、日本、美国等之外的未与新西兰初级产业部建立协议的国家，出口商需要确保出口的产品能够满足目的国市场的要求。比如，新西兰生产的有机产品想要出口到中国，新西兰的生产商必须按照中国的有机产品标准 GB/T 19630 进行生产，并根据《有机产品认证管理办法》第三章的要求，按照有机产品认证实施规则的规定，向认证机构提交相关申请资料和文件，获得中国有机产品标准的认证后才能出口到中国。

通过研究新西兰有机产品的进出口控制体系，我们发现中新有机产品的进出口控制体系还是存在明显差别（表 3-7），新西兰对于进口并在国内销售的有机产品，对有机产品认证的标准的要求比较宽泛，并且对于新西兰出口的有机产品，已经通过新西兰政府部门的努力，同一些国家建立了协议，以便利有机产品的贸易。这也是中国有机产品走出去，值得借鉴的地方。

表 3-7　中新有机产品进出口控制体系比较

国家	进口有机产品的要求	出口有机产品的要求
中国	1. 对有机产品认证标准有明确限定，即必须获得中国有机产品 GB/T 19630 的认证；2. 由各地出入境检验检疫机构负责对进口有机产品认证和销售活动进行监督检查	只需要符合进口国家或者地区的要求即可。比如出口到欧盟的有机产品，必须经过欧盟有机产品的认证
新西兰	1. 对有机产品认证标准没有明确限定，但需满足《澳大利亚新西兰食品标准规范》和《1986 年公平贸易法》；2. 由商业委员会对进口的有机产品进行监管	1. 在 OOAP 计划下出口的，需满足 OOAP 要求；2. 出口到澳大利亚的有机产品，满足新西兰市场的要求即可；3. 对出口到未建立协议的国家，需要满足目的国市场和地区的要求

3.2.2 中新有机产品监督管理体系比较

新西兰的官方有机保证计划的管理是基于新西兰初级产业部的监管体系(图 3-4)即 MPI 监管体系。MPI 连同认可机构对认证机构进行认可并且批准官方承认的第三方机构(TPAs)及其人员,这些经过认可的第三方机构及人员可以评估和验证生产、加工、贸易等操作者的操作活动是否符合 OOAP 及相关法律法规的要求,从而确保操作者能够持续的按照标准进行操作并且确保输出的产品符合 OOAP 及相关法律法规的要求。

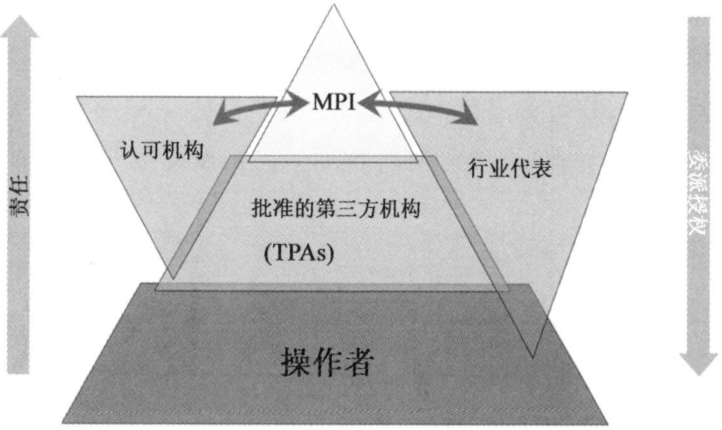

图 3-4 新西兰初级产业部有机产品认证监管体系

新西兰的 MPI 连同行业代表确保制定的 OOAP 标准及相关法律法规能够满足产品输出的要求。

通过研究对比中新两国有机产品监督管理,发现两国的监督管理体系有着较高的相似性,通过分析发现,两国的监管体系基本上分为 3 个层面:

第一层面为国家主管机构,中国有机产品认证是由国家质量监督检验检疫总局批准设立的中国认证认可监督管理委员会(CNCA)进行主管,新西兰的有机认证由初级产业部(MPI)主管。中新两国均规定从事有机产品认证的机构须经本国的行政主管部门批准，在这一点上两国的要求是一致的。

第二层面为认可机构，中新两国均规定，从事有机产品认证的认证机构及其人员必须经过指定认可机构的认可。其中中国合格评定国家认可委员会(CNAS)由国家认监委依法授权作为唯一的认可机构，负责对认证机构(包括有机认证机构)进行评价认可。此外，由中国认证认可协会(CCAA)负责对认证人员(包括有机检查员)进行注册，从事有机产品认证的检查员必须经过CCAA注册。而在新西兰，对第三方机构及其人员的认可是由新西兰初级产业部指定的认可机构联合初级产业部的体系审核小组(SAT)共同审核，目前新西兰指定的认可机构包括新西兰国际认可机构(IANZ)和澳大利亚和新西兰联合认可体系(JAS-ANZ)。由此可见，在认证机构及其人员认可层面，中新两国略有差别，本部分内容将在第3.2.3部分进行详细介绍。

第三层面为认证机构，认证机构作为认证活动的主体，应根据批准的资格和业务范围开展相应的认证活动。中国认证机构从事有机产品认证依据为GB/T 19630—2011《有机产品》和《有机产品认证实施规则》。认证机构根据标准和规则要求开展认证技术评价，为企业、组织及有关产品提供符合性的评价活动。目前，中国国内共有23家认证机构可以从事中国有机产品的认证工作。在新西兰，只有Biogro和AsureQuality两家是新西兰初级产业部(MPI)批准的第三方机构(TPAs)，为参与MPI官方保证计划(OOAP)的出口商提供认证服务。

在中国有机产品认证认可监管体系内，还包括地方各级质量技术监督局和出入境检验检疫局以及由消费者、媒体等组成的社会监督力量(图3-5)，这些政府机构和社会力量通过对生产企业以及认证机构的认证活动进行监督，进而促使中国的有机产业良性健康发展。

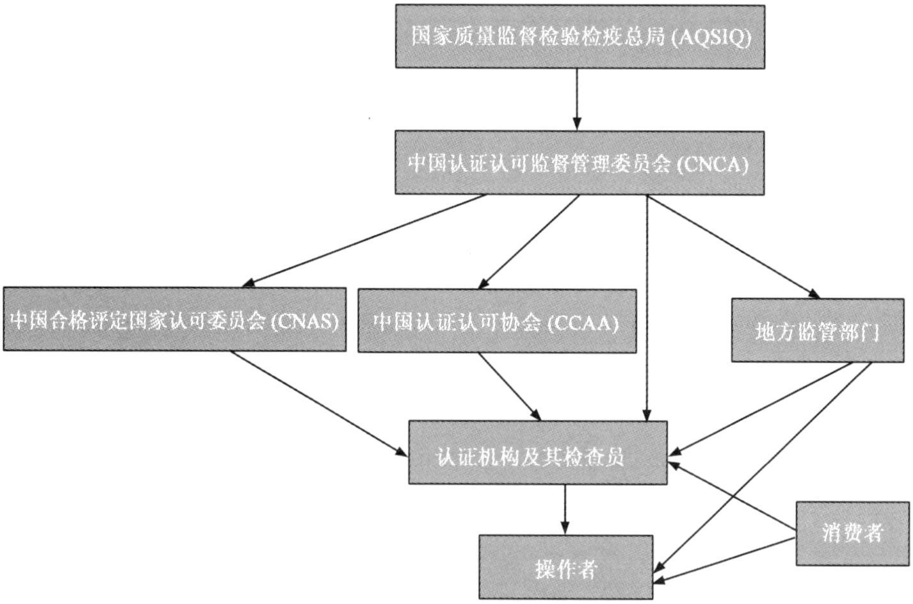

图 3-5 中国有机产品认证监管体系

3.2.3 中新有机产品合格评定制度比较

3.2.3.1 中新有机产品认可制度的比较

在新西兰从事有机产品认证的认证机构必须经过 MPI 的批准，并且这些认证机构及其人员必须经过指定的认可机构和 MPI 的体系审核小组(SAT)的联合审核后方可从事有机认证活动。目前新西兰从事有机产品认证认可机构包括新西兰国际认可机构(IANZ)和澳大利亚和新西兰联合认可体系(JAS-ANZ)，这两个认可机构负责对有机产品认证机构及其人员进行认可评定，其认可依据是 ISO/EC 17020，而 MPI 体系审核小组(SAT)审核依据 NASAF OP1 标准：有机产品-第三方机构和工作人员的认可、承认及绩效评估准则。经过认可的认证机构即是所谓的第三方机构，并且更新在

MPI 网站上，目前 MPI 批准的第三方机构只有两家 Biogro 和 AsureQuality。经过认可的第三方机构人员分为三类人员，包括有机管理体系（OMP）评估者（reviewers）、OMP 验证者（auditors）及认证决定签发者和官方保证验证者。获得认可的这三类人员也会在 MPI 网站上更新，截至 2015 年 8 月目前在 MPI 网站上注册的这三类人员总共 18 位。

新西兰第三方机构及其人员的认可程序大致如下：

①递交认可申请：从事有机产品认证的第三方认证机构向 MPI 指定的认可机构递交认可申请，认可机构受理并审核认证机构递交的材料，不符合要求的限期改进；

②认可机构将符合要求的认证机构的申请材料递交 MPI，由 MPI 体系审核小组进行评审，不符合要求的限期改进；

③认可机构和 MPI 体系审核小组对认证机构进行现场评审，包括：认证机构办公室的审核以及注册人员现场见证审核，对于不符合要求的限期改进；

④认可决定：由认可机构对认证机构是否满足 ISO/EC 17020 认可要求做出决定，并且由认可机构及 MPI 的技术专家就下列事项给出意见：

——该认证机构是否满足 MPI 第三方机构认可要求以及是否推荐注册；

——推荐 MPI 注册的人员是否满足要求；

——对该认证机构审核频次给出推荐意见。目前第三方认证机构及其人员的审核频次一般是一年一次，但是也可以根据认证机构的实际情况推荐增加或减少审核频次。减少审核频次，也要满足两年至少一次。

MPI 同时也需要将获得认可的第三方机构和人员更新在 MPI 网站上。

⑤认可后的监督：获得认可的第三方机构需要接受 MPI 的监督，并向 MPI 进行报告，报告内容包括：定期汇报其操作活动（季度的或年度的）、特殊事件需要在 24 小时内上报（比如严重不符合发生时）。

通过研究分析中新两国对有机产品认证机构认可要求及人员注册的要求可以发现，两国的认可准则及认可流程基本一致，但也有差异之处。如新西兰对认证机构增加了 MPI 体系审核小组的联合审查，并且要求除检查员之外的有机管理体系评估者、认证决定签发者和官方保证验证者都需要由 MPI 进行认可并公布。而在中国只是需要对认证机构参与现场审核的检查人员需要进行注册，对于其他类别的人员并无硬性规定，实际上，由各个认证机构自行对其人员进行评定。

3.2.3.2 中新有机产品检查认证制度的比较

此节的认证程序指由认证机构委派检查员根据有机产品标准对有机生产和加工企业实施有机检查，并在检查通过后给予企业有机认证证书的过程。

指定认证程序，可使生产者依照程序规定提出认证申请，同时认证机构也可以按程序执行审查、评估、认证决定等操作。中国在《有机产品认证实施规则》中规定了认证程序，而新西兰未明确规定认证程序的步骤，但有相应的要求，主要参考 OP2、OP3 以及 OP3 附录 2 第十章的相关规定。中新有机认证程序内容细节上有一些差异，但是主要都包括申请提交和文件审查、现场检查、认证决定、认证后的监督管理四部分。下文将从这四个方面对中新有机产品检查认证程序进行对比分析：

①申请提交和文件审查：中国的《有机产品认证实施规则》除了对受理需要提交的材料进行说明外，同时对认证机构能够受理的申请提出了限制条件，但是新西兰并没有明确说明。比如中国《有机产品认证实施规则》中规定申请者建立和实施了文件化的有机产品管理体系，并有效运行 3 个月以上。新西兰只是要求申请者建立了有机管理体系，并无运行时间的要求。

②现场检查：中新两国现场检查的流程基本相似，只是中国标准对现场

检查的要求更为细致和严格。中国标准要求现场检查时间应安排在生产和加工的高风险阶段进行现场检查,并且要求必须看到所有申请认证产品的生产现场,对于多生产季的产品,如果一次现场检查不能覆盖所有的产品,需要安排后续补充检查。对于农户组织的项目,必须访问所有的农户。并且认证机构需要在现场检查前的至少提前5天将检查安排等信息登录到国家认监委网站"中国食品农产品认证信息系统"。而新西兰标准并无此相关规定。

另外中新两国标准关于现场检查有两个比较大的差别,分别是对样品检测和产地环境质量状况的规定。中国标准规定,现场检查时必须对申请认证的所有产品进行抽样,如果现场检查时无法完成所有产品的抽样,认证机构需要在证书有效期内对未取样产品安排补充抽样。并且,认证机构应在风险评估基础上确定需要检测的项目,并委托具备法定资质的检验检测机构进行样品检测,有机生产或加工中允许使用物质的残留量应符合相关法律法规或强制性标准的规定,但是有机生产和加工中禁止使用的物质不得检出。而新西兰并没有要求对所有认证的产品抽样检测,只是必要时可以对产品或土壤等抽样检测进行化学残留分析,要求符合相关法律法规的要求。

对于产地环境质量状况的规定。中国标准要求申请者出具有资质的监测(检测)机构对产地环境质量进行的监测(检测)报告,或县级以上环境保护部门出具的证明性材料,以证明产地的环境质量状况符合GB/T 19630《有机产品》规定的要求。检查员现场也会核实产地环境。而新西兰对于产地环境并没有硬性的规定。如有怀疑时会抽取土壤的样品进行化学残留量的测试。

③认证决定:中国《有机产品认证实施规则》详细列出了10种不予批准认证的情况。新西兰的认证程序中并没有明确列出不予受理的情况。

④认证后的监督管理:中新两国对获得认证企业的监督管理大致相似,

都包括认证机构对监督检查活动的要求、要求操作者配合认证机构的监管所递交的信息、认证证书及认证标志的管理以及违反规定后的处罚。

其中两国对于有机产品的标识管理有较大差别。中国法规规定：获证组织应按照规定使用有机产品认证证书及认证标志。获证组织应当在获证产品的最小销售包装上，加施中国有机产品认证标志、有机码和认证机构名称。认证机构负责对获证组织发放有机码，并且将有机码发放的信息上报到认监委的“中国食品农产品认证信息系统”。此外，中国法规还规定获证组织在销售有机产品时应向销售商或者消费者出具有机产品销售证。有机产品销售证由认证机构颁发并负责管理。

新西兰的官方有机保证计划没有统一的有机标志，初级产业部提供的官方保证是基于政府对政府的。因此初级产业部注册的出口商在每批货物出口时可以向 MPI 申请出口证书（主要出口到欧盟国家）或者向 MPI 申请货物注册（主要出口到美国）。MPI 在收到出口货物申请时，会联系出口商的第三方认证机构确认出口商提交的申请材料，如果符合要求，则会在 MPI 网站上注册该批货物，并且必要时为出口商出具出口证书。

3.2.4 中新有机标准体系概述与比较

本研究主要将中国有机产品标准（GB/T 19630）与新西兰初级产业部（MPI）的官方有机保证计划（OOAP）下的有机生产的技术法规进行了比较，主要是比较两个标准异同点，以期为中新两国有机产品标准互认提供理论依据。

新西兰的官方有机保证计划（OOAP）的建立是为了保证新西兰有机产品的出口贸易，这些国外市场要求新西兰出口商获得官方的担保。因此，官方有机保证计划下的出口的产品必须遵守官方有机保证计划的规定包括技术法规。

新西兰的官方有机保证计划(OOAP)最早发布于2001年。2001年,新西兰有机产品出口商协会(OPENZ,现称新西兰有机产品出口商联盟OEANZ)要求新西兰农业和渔业部(MAF,现称为初级产业部MPI)建立官方有机保证计划(OOAP)以确保新西兰产的有机产品可以顺利出口到欧盟。OOAP自建立以来不断发展,先后分别与欧盟委员会(2001年)、美国(2002年)、瑞士(2003年)、日本(2007年)和中国台湾(2009年)形成合作计划。

OOAP覆盖的产品包括未加工的植物产品、种子和植物繁殖材料、活的动物和动物产品(包括蜂蜜和未加工的羊毛)、加工的农业产品(包括葡萄酒)。其中OP3标准附则2:MAF有机生产的技术法规是衡量操作者的有机操作活动是否满足有机标准要求的主要的技术法规,因此本研究采用的是最新修订的OP3附录2有机生产技术法规(最新版本V7.1,2011年6月)。

中国有机产品系列标准、规则和办法是有机生产、经营、认证、认可活动主体必须遵循的规则。其中,中国有机产品标准GB/T 19630包括四部分:有机产品生产、加工、标识和销售以及管理体系。GB/T 19630作为推荐性国家标准,从产品生产过程的角度对有机生产、经营、管理做出规范。第1版标准GB/T 19630—2005于2005年4月1日发布并实施。此后于2011年12月5日发布第2版标准(GB/T 19630—2011),该版本替代第1版标准,于2012年3月1日正式实施,并于2014年进行第一次修订。本次研究采用的是2014年修订的版本。

3.2.4.1 认证范围

中新有机产品标准基本思路和框架是一致的,都涉及有机生产链条的各个环节,包括动植物产品生产、加工、包装、处理、储藏和运输以及标识要求等内容,有机产品认证范围均包括未加工的农业源植物和植物产品、动物和动物产品，以及加工的农业源动植物产品(图 3-6)。

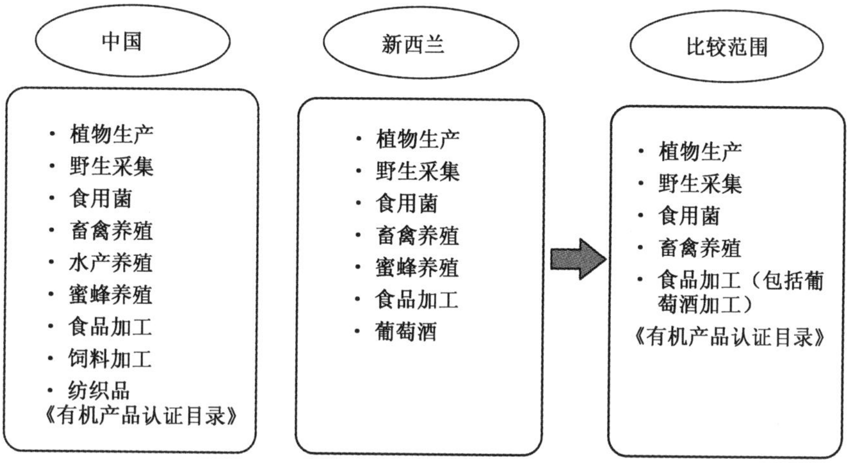

图 3-6　中新两国有机产品认证范围

通过图 3-6 可以看出，中新两国有机产品的认证范围大体一致，但是对于中国有机产品认证而言，能够申请有机认证的产品范围更加明确。国家认证认可监督委员会发布了《有机产品认证目录》，只有在该目录中列出的产品，才可以申请中国有机产品认证。该目录可以经过评估不断更新，目前该目录自发布之日，已经进行过 3 次更新。虽然两国有机产品标准都有针对蜜蜂养殖的相关规定，但由于《有机产品认证目录》中不包括蜜蜂及蜜蜂产品，所以蜜蜂养殖也不在本部分比较范围内。本研究重点对中新两国在植物生产、野生采集、食用菌、畜禽养殖以及食品加工(包含葡萄酒加工)方面的标准条款进行比对，并在后文进行重点分析。

3.2.4.2　转基因的要求

GB/T 19630—2011 生产部分第 4.3.1 条款指出不应在有机生产体系中引入或在有机产品上使用基因工程生物/转基因生物及其衍生物，包括植物、动物、微生物、种子、兽药、渔药等农业投入品。第 4.3.2 条款指出同时存在有机和非有机生产的生产单元，其常规生产部分也不得引入或使用基因工程生物/转基因生物。第8.6.4条款对动物养殖部分的疫苗也做出了规定，不应使用基因工程疫苗(国家强制免疫的疫苗除外)。加工部分第4.2.1.9条款规定了加工产品不应使用来自转基因的配料、添加剂和加工助剂。

相比中国有机标准，新西兰有机标准仅在第4章的第4.1.d条指出，除兽药外，禁止使用转基因生物和来自转基因生物或者用转基因生物生产的产品。

通过两者比较发现，中新两国有机标准基本上均规定了在有机生产中禁止使用转基因生物或者转基因生物生产的产品。但是新西兰标准并没有禁止转基因的兽药产品，中国有机标准明确禁止转基因兽药产品的使用，只是对于国家强制使用的免疫疫苗除外。此外，中国有机标准对于转基因要求更加严格，如果生产单元同时存在有机和非有机的生产单元，对于非有机生产单元也不得引入转基因生物或者用转基因生物生产的产品，但是新西兰标准对平行生产中的常规生产单元并没有要求不得使用转基因生物或者用转基因生物生产的产品。

3.2.4.3 平行生产的要求

平行生产是指同一生产单元，同时生产相同或难以区分的有机和非有机产品的情况。中新两国标准原则上均禁止同一生产单元存在平行生产的情况，但是在某些特定情况下，如满足相应的条件，可允许操作者在同一区域同时管理有机和非有机的生产或加工。基本原则是采取必要的干预措施(比如在时间上和空间上进行隔离等)，能够防止非有机产品混淆或污染有机产品，并且管理有机和非有机生产单元的具体要求，两国标准略有不同。

对于植物生产单元，两国标准允许同一生产单元可以同时生产易于区分的不同品种的植物，并且有机和非有机生产部分（包括地块、生产设施和工具等）应能够完全分开，并能够采取适当措施避免与非有机产品混杂和被禁用物质污染。对于一年生作物，同一生产单元禁止存在平行生产。多年生作物可以存在平行生产但需要满足相应条件，操作者需要制定平行生产计划，并且要求在5年完成全部生产单元向有机生产转换，并且需要采取必要的措施保证收获后的产品能够进行区分。此外，新西兰标准还规定要求操作者在每种产品收获前48小时通知第三方机构，收获接近尾声需要告知第三方机构收获的产品及区分产品的特征，并且转换计划需要每年都经过第三方机构的授权。新西兰标准对于特殊情况下（国家机构批准的农业研究的区域、种子和植物繁殖材料和移植植物的生产以及专门放牧的草场）允许平行生产，但是需要满足相应的条件。

对于动物生产单元，两国标准均允许同一生产单元可以同时养殖易于区分的不同品种的动物，但是要求动物的圈舍、活动区域等均应清楚地区分。此外，中国标准规定在满足特定条件（圈栏、运动场地和牧场完全分开、贮存饲料的仓库或区域应分开并设置了明显的标记、有机畜禽不能接触非有机饲料和禁用物质的储藏区域），允许同一养殖单元同时以有机及非有机方式养殖同一品种或难以区分的畜禽品种。这种情况在新西兰标准是禁止的。新西兰标准还对非有机动物进入有机牧场采食和有机动物进入公共牧场做出了明确的规定。但是中国标准并没有类似的规定。

对于动植物产品的加工单元，两国标准均允许存在平行生产，但是需要采取必要的干预措施（比如时间上或空间上隔离等）来避免非有机产品混淆或污染有机产品。

3.2.4.4 允许使用物质的评价程序

中新两国有机标准，对允许使用的物质都有明确的限制性清单，此外，对于不在清单或者使用目的不在清单中列出的物质，都指明了评价程序。

在 GB/T 19630.1 的附录 C 部分列出了有机生产中使用的投入物质未被列入允许使用的投入物附录时，可以依据这部分的原则和程序进行评估是否可以使用。有机生产中涉及的投入物（土壤培肥、植保产品、动物饲料添加剂等）的评估原则为：①为了达到某种目的（比如维持土壤肥力、防治有害生物、满足动物的特定营养），这类物质是必需的，而且不能被其他方法替代；②该物质来自植物、动物、微生物或矿物，并可经过如下处理：a）物理（机械，热）处理；b）酶处理；c）微生物（堆肥，消化）处理；③经可靠的试验数据证明该物质的使用应不会导致或产生对环境的不能接受的影响或污染。评估程序包括评估该投入品的必要性、性质、生产方法、环境安全性、对人体健康和产品质量的影响以及社会经济方面的影响等。

在 GB/T 19630.2 的附录 C 部分列出了有机加工中使用的添加剂和加工助剂未被列入允许使用的附录时，可以依据这部分的原则和程序进行评估。评估原则为：每种添加剂和加工助剂只有在必需时才可在有机生产中使用，并且应遵守如下原则：a）遵守产品的有机真实性；b）没有这些添加剂和加工助剂，产品就无法生产和保存。评估程序包括核准添加剂和加工助剂的条件和核准使用添加剂和加工助剂的优先顺序。

中国的允许使用投入物的评估流程：由认证机构接受操作者的申请，评审操作者提交的申请材料，对于符合要求的递交认监委，由技术专家进行评审，评审后加入标准列出的物质清单。

新西兰标准在第 10 章也对投入物的使用及评价程序做出了规定。但是其要求有机生产中使用的所有投入物质必须在附表 1-5 中列出，但是如果使用某种物质的目的不是标准 4.1（b）条款列出，可以通过评估程序来评价是否可以使用。但是必须满足特定的要求，比如：①使用这类物质不会对环境导致不可接受的影响或污染；②使用这类物质是维持生产所必需的和必要的等。也是由第三方认证机构提交 MPI 申请批准。

3.3 中新有机植物产品标准比较

3.3.1 产地环境

中国有机产品标准 GB/T 19630—2011 第 5.3 条款对产地环境提出了明确的要求:有机生产需要在适宜的环境条件下进行。有机生产基地应远离城区、工矿区、交通主干线、工业污染源、生活垃圾场等。产地的环境质量应符合以下要求: a)土壤环境质量符合 GB 15618 中的二级标准;b)农田灌溉用水水质符合 GB 5084 的规定;c)环境空气质量符合 GB 3095 中二级标准和 GB 9137 的规定。

新西兰有机标准提出对于有机生产单元应采取必要的措施以防止周边禁用物质的飘移及流入。但对土壤、灌溉水、空气没有提出明确的要求。实际上在新西兰,食品安全立法要求所有的食品必须是安全的和适当的,这适用于所有的食品生产者和加工者(包括有机的和常规的),并且在《1991 资源管理法案》中设置了环境质量的标准。

3.3.2 转换期的要求

中国有机产品标准和新西兰有机标准就植物生产的转换期的规定基本一致:一年生植物的转换期至少为播种前的 24 个月,草场和多年生饲料作物的转换期至少为有机饲料收获前的 24 个月,饲料作物以外的其他多年生植物的转换期至少为收获前的 36 个月。转换期内应按照本标准的要求进行管理。

但是中新标准对于新开垦的、撂荒的或未使用过禁用物质地块的转换期的规定不太一致:GB/T 19630—2011 生产部分第 5.1.2 条款指出,新开垦的、撂荒 36 个月以上的或有充分证据证明 36 个月以上未使用本标准禁用物质的地块,也应经过至少 12 个月的转换期。由此可见,中国标准对于新开垦的、撂荒的或有充分证据证明未使用本标准禁用物质的地块,转换期可以缩短为 12 个月,但是对于撂荒时间和未使用禁用物质的时间均有限制,要求至少在 36 个月以上。然而新西兰标准虽然对于新开垦的、撂荒的、未使用禁用物质的地块,转换期也可以缩短为 12 个月,但是要求操作者在建立有机管理计划之后的这 12 个月内至少接受 2 次第三方机构的审核,并且第三方机构需要向农林部提供充分证据证明操作者在这 12 个月内满足本标准要求,同时需要提交符合要求的土壤残留检测报告,但是对于撂荒时间及未使用禁用物质的时间没有明确要求。

中新两国标准均规定对于受到禁用物质污染的土地可以延长转换期。对于土地处在转换期的过程中使用禁用物质,应重新开始转换。但是当地块使用的禁用物质是当地政府机构为处理某种病害或虫害而强制使用时,可以考虑缩短转换期,但是应关注施用产品中禁用物质的降解情况,确保在转换期结束之前,土壤中或多年生作物体内的残留达到非显著水平,所收获产品不应作为有机产品或有机转换产品销售。

3.3.3 种子和繁殖材料

中新两国标准都提倡优先使用有机种子或植物繁殖材料,并且选择品种时注意选择适应当地条件、抗病性强的品种,并注意不会影响当地环境的稳定性。并且均规定在无法获得有机种子或植物繁殖材料时,可以使用非转基因的、未处理的、常规的种子或植物繁殖材料。

但是对于使用常规的种子或植物繁殖材料时,两国标准的具体要求略有不同。GB 19630—2011 生产部分第 5.5.2 条款规定当从市场上无法获得有机种子或植物繁殖材料时，可选用未经禁用物质处理过的常规种子或植物繁殖材料，并制订和实施获得有机种子和植物繁殖材料的计划。而新西兰标准第 4 章第 4.3 条款明确指出操作者如果使用未处理的非有机的种子或植物繁殖材料时，应得到第三方机构的批准，并且向第三方机构提供无法获得有机种子或植物繁殖材料的证明以及非转基因的证明，并且对于多年生植物和植物繁殖材料至少按照有机方式管理 12 个月后其收获的产品才可以作为有机产品销售。此外，OOAP 的规定要更加严格，有些时候允许使用非有机的种子或繁殖材料需要获得 MPI 的批准。此外，新西兰标准 4.5 条款，也指出在一些特定情况下(比如植物检疫)，第三方机构也会批准操作者使用经过不在标准附表列出的物质处理过的种子或繁殖材料，如果不这样处理就无法获得这些种子或繁殖材料，而中国标准是禁止使用禁用物质处理种子或繁殖材料的。

此外，对于使用生产单元在转换期内的种子和植物繁殖材料，新西兰标准第 4 章第 4.6 条款规定可以使用来自生产单元在转换期内的种子和植物繁殖材料。但仅适用于无法获得有机种子或植物繁殖材料的情况下并且这是必要的，并且这种情况必须得到第三方机构的批准。但是中国标准对于这种情况并没有明确的规定。根据中国标准对种子和繁殖材料的规定，实际上同新西兰的规定一致，如果无法获得有机种子，是可以使用转换期内的种子和繁殖材料。

此外，新西兰有机标准规定了种子或植物繁殖材料的有机生产方式，但是中国标准中并没有明确提及种子或植物繁殖材料的有机生产方式。新西兰标准第 4 章第 4.2 条款规定：种子和植物繁殖材料的有机生产是指，种子的母本和繁殖材料的亲本以及多年生的植物的生产必须满足以下条件：a. 未使用转基因生物和/或来自转基因生物的任何产品；并且，b. 按照本标准的要求至少管理 12 个月。实际生产中应使用最嫩的植物繁殖材料。

3.3.4 土壤养分管理

中新两国有机标准对于土壤养分管理的要求是一致的,均提倡应优先采用耕作与栽培措施来维持和提高土壤肥力,比如通过轮作,栽培绿肥作物等方式。在无法满足作物生产要求时,两国标准都明确规定了允许使用的土壤培肥及土壤改良物质清单,并且详细规定了限制条件。通过比对两国标准附录清单中列出的允许使用的土壤培肥和改良物质发现,在中国标准中列出而未在新西兰标准中的物质有:草木灰(作为薪柴燃烧后的产品)、窑灰、碳酸钙镁、硼砂、可生物降解的微生物加工副产品(如酿酒和蒸馏酒行业的加工副产品)、天然存在的微生物提取物。其中天然存在的微生物提取物虽然在新西兰标准附录里面没有列出,但是在新西兰标准第5章的5.7和5.8条款提出了,可以使用微生物及微生物制剂来促进堆肥,并且要求是非转基因的且需要得到第三方认证机构的许可。

新西兰标准列出而未在中国标准中的物质有:堆制或发酵的庭院废弃物、海鸟粪、铝钙磷酸盐、碱性矿渣、硫酸镁盐(如硫酸镁石)、蒸馏物或蒸馏提取物(不包含铵蒸馏物)、氯化钙溶液、开采的碳基产品(比如腐殖酸)。

虽然两国标准都明确提出可以使用动物粪便作为土壤培肥的物质,但是新西兰标准同时还要求动物养殖需要满足特定的条件,禁止使用工厂化养殖来源的动物粪便,而中国标准并无此要求。

此外,两国标准都明确规定禁止使用矿物氮肥。此外中国有机标准明确规定了人粪尿的使用要求:不应在叶菜类、块茎类和块根类植物上施用人粪尿;在其他植物上必须使用时,应当进行充分腐熟和无害化处理,并不得与植物食用部分接触。但是新西兰有机标准未有对人粪尿使用的明确规定,实际上在新西兰,任何类型的农业体系都是禁止使用未处理的人粪尿的(有机农业和常规农业的要求是一样的),并且任何的食品生产环境都是禁止人粪尿的无论其是否经过腐熟和无害化处理。

3.3.5 病虫草害防治

中新两国有机标准对于有机农业中病虫草害的防治要求基本是一致的,均提倡病虫草害防治的基本原则应从农业生态系统出发,综合运用各种防治措施,创造不利于病虫草害滋生和有利于各类天敌繁衍的环境条件,保持农业生态系统的平衡和生物多样化,减少各类病虫草害所造成的损失。优先采取农业栽培措施、物理的、生态的方法来防治病虫草害,如选用抗性品种、合理轮作、采取合理的栽培措施、机械控制等来控制病虫草害。在上述方法不能有效控制病虫草害时,可以使用标准列出的允许使用的植保产品清单。

中国有机产品标准和新西兰有机标准均明确规定了植物病虫害控制允许使用的物质清单,并且详细规定了限制条件。其中在中国标准列出而未在新西兰标准中列出的物质有:苦参碱及氧化苦参碱(苦参等提取物)、鱼藤酮类(如毛鱼藤)、蛇床子素(蛇床子提取物)、小檗碱(黄连、黄柏等提取物)、大黄素甲醚(大黄、虎杖等提取物)、寡聚糖(甲壳素)、天然诱集和杀线虫剂(如万寿菊、孔雀草、芥子油)、天然酸(如食醋、木醋和竹醋)、菇类蛋白多糖(蘑菇提取物)、牛奶、蜂蜡、蜂胶、波尔多液、氯化钙、硅藻土、黏土(如斑脱土、珍珠岩、蛭石、沸石等)、硅酸盐(硅酸钠,石英)、氢氧化钙、二氧化碳、乙醇、海盐和盐水、明矾。其中中国标准列出的具有驱避作用的植物提取物(大蒜、薄荷、辣椒、花椒、薰衣草、柴胡、艾草的提取物)、昆虫天敌(如赤眼蜂、瓢虫、草蛉等)、物理措施(如色彩诱器、机械诱捕器)、覆盖物(网)虽未在新西兰标准附录中列出,但是根据标准第 5 章第 5.9 条的规定可以采用生物防治和机械控制,因此这些方法在新西兰也是允许使用的。

在新西兰标准中列出而未在中国标准中列出的物质有:从苦木提取的

苦味液、多杀菌素和拟除虫菊酯(只是溴氰菊酯或λ-高效氯氟氰菊酯)。

3.3.6 野生采集

两国标准对野生采集的规定是一致的,对于野生采集的产品可以免除转换期可直接认证为有机产品,采集区域在采集之前的36个月内没有受到任何禁用物质的污染,并且采集活动不应对环境产生不利影响或对动植物物种造成威胁,采集量不应超过生态系统可持续生产的产量。此外,中国标准还规定采集者应制定和提交有机野生植物采集区可持续生产的管理方案。

3.3.7 食用菌

两国有机产品标准均对食用菌使用基质进行了规定,并且对于基质的要求是一致的:

①除动物粪便外其他农业源的产品应来自按照有机生产方式管理的单元;

②应优先选择来自有机生产单元的动物粪便,如果无法获得,可以使用非有机生产的动物粪便,但是总量不能超过基质总重的25%;

③可以使用未经化学处理的泥炭、砍伐后未经化学产品处理的木材以及标准附表中土壤培肥和改良物质中矿物来源的物质。

此外,中国的食用菌标准还包含了覆土栽培的食用菌,其土地需要经过相应的转换期。但是在新西兰,在OOAP标准下实际上是不包含覆土栽培的食用菌,OOAP标准下的食用菌仅指基质栽培的食用菌。

中国有机标准对食用菌的规定更加细致,明确提出食用菌栽培用水的水质要符合GB 5749的要求。并且中国有机标准要求木料和接种位使用的涂料应是食用级的产品,不应使用石油炼制的涂料、乳胶漆和油漆等。而新西兰有机标准对食用菌水源及使用的涂料并没有提出明确的要求。但是在新西兰，所有的操作者（有机和常规的）都必须符合食品安全的法规要求，并且保证食品是安全和适当的。

中国有机标准还对食用菌的菌种、防止禁用物质污染的措施等进行规定，虽然新西兰有机标准并没有对这些内容单独列出，但是依据新西兰有机标准对植物及植物产品相关要求，这部分的规定同中国有机标准的要求是一致的。

3.3.8 收获后处理

中新两国标准都提到了对产品收获后处理时，需要保证能够维持产品的有机完整性，可以使用清洁和消毒的产品，但是需要符合相关规定，并且需要采取必要的干预措施避免清洁剂和消毒剂的残留对产品的污染。两国标准都明确规定了允许使用的清洁剂和消毒剂清单。此外中国标准还提出植物收获后在场的清洁、分拣、脱粒、脱壳、切割、保鲜、干燥等简单加工过程应采用物理、生物的方法，不应使用 GB/T 19630.2—2011 附录 A 以外的化学物质进行处理。并且对于有机和非有机共用设备，如果设备不易清理，可以通过冲顶方式使用。

3.4 中新有机畜禽产品标准比较

3.4.1 畜禽来源

中新两国有机标准都规定应优先引入来自有机生产单元的畜禽，并且引入后动物的整个生命周期都应按照有机生产方式管理。在无法获得有机畜禽时，可以引入非有机生产单元的畜禽，但应经过相应的转换期。两国标准对具体动物的引入龄要求有所不同，具体见如表 3-8 所示。

表 3-8 畜禽引入龄要求

项目	中国	新西兰
牛	肉牛、马属动物、驼，不超过 6 月龄且已断乳；乳用牛，不超过 4 周龄，接受过初乳喂养且主要是以全乳喂养的犊牛	水牛、犊牛、鹿和马必须在断奶后立即按照本标准的要求进行养殖，并且引入龄小于 6 月龄
猪	猪、羊，不超过 6 周龄且已断乳	猪必须在断奶后立即按照本标准的要求进行养殖，并且引入时体重应小于 35 千克。
羊	猪、羊，不超过 6 周龄且已断乳	绵羊和山羊必须在断奶后立即按照本标准的要求进行养殖，并且引入龄小于 60 日龄
禽类	肉用鸡，不超过 2 日龄(其他禽类可放宽到 2 周龄)；蛋用鸡，不超过 18 周龄	蛋用禽和肉用禽应小于 3 日龄

从表 3-8 可以看出，中国标准对畜禽引入规定是最小引入龄并且断奶，而新西兰要求断奶，并且同时满足最小引入龄或者最大体重的要求。因此两国引入龄的要求很难进行比较。

引入常规种畜时，两国标准对种公畜都没有具体要求，即可以引入常规种公畜，引入后立即按照有机方式养殖即可。对于常规种母畜的引入比例两国标准的规定是一致的，即牛、马等每年引入的数量不应超过同种成年有机母畜总量的 10%，猪、羊等每年引入的数量不应超过同种成年有机母畜总量的 20%，在特殊条件下(养殖场规模扩大、养殖新品种)这一比例可放宽到 40%。但是新西兰的标准对引入常规种母畜要求是未生育过的成年母畜，而中国标准对引入的常规种母畜并没有相应要求。

此外，新西兰标准对于养殖单元遭受严重的自然灾害导致动物大量死亡时，在得到第三方机构的批准后，可以暂时性的引入常规的畜禽，对引入比例、引入畜禽类型均没有相应的规定。而中国标准对于这种特殊情况允许引入常规种母畜的比例放宽至 40%。

3.4.2 转换期

中新两国有机标准对饲料生产基地、牧场和草场、动物的转换期规定基本是一致的。此外新西兰有机标准还提出了同步转换的概念，对于养殖单元在转换期开始之前存在的非有机动物，如果全部生产单元包括动物、饲料和土地同步开始转换，且动物饲料全部来自本生产单元，则现有的动物及其后代、牧场和动物饲料的土地联合转换期可以缩短为24个月，在同步转换期间出生的牲畜在24个月转换期结束后，这些牲畜的肉可以作为有机产品销售。对于中国标准来讲，对于转换期开始前养殖单元存在非有机动物如何处理并没有提出明确规定。有些第三方认证机构是不承认这些动物可以通过转换后认证为有机。并且，两国标准对于肉用牛、马、鹿的转换期的要求是至少12个月，并且需要同时满足转换期至少满足其生命周期的3/4，而中国标准仅规定肉用牛、马属等动物至少需要经过12个月的转换期，并没有强调同时满足其生命周期的3/4的要求。

此外，中国标准规定未明确列出转换期至少满足其生命周期的3/4的畜禽清单，而新西兰标准所有的畜禽品种都明确列出来了，未列出的品种不在认证范围。

3.4.3 饲料及饲料添加剂

饲料是有机畜禽养殖是否成功的关键环节，中新两国标准原则上要求饲喂100％的有机饲料，并且对饲料的来源都提出了明确要求，中国标准饲料中至少应有50％来自本养殖场饲料种植基地或本地区有合作关系的有机农场，而新西兰标准规定按照本标准养殖的动物必须饲喂来自本单元的饲料，或者当来自本单元的饲料无法满足时，可以使用其他按照本标准要求的单元或企业。对于草食动物，至少50％的饲料应来自本有机生产单元，除非是动物处于季节性迁移放牧(高度放牧的国家)。

在难以获得足够数量有机饲料的情况下,两国标准都允许使用一定比例的常规饲料,并且对常规饲料消费量在全年消费量中所占比例做出了明确的规定。对于草食动物,中国标准的规定的最大比例不超过10%,由于新西兰国家是高度放牧的国家,因此当季节性迁移放牧期间,动物徒步从一个牧场迁移到其他牧场期间,动物可以在非有机土地上进行放牧。在此期间,以牧区牧草和其他植物形式摄取的非有机饲料不能超过全年饲料总量的10%。对于非草食动物,两国标准允许的最大比例均为15%,且两国标准均要求畜禽日粮中常规饲料的比例不得超过25%。并且,对于新西兰标准,使用常规饲料首先需要得到MPI的批准。此外,新西兰标准规定畜禽饲料日粮中平均最多可使用30%的转换期的饲料。如果转换期的饲料是自己单元生产的,此百分比例可增加到100%。而中国标准规定农场实行有机管理的第一年生产的饲料,可作为有机饲料饲喂本农场的畜禽,但不得作为有机饲料出售。

此外,两国标准都对草食动物日粮组成做出了规定,必须含有饲料、鲜草、青干草或者青贮饲料等粗饲料,且粗饲料比例至少为60%(对乳用畜,对于泌乳期前3个月的乳用畜,此比例可降低为50%)。此外,新西兰标准强调对于草食动物应最大可能地到牧场自由采食,实际上在新西兰是全年放牧,而中国标准对草食动物到牧场上放牧并没有明确的规定。此外,两国标准均规定对于在非草食动物的日粮中应配以粗饲料、鲜草或青干草或者青贮饲料,但对比例没有要求。

新西兰是一个高度放牧的国家,因此新西兰的自由放牧可以避免大多数畜禽饲料原料及饲料添加剂的问题,只有新西兰法律规定的饲料原料才可以使用。但是新西兰标准仍然列出了畜禽养殖中允许使用的畜禽饲料原料以及饲料添加剂以满足产品出口到欧盟的需要。新西兰标准在附表3中列出了允许使用的植物源和动物源饲料原料,也就意味着如果使用非有机的饲料原料必须在附表3中列出才可以使用，而中国标准对非有机的饲料原料并没有限制范围，只是对使用的条件及比例进行了限制。

对于饲料添加剂，两国标准允许使用的物质基本相同，只是新西兰允许使用的物质范围更广一些，比如两国标准都允许在饲料配方中添加含钠的物质，新西兰标准包括了碳酸钠、硫酸钠、氯化钠、碳酸氢钠等，但是中国标准只批准了氯化钠和硫酸钠。此外新西兰标准允许饲料中添加含钾的物质（比如氯化钾），但是中国标准并未允许饲料中添加含钾的化合物质。

中新两国标准都明确提出对于幼畜在哺乳期必须饲喂母乳或同种类的有机奶，并且对幼畜的哺乳期都做出了明确规定：牛、马等至少3个月，绵羊和山羊至少45天，猪至少40天。此外，中国标准还规定在紧急情况下可使用代乳品补饲，但其中不得含有抗生素、化学合成的添加剂（表B.1中允许使用的物质除外）或动物屠宰产品。而新西兰标准并无此放宽。新西兰标准规定为了更好地养殖出强壮的畜禽，当养殖系统采用新鲜和干的草料以及奶来进行补饲时，第三方机构可以考虑缩短母乳喂养期限，而中国标准并无缩短哺乳期的规定。

中新两国标准都明确规定有机畜禽饲料禁止添加化学合成物质，并且禁止使用转基因生物或转基因生物的衍生品，并且两国都列出了允许使用的饲料及饲料添加剂的清单。此外，中国标准明确规定了禁止用动物及其制品饲喂反刍动物或给畜禽饲喂同科动物及其制品，禁止饲喂动物粪便和人工合成的物质，如生长促进剂、非蛋白氮、化学提纯的氨基酸及开胃剂等。

3.4.4 畜禽疾病防治

畜禽健康管理同饲料一样是有机畜禽养殖的关键环节。有机畜禽的疾病应以预防为主，即根据地区特点选择适应性强、抗性强的品种，通过合理的管理、高质量的饲料配给来提高畜禽的免疫能力和抗病能力。当通过预防仍无法控制病情时，应优先采用植物源制剂、顺势疗法等自然疗法医治疾病。当畜禽遭受严重疾病时应进行治疗，即使这种治疗会导致该畜禽不能保持有机身份。

激素和化学合成的抗生素不能用于预防性治疗。当采用多种预防措施仍无法控制畜禽疾病或伤痛时，允许在兽医指导下使用化学合成的对抗性兽药或抗生素，这类治疗的动物必须单独标记，并且必须经过一定的停药期，这些畜禽及其产品才能作为有机产品出售。中国和新西兰的标准规定相同，即均能满足 2 倍停药期或不少于 48 小时的规定。

此外，中国标准还规定，饲养周期不足 1 年的只允许接受 1 个疗程的对抗性兽药治疗；饲养周期超过 1 年的，每年最多允许接受 3 个疗程的对抗性兽药治疗，否则该畜禽不得作为有机畜禽或有机产品出售。

中国标准对疫苗接种进行了规定，除国家强制免疫的疫苗外，其他疫苗不得是转基因的产品，并且在 GB/T 19630.1 第 4.3.1 规定兽药产品也不应是转基因的产品，但是新西兰标准对于疫苗及兽药并没有非转基因的限制。

3.4.5 畜禽繁殖、运输和屠宰

有机畜禽养殖强调满足动物的生理和行为需求，尊重动物的生理习性。中新两国标准都允许人工授精，但应优先采用自然繁育；禁止采用胚胎移植技术和使用激素控制畜禽的生殖行为；禁止采用基因工程繁殖技术。此外，中国标准还规定如母畜在妊娠期的后 1/3 时段内接受了禁用物质处理，其后代应经过相应的转换期。新西兰标准未有此规定。

中新两国标准均规定畜禽在装卸、运输、待宰和屠宰期间都应有清楚的标记，易于识别，其他畜禽产品在装卸、运输、出入库时也应有清楚的标记，易于识别。并且运输和屠宰过程应遵循动物福利的原则，运输的动物必须限制动物所遭受的压力。装卸必须小心，并且禁止使用任何种类的电刺激强迫动物移动。在运输前和运输过程中，均禁止使用对抗性的镇静剂。并且屠宰前和屠宰过程中，必须采取适当的方式将动物遭受的压力降到最低。其中中国标准允许处于宗教或文化原因允许动物屠宰前不致晕，但在新西兰其法规要求所有的商业动物，屠宰前必须致晕。此外，新西兰标准限定了禽类屠宰的最小日龄。中国标准规定用于畜体标记的颜料应符合国家的食品卫生规定。

3.4.6 畜禽圈舍及放养区域

中新两国标准对动物圈舍和自由放养的区域的规定基本是一致的，都要求饲养环境应空气流通、光照充足、温湿度适宜、饮水垫料充足、圈舍应能够满足畜禽的生理和行为需求，并且两国标准都对不同种类的畜禽室内居住和室外活动空间的最小面积做出了规定，其中新西兰标准对禽类室内栖木长度做出了限定，并且对畜禽的圈舍地面进行了明确规定：对于哺乳类动物，圈舍的地面必须平坦但是不能太滑，整个地面至少一半是坚固的，不能是板条或格栅结构；对于禽类，圈舍的地块提出了明确的要求至少 1/3 的地面是坚固的，而不是板条或格栅结构，地面要铺秸秆、锯末、沙子或草皮；用于蛋鸡的圈舍，必须有足够大的地面利于收集母鸡粪便。而中国标准对畜禽圈舍面积只是规定了不应采取使畜禽无法接触土地的笼养和完全圈养、舍饲、拴养等限制畜禽自然行为的饲养方式。此外新西兰标准，还对禽类圈舍中栖木、出入口以及单个圈舍允许养殖不同禽类的最大数量、晚上光照时间、禽内圈舍的清洁等做出了明确的要求。而中国标准并未有明确规定。此外，中国对畜禽饮用水做出了明确的规定，要求符合《生活饮用水》GB 5749 的要求，而在新西兰畜禽饮用水需要满足不同种类的动物福利法规。此外，中国标准规定原则上对于所有畜禽应在适当的季节能够到户外自由运动。但是也给出了例外的情况：a)特殊的畜禽舍结构使得畜禽暂时无法在户外运动,但应限期改进;b)圈养比放牧更有利于土地资源的持续利用。

3.4.7 畜禽粪便管理

中新两国标准都对动物粪便对环境的影响进行了限制,需要采取适当的措施避免动物粪便对水、土壤、环境等的影响。此外新西兰对粪便排放总量以及载畜率都做出了明确的规定,粪便排放总量不应超过每年每公顷农业土地170千克氮,并且动物粪便排放的计算应涵盖有机生产涉及的所有单元。如果必要,可以通过降低载畜率以避免超过这个限制。但是中国标准未有相似明确规定,只是要求对于养殖污染物的排放应符合GB 18596的规定。

3.5 中新有机加工产品、标识销售及管理体系标准比较

3.5.1 概述

中新两国标准对有机食品加工的基本要求是一致的。两国有机标准均要求,主要配料应来自有机农业生产体系,尽可能少地使用非有机配料、微量营养和加工助剂等,并且加工过程不应破坏产品的营养成分和原有属性,可以采用生物的、物理的和机械的方法进行加工,并且在加工/储藏过程中应采取必要的措施防止有机产品与非有机产品混合或被禁用物质污染。此外,中国标准还明确规定了有机食品加工厂应符合GB 14881的要求,并且考虑到加工对环境的负面影响应降低到最小。此外,中国标准明确列出了有机动物饲料也需要遵守GB/T 19630.2加工部分的要求。虽然新西兰加

工部分标准只针对食品加工，但是新西兰 OOAP 有机认证范围包括用于动物食用的加工的农业源植物和动物产品，因此新西兰标准也包含加工的动物饲料，只不过其需要满足“动物及动物产品”部分的相关规定。另外，对于宠物食品（皮毛动物）也可以通过 OOAP 获得有机认证，其需要满足宠物食品和新西兰标准中食品加工部分的要求。新西兰 OOAP 中有单独的葡萄酒加工的标准，但是中国标准葡萄酒的加工包含于食品加工标准中。

3.5.2 配料、添加剂和加工助剂

中新两国标准对食品加工的配料的要求基本是一致的，均要求有机农业源配料含量不低于 95%，同一种配料不应同时含有有机和非有机的形式，水和盐不计入成分。中新两国标准都明确列出了食品加工中允许使用的食品添加剂及加工助剂，并且明确限定了使用条件。其中食品加工中允许使用的食品添加剂在中国标准列出而未在新西兰标准中列出的物质有：氯化钾、明胶、柠檬酸钾、氢氧化钙；在新西兰标准列出而未在中国标准中列出的物质有：植物源碳、抗坏血酸钠、富含维生素 E 提取液、柠檬酸钙、酒石酸钠、藻酸、刺梧桐树胶、羟丙基甲基纤维素（HPMC）、氢氧化钠、氧化硅、云母、氩、氦、氧。此外，虽然部分食品添加剂在两国标准中都允许使用，但是具体的使用条件略有不同，比如亚硝酸钠和硝酸钾都可以用于肉制品，并且最大使用量均不得超过 80 毫克/千克，但是最大残留量（均以亚硝酸钠计）两国要求不同：新西兰标准要求最大残留量为 50 毫克/千克，而中国标准要求为 30 毫克/千克。此外，新西兰标准部分添加剂需要按照农业源配料计算成分比如刺槐豆胶、瓜尔豆胶、果胶等，但是中国标准并未做此要求。

食品加工中允许使用的加工助剂，两国标准的区别如下：在中国标准中列出而未在新西兰标准列出的物质有：滑石粉。在新西兰标准列出，而未在中国标准列出的物质有：卵清蛋白、酪蛋白、云母、榛子壳、米粉、蜂蜡、巴西

棕榈蜡、氢氧化铵、过氧化氢。此外，虽然部分加工助剂在两国标准中都允许使用，但是具体的使用条件不同，比如：硫酸在中国标准使用条件是絮凝剂，用于啤酒的生产；而在新西兰标准是作为糖和白明胶生产的助剂。

对于调味剂：GB/T 19630.2 附录 A.3 列出允许使用的调味品包括：①香精油：以油、水、酒精、二氧化碳为溶剂通过机械和物理方法提取的天然香料；②天然烟熏味调味品；③天然调味品：须根据附录 C 评估添加剂和加工助剂的准则来评估认可。新西兰标准要求为天然的食用香料或者天然的食用香料制剂。两者要求有所不同。

水和盐、微生物制剂、矿物质（包括微量元素）、维生素、氨基酸和其他的氮基化合物的要求，两国标准要求基本一致。

此外，中国标准规定作为配料的水和食用盐应分别符合 GB 5749 和 GB 2721 的要求，当有机配料无法满足需求时，可使用非有机农业配料，但应不大于配料总量的 5%。一旦有条件获得有机配料时，应立即用有机配料替换。而新西兰标准虽然没有列出对加工用水和食用盐的要求，但是对于新西兰的食品制造企业必须遵守《澳大利亚新西兰食品标准编码》的要求，并且新西兰标准对于非有机农业源配料明确规定了允许使用的清单，如果使用不在清单中非有机的农业源配料，需要经过第三方机构评估，可暂时批准使用且批准的最长期限为 12 个月，每种配料的授权可以延长，延长的最长期限为 36 个月。

3.5.3 加工方法

两国标准对食品加工的原则基本是一致的：加工过程不应破坏食品的主要营养成分，可以通过生物的、物理的和机械的方法，并且采取必要的措施防止有机产品与非有机产品混合或被禁用物质污染。此外，中国标准还规定了加工过程中允许使用的提取溶剂，同时规定加工用水应符合生活饮用水 GB 5749 的要求，并且要求过滤材料禁止使用石棉作为过滤介质。而对于新西兰标准而言，加工过程中用到的提取溶剂，如果是农业来源必须要求是有机的，如果是非农业来源需要必须是在附表中列出。虽然，新西兰 OOAP 标准中没有对石棉做出要求，但是根据《澳大利亚新西兰食品标准编码》的要求，石棉在新西兰食品加工中也是禁止使用的。

3.5.4 有害生物防治

中国标准 GB/T 19630.2 第 4.2.3 条款明确列出了食品和饲料加工及储藏过程中有害生物防治的方法，主要是通过一些物理的、生物的、信息素类、机械的方法来预防有害生物。同时规定了加工过程允许使用的消毒剂，不应使用有毒有害物质残留的消毒剂，同时规定在紧急情况下，加工或储藏场所可以使用中草药进行喷雾和熏蒸处理，但不应使用硫黄熏蒸。

新西兰标准并无明确规定加工和储藏过程中有害生物防治的方法，但是要求在有机加工或储藏过程中应采取必要的措施避免有机产品受到禁用物质的污染。

3.5.5 包装、储藏和运输

中国标准对有机产品的包装、运输和储藏都做出了明确的要求。对于包装材料需要符合国家相应的要求，比如对于食品包装材料需要满足食品级包装材料的要求，并且包装应简单实用，避免过度包装，并应考虑包装材料的生物降解和回收利用，同时规定包装材料不能接触过禁用物质，不应含有合成杀菌剂、防腐剂和熏蒸及包装材料。对于有机产品的储藏，应尽可能单独存放，或者与非有机产品共同存放，需要划定特定区域，并且需要采取必要的措施避免有机产品与其他产品混淆，并且定期对仓库进行清洁，做好有害生物防治工作，并且可以通过储藏方法（比如气调、湿度调节等方式）来保证有机产品储藏品质。对于运输过程，要求运输工具清洁，运输过程避免与常规产品混杂或受到污染，并且在运输容器或产品外包装上应有清晰的有机标识及有关说明，并且不得被沾污或损毁。

新西兰标准虽然没有专门规定包装材料要求，但在新西兰，食品包装材料(无论有机还是常规食品)必须是安全的和适合的。另外中国标准中提到的充气包装(比如二氧化碳和氮气)，在新西兰标准附表4中作为加工助剂列出。但是对运输过程做出了明确的规定。当有机产品运输到其他操作者，操作者必须保证运往其他单元的有机产品盛放在适当的包装、容器或运输工具中，这些包装、容器或运输工具必须是密封的并且在不破坏封条的情况下无法替换里面的产品，同时还必须带有标签，在不违背其他法律的前提下，标签应包含以下内容：a. 有机生产者或制备者或者销售者的名称和地址，以及一份声明能够使接受单元和第三方认证机构明确识别出生产该产品的责任人。b. 产品名称，包括参考的有机生产方法。标签信息也可以在附带文件上体现前提是这个文件必须与包装、容器或运输车辆在一起，文件中应包括供应商和/或运输者的信息。

综上所述，对于包装、储藏和运输，两国标准的基本原则上一样的，操作者需要采取必要的措施避免有机产品在包装、储藏和运输过程中被非有机产品混淆和被禁用物质污染，并且在运输过程中应做好相应的有机标识。

3.5.6 中新标识与销售管理体系比较

中国有机产品标准明确规定了有机产品应根据国家相关法律法规的要求进行标识，并且规定有机配料含量等于或者高于95%并获得有机产品认证的产品，方可在产品名称前标识“有机”，在产品或者包装上加施中国有机产品认证标志。GB/T 19630.3 部分给出了有机配料百分比的计算方法，并且规定了有机产品认证标志的图形及颜色。标识为“有机”的产品应在获证产品或者产品的最小销售包装上加施中国有机产品认证标志及其唯一编号、认证机构名称或者其标识。对于散装或裸装产品，以及鲜活动物产品，应在销售专区的适当位置展示中国有机产品认证标志、认证证书复印件。不直接零售的加工原料，可以不加施。并且中国标准对于有机产品销售制定了有机销售证的制度，有机产品在进货时，销售商应索取有机产品销售证，以证明购买产品的有机属性。中国的标识与销售规定主要是针对在中国境内销售的有机产品。

而新西兰标准主要是针对出口食品的规定，标签需要满足不同目的国的要求，因此新西兰官方有机保证没有形成统一的标签或标志要求。初级产业部提供的官方保证是基于政府对政府的，因此符合本标准要求的产品不是出于广告或销售的目的。

对于在官方保证计划下出口的产品标签上提及有机生产方式，必须满足如下条件：a. 生产该产品的操作者在本计划中注册的或参与的；或者 b. 依据本标准对于进口产品和配料的规定，从第三国进口的产品；c. 标识提及第三方机构的名称或者代码（由农林部发布），并且该操作者完成了大部分的产品制备，以及操作者的名称或识别号；d. 产品生产和加工依据本标准的相关规定。同时新西兰官方有机保证也给出了有机配料百分比的计算方法。并且规定如果出口商希望使用进口商的要求的标签，并且标签是目的市场所接受，信息必须是真实有效的。第三方机构会对此进行验证，一旦发现任何虚假将会导致产品从新西兰官方有机保证计划中移除。

所有在新西兰国内生产的和进口到新西兰的供国内销售的食品都必须符合《澳大利亚新西兰食品标准规范》的标签和成分方面的要求。所有标注为有机的产品都需要满足《1986 年公平贸易法》的规定。《公平贸易法》禁止在性质、生产过程、特点、目的适宜性或者产品数量上误导消费者。若把产品标注为“有机”，则必须是准确的、真实的、有事实根据的，且不可以误导消费者。《公平贸易法》适合于国内产品以及进口产品，由新西兰商业委员会管理。

对于出口国不在官方有机保证计划下，出口商需要保证满足进口国的有机产品的相关要求。

此外，在中国，转换期产品只能按照常规产品销售，不涉及转换期产品的标签，但是目前新西兰标准有针对转换期产品标识的相关规定。

3.5.7 中新管理体系比较

中国有机产品标准 GB/T 19630—2011 在第四部分专门对有机认证的管理体系做了要求：有机产品生产、加工、经营者应有合法的土地使用权和合法的经营证明文件。有机产品生产、加工、经营者应按 GB/T 19630.1、GB/T 19630.2、GB/T 19630.3 的要求建立和保持有机生产、加工、经营管理体系，该管理体系应形成本部分 4.2 要求的系列文件，加以实施和保持。申请应该提交的文件包括生产单元或加工、经营等场所的位置图、管理手册、操作规程、系统记录，并且要求这些文件最新有效。有机产品生产、加工、经营者应具备与有机生产、加工、经营规模和技术相适应的资源，生产管理者代表和内部检查员应该符合要求。并且中国有机产品标准还要求操作者应该建立可追溯体系与产品召回和持续改进体系。

新西兰在 NZFSA OP3：操作者注册和表现衡量准则也对有机操作者建立有机管理体系提出了要求，要求注册的操作者应建立有机管理计划，该计划是指一个应服从、执行、采取或满足的包括条件、过程、程序、措施和标准的计划，应包括：

- 与有机产品加工中所使用的有机产品、成分有关的处理或活动；
- 涉及该过程和活动的取样、检测、检查和测试；
- 涉及这些活动的记录和检查信息。

并且(不限于上述概括)可能包含涉及有机产品生产、加工、储藏和/或运输的条件、过程、程序、措施和标准。

同时要求,操作者在包含有机产品生产、加工、运输、储藏或出口中的且参与该计划的每个环节按照 NZFSA 认可的第三方机构评估和检验过的有机管理计划进行操作。

通过注册加入官方有机保障计划的操作者必须执行以下所有条款。

• 记录有机管理计划以便处理本标准和附则 2“NZFSA 有机产品技术规程”的要求,包括分包方从事的活动。

• 安排初次评审和有机管理计划的现场检验,以及 NZFSA 认可的第三方机构的后续检验。

• 向 NZFSA 认可的第三方机构申请注册该计划。

• 承担注册和参加该计划所产生的费用。

• 按照经过检验的有机管理计划进行操作。

• 按照有机管理计划中的角色和责任培训员工、合同签订者和访客。

• 允许第三方机构进入经营场所、土地、账户和其他相关文件,使有机管理计划的后续评估按照指定频率进行。

• 向第三方机构报告需要通过调查来决定土地和产品有机状态的事件。

• 在第三方机构觉得有必要时,同意取样和检测土壤和/或产品的禁用物质的残留。

• 向第三方机构提供证明表明委托方符合官方有机保障的条件。

• 在第三方机构规定的时间内,采取整改行动,处理偏离项。

• 允许第三方机构和 NZFSA 共享操作者注册详情的信息,以便于该计划的操作和官方保障的执行。

• 允许 NZFSA 的代表和进口国官员进入经营场所、土地、账户和其他相关文件,使 NZFSA 官方有机保障计划的评估得以进行。

通过研究对比发现，中新两国有机标准对管理体系的要求基本是相似的，只是中国标准明确提出了操作者应指派管理者代表和内部检查员，并且由内部检查员保证有机管理体系正常运转。

3.6 中新有机产品互认可行性分析

中新两国有机产品标准基本思路和框架是一致的，涉及有机生产链条的各个环节，包括植物和植物产品、动物和动物产品、加工、包装、处理、储藏和运输以及标识和要求等。相比较新西兰标准来说，中国有机产品涵盖的范围更加广泛；其中包括了设施农业生产和芽苗菜的生产、水产养殖、蜜蜂养殖、纺织品生产等内容，而在新西兰标准中没有明确规定。因此，中新两国有机产品互认从有机标准涵盖的认证产品范围，包括植物生产、畜禽养殖、野生采集、食用菌及加工、标识等几个方面进行讨论，进一步探讨中新两国有机标准互认的可行性。

3.6.1 植物生产

植物生产是有机生产中非常重要的一部分，也是目前为止认证的产品种类最多的一类。从内容设置上，中新两国标准均是从转换期、种子和繁殖材料、平行生产、产地环境、土肥管理、病虫害防治、收获后处理等方面进行控制，而且基本的要求是一致的，但细节的要求尤其是土肥管理和病虫害防治方面可以使用的物质上有部分差异（表 3-9）。所以在植物生产有机认证互认方面有一定的可行性，但也存在一定的难度。

表 3-9 中新有机植物标准比较汇总表

项目	相似度	差异点描述
范围	****	中国:对设施农业生产和芽苗菜的生产有明确规定
转基因的规定	****	中国:对平行生产中的常规生产单元明确要求不得使用转基因生物
平行生产	****	新西兰:产品收获前 48 小时和收获尾声时需要通知认证机构,对于特殊区域允许存在平行生产
产地环境	****	中国:对环境条件(水、土壤、大气)提出了明确的要求;新西兰:标准中未明确但是实际上《1991 资源管理法案》设置了环境标准
转换期	****	撂荒地和未使用禁用物质的地块: 中国:要求至少 36 个月以上的证明,且至少转换 12 个月 新西兰:没有时间限制,只是规定在操作者建立有机管理计划后的 12 个月内接受 2 次审核并且提供土壤残留检测报告
种子与繁殖材料	****	新西兰:规定种子与繁殖材料有机生产方式;MPI 和第三方机构会涉及评估操作者使用非有机种子或繁殖材料;特殊条件下允许使用不在附件清单中的物质处理种子或繁殖材料
土壤养分管理	****	允许使用的部分投入物不一致,中国标准禁止使用未处理的人粪尿,但是允许使用腐熟和无害化处理的人粪尿,新西兰食品生产环境禁止使用人粪尿
病虫草害管理	****	允许使用的部分投入物不一致
收获后管理	*****	

* 代表中新标准的相似度,其中 ***** 代表完全一致。

3.6.2 野生采集

野生采集是一类比较特殊的产品,人为投入很少。主要要求是采集区域必须边界明确、采集区域近 3 年内未受禁用物质污染、采集活动要保证物种的多样性及环境的可持续发展不受破坏、采集人员要接受培训并了解标准要求。两国的有机农业标准要求和规定基本一致,基本具备互认的可能。

3.6.3 食用菌

食用菌栽培是一类比较特别的产品，栽培基质是一个关键因素。两国有机产品标准均对食用菌使用的基质进行了规定，并且对于基质的要求是一致的。此外中国有机标准对食用菌的规定更加细致，对食用菌的菌种、防止禁用物质污染的措施等进行规定，虽然新西兰有机标准对这些内容没有单独列出，但是依据新西兰有机标准对植物及植物产品相关要求，这部分的规定同中国有机标准的要求是一致的。此外，中国标准允许覆土栽培的食用菌但需要经过相应转换，但新西兰禁止覆土栽培的食用菌，所以两国在基质栽培的食用菌部分，基本具备互认的可能性。

3.6.4 畜禽养殖

畜禽养殖是有机生产中难度较大的一部分，目前为止，获得有机认证的畜禽养殖产品还不是很多。从内容设置上，两国标准均是从畜禽引入日龄、转换期、畜禽营养（饲料来源、饲料比例、哺乳期、添加剂等）、停药期、圈舍及放养区域、粪便管理等方面进行控制，原则上要求一致。但由于此部分涉及很多具体数字的规定，由于生产条件、养殖方式不同，所以在具体数字上存在一定的差异，特别是对于禽类的栖木，圈舍出入口面积以及引入龄和最小屠宰日龄等方面两国标准有较大差异，对于禽类产品的互认有较大难度（表 3-10）。但是两国标准哺乳类动物的要求基本相同，可以首先实现这些产品的互认，但是需要特别关注新西兰标准并未禁转基因兽药和疫苗的使用。

表 3-10　中新有机畜禽标准比较汇总表

项目	相似度	差异点描述
范围	*****	
转基因的规定	***	新西兰:没有禁止转基因的兽药产品,对平行生产中的常规生产单元并没有要求不得使用转基因生物 中国:只有国家强制使用的免疫疫苗可以是转基因的
平行生产	****	中国:允许同一养殖单元同时以有机及非有机方式养殖同一品种或难以区分的畜禽品种
动物来源	*	两国标准对动物引入龄的要求各不相同;此外新西兰规定引入的种母畜必须是未生育过的,并且对于严重自然灾害,对引入比例也没有要求
转换期	****	新西兰:提出了同步转换的概念,即现有的动物及其后代、牧场和动物饲料的土地联合转换期可以缩短为 24 个月,认证动物只包含了标准中明确列出来的
饲料及饲料添加剂	**	新西兰:动物必须饲喂来自本单元的饲料,除非饲料无法获得;当季节性迁移放牧期间,动物可以在非有机土地上放牧,但是要求摄取的饲料不得超过全年的 10%;使用常规饲料需要获得 MPI 的批准,并且可以使用 30%的转换期饲料,可以100%使用来自有生产单元的转换期饲料;可以缩短哺乳期 中国:只允许使用自有生产单元处于第一年转换期的饲料;并且紧急情况下对幼畜允许使用代乳品
疾病防治	***	中国:对不同饲养周期允许使用的对抗疗法提出了规定,并且禁止转基因的兽药产品,国家强制使用的免疫疫苗除外
繁殖、运输和屠宰	****	中国:母畜在妊娠期的后 1/3 时段内接受了禁用物质处理,其后代应经过相应的转换期 新西兰:限定了禽类屠宰的最小日龄,并且畜禽屠宰前必须致晕
圈舍及放养区域	***	新西兰:对圈舍地面提出了明确要求;此外对禽类圈舍的栖木、出入口、养殖密度、夜晚光照提出了要求 中国:对畜禽饮用水提出了更高的要求,并且给出了动物不到户外活动的例外情况
粪便管理	***	新西兰:对粪便排放总量以及载畜率都做出了明确的规定 中国:养殖污染物的排放应符合 GB 18596 的规定

* 代表中新标准的相似度,其中 ***** 代表完全一致。

3.6.5 加工

有机产品加工主要从原料和辅料、加工方法、害虫控制、储藏和运输、设备清洁等方面进行控制，以保证产品的有机符合性和可追溯性。从基本要求上，中新两国对于加工方面的要求基本一致，只是允许使用的辅料（食品添加剂和加工助剂）上有一定的差别，所以虽然具有较好的互认基础，但也具有一定的难度（表 3-11）。特别是需要关注加工产品中使用的非有机农业源配料。

表 3-11　中新有机加工标准比较汇总表

项目	相似度	差异点描述
范围	****	新西兰不包括纺织品生产，但是有单独的葡萄酒标准，而中国葡萄酒加工包含在食品加工标准中；中国加工部分明确列出加工的动物饲料的要求，但是新西兰加工的动物饲料和宠物食品的规定在加工部分未明确列出，但是也在认证范围内
平行生产	*****	
通则	****	中国：对食品加工厂本身提出了要求 GB 14881 要求 新西兰：基于 HACCP
配料	***	新西兰：非有机农业源配料只可以在标准附表中列出，若不在附表列出需要经过授权 两国都列出了允许使用的添加剂及加工助剂，允许的物质及使用条件有差别
加工方法	****	中国：明确列出了加工方法，并且限定了提取溶剂 新西兰：对于农业源的提取溶剂必须是有机来源，对于非农业源的提取溶剂必须在附表中列出
有害生物防治	****	中国：明确提出了有害生物防治的方法，并且限定了加工过程中的消毒剂，禁止使用硫黄熏蒸
包装、储藏和运输	*****	新西兰：对包装材料及包装方式没有明确要求，但是国内有相关的法规

* 代表中新标准的相似度，其中 ***** 代表完全一致。

3.6.6 小结

通过上述分析，野生采集和基质栽培的食用菌这两部分具有良好的互认基础，其次是植物生产，再次是畜禽养殖和加工（表 3-12）。

表 3-12　中新两国有机标准互认可行性分析

标准	作物	野生 采集	菌类	畜禽 养殖	加工	标识 销售	管理 体系	检查认 证体系
可行性	＋＋＋＋	＋＋＋＋＋	＋＋＋＋＋	＋＋	＋＋＋＋	＋＋＋	＋＋＋	＋＋＋

＋代表达成标准互认的可行性程度，其中＋＋＋＋＋ 为 100％可行。

第4章

中泰有机产品法律法规比较分析

4.1 泰国有机农业发展现状

4.1.1 泰国有机产品生产与认证

泰国是农业大国，国土面积41%都用于农业目的的生产活动，有机农业比重很小，但发展速度很快。与中国一样，泰国边远山区农民和少数民族数百年来一直进行着传统耕作，这些耕作发展和丰富了边远山区农民在实施传统农耕系统以及环境友好的可持续农业中的乡土知识。

泰国的有机农业于20世纪80年代由地方组织和非政府组织发起的农业运动的一部分。非政府组织“绿网”(Green net)于1984年作为国内网络成立，开展有机农业、持续农业经验交流、政策倡导的讨论和论坛等。1991年，意大利认证机构Bioagricert认证了泰国第一例有机水稻后，泰国政府、生产组织、私营企业和非政府组织等多方都加大了对有机农业的支持。随后的几年中，有机农产品的发展速度仍然很慢，1995年泰国的第一家第三方有机农产品认证机构——泰国有机农业认证署(ACT)诞生,制定了泰国第一部私人有机作物种植标准,为所有的有机农业生产、加工提供专业认证和指导。近年来推广有机农业的动力越来越大,出现了很多有机农业的专业机构、生产组织、私营公司、出口单位甚至非政府组织等相继开展了很多有机农业生产项目。如今,有机农业已成长为泰国的一项优势特色农业,有机香米、蔬菜等农产品成为泰国出口创汇的重要来源之一。

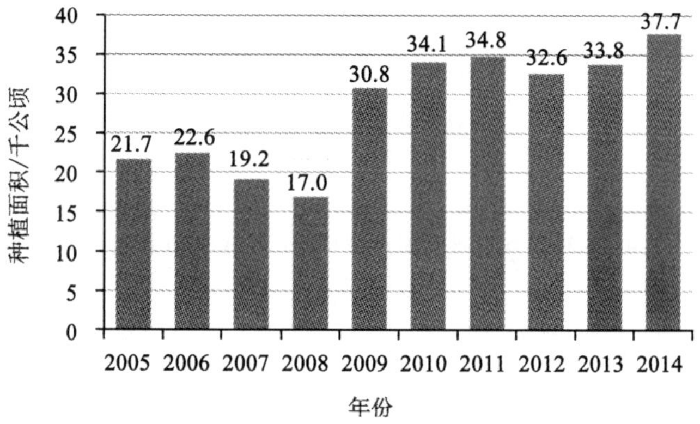

图 4-1 泰国 2005—2014 年的有机种植面积发展趋势

1992—2001 年,泰国有机农业发展比较缓慢,从 2002 年进入一个快速发展的时期。据统计,2001 年泰国有机农业种植面积仅为 2 147.08 公顷;从 2005—2008 年期间一直维持在 2 万公顷左右,2010 年就增加到了 34 079.26 公顷,是 2001 年的 15.87 倍。2011 年至 2013 年期间发展比较缓慢,种植面积为 33840 公顷,比 2012 年增长 3.9%,2014 年的有机种植面积为 37 684 公顷,占其农业用地面积的 0.2%。2013 年泰国有机产品种植面积已居亚洲第八(图 4-2)。

水稻是泰国最优先发展起来的有机农产品品种。2000 年以前,泰国有机农产品主要是水稻,而且其种植规模较小,发展动力不足。自 2000 年起,泰国有机农业发展开始扩展至蔬菜。2004 年,在更大范围内发展水果、咖啡

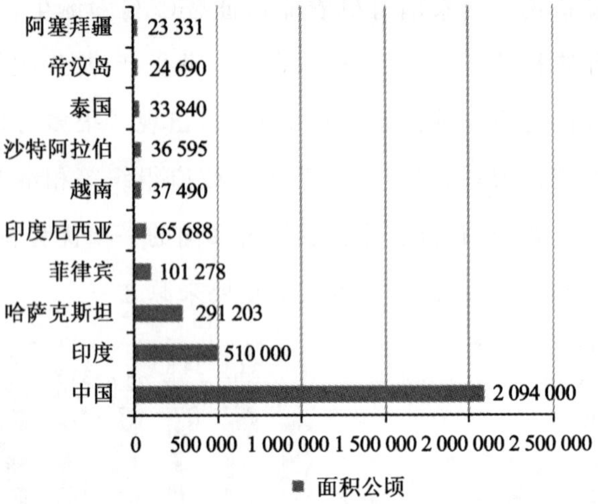

图 4-2　2013 年亚洲有机产品种植面积最大的 10 个国家

和茶叶等其他产品，不断改变泰国有机农产品品种过于单一的现状。20 世纪 90 年代，全泰国有机水稻的种植面积还不到 1 000 公顷，到 2010 年就扩大到 22 132.48 公顷，年均增幅 46.20%（陈良敏，吕玲丽，2012）。截至 2010 年，泰国有机农产品形成了以水稻为主，多种产品为辅的形势，其中：水稻的种植面积占有机种植面积的比例为 56%，蔗糖占 18.34%，蔬菜占 3.31%，水果占 3.17%，咖啡与可可也都占到了 3%（图 4-3）。

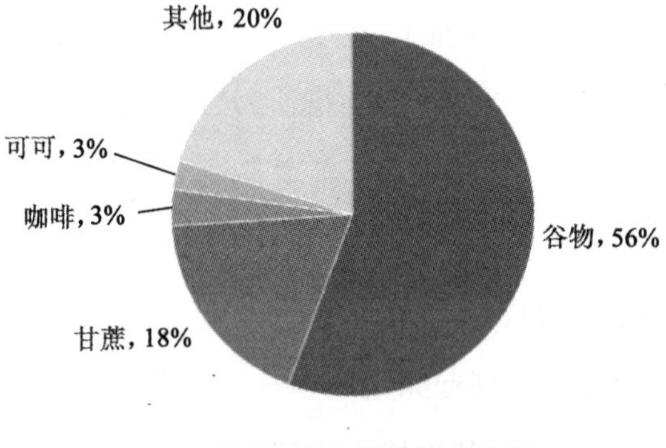

图 4-3　泰国不同作物的种植比例

（来源：FiBL & IFOAM，2016）

从表4-1可以看出,2003年泰国有机农产品产量仅为9756.05吨,产值为3.75亿泰铢,平均每吨农产品可创造3.84万泰铢的价值;到2012年,产量就达到了48 578.5吨,产值为18.43亿泰铢,较2003年增加了4.9倍,每吨农产品的产值变化不大,为3.79万泰铢,与2003年的水平相当。

表4-1 2003—2012年间泰国有机生产总量及总产值

年份	总量/吨	价值/百万泰铢
2003	9 756.1	375.1
2004	15 966.1	608.8
2005	29 415.1	920.4
2006	30 374.8	948.0
2007	33 677.5	976.8
2008	26 564.7	806.1
2009	44 688.5	1 354.4
2010	47 547.3	1 752.1
2011	51 011.8	1 809.8
2012	48 578.5	1 842.5

注:100泰铢约合19.07元人民币,2015。

泰国有机产品认证机构分为三大类:官方认证机构、私人认证机构和国外认证机构(尹昌斌,2015)。官方认证机构设立在泰国农业与合作部,由3部分组成,分别是:农产品认证处(DOA),主要负责农作物产品认证;畜产品认证处(DOL),主要负责畜禽类产品的认证;水产品认证处(DOF),主要负责淡水养殖产品的认证。官方也承认一些地方认证,如清迈的北方认证协会的认证,工作范围仅在泰国北部,他们的认证还没有被外界和国际市场接受。官方认证机构的认证权限仅限于泰国国内企业,产品销售也以泰国本国市场为主。

泰国私人认证机构的认证活动以ACT为主,私人认证机构的认证范围不仅限于国内市场,而是以产品的出口为主,同时也有部分产品在国内市场进行销售。

国外认证机构在泰国设有认证服务处，所占有机食品认证的份额也比较大，达到所有有机农产品认证企业的50%左右。其中包括日本、德国、法国、瑞典的等多家认证机构。这些国外认证机构认证的产品除了销往认证机构所在国市场外，在泰国市场也占据一席之地。国外认证组织以欧盟法规等同标准为基础，但是也有一些采用美国的NOP和日本的JAS作为有机认证标准。泰国80%以上的有机产品农场是由私人认证机构进行认证。对于国内市场来说，ACT和一些地方的认证机构，都有自己的认证标准，农业商品与食品标准局(ACFS)为有机农业制定了自愿的国家标准。

4.1.2 泰国有机产品消费与市场状况

泰国有机农场生产的有机食品的销售途径主要有3种：一是有机农场与国内的进出口贸易公司签订销售合同，由贸易公司统一收购，清洗包装后统一出口。二是送往有加工能力的大型有机农场，由其清洗包装后进入国内超市或小型专卖店。三是大型有机农场直销进入国内超市或出口。通过对几家有机农场的考察及对超市的调查，泰国有机食品的价格要比常规食品高50%～100%(郝建强，2007)。

泰国有机农产品的销售先在海外市场开始。自1991年泰国第一例水稻被认证后，次年全国第一批稻米便通过自由贸易组织销往欧洲。长期以来，泰国政府十分注重包括有机农产品在内的农产品的出口外销。农业商品与食品标准局(ACFS)致力于与欧洲、美国、日本等国外市场的贸易谈判，大力促进农产品出口。另外，泰国政府还召开公共研讨会商议有机农产品出口贸易问题，还采用补贴的方式鼓励商家参加有机农产品展销会(陈良敏，吕玲丽，2012)。

由于泰国有机农业生产和有机食品销售仍处于起步阶段，国内有机食品生产量小,主要以出口为主,少量进入国内市场,泰国目前的国际市场有欧美和日本等。2010 年,泰国有机农产品出口创汇额达到 5 100 万欧元,相当于 20.4 亿泰铢,环比增长率也达到 4.08%(陈良敏,吕玲丽,2012)。

2015 年由泰国有机发展中心(Sukhothai Thammathirat 开放大学)与地球网络基金(Earth Net Foundation)对泰国的有机食品市场进行了调查,结果表明:2014 年泰国的有机食品市场为 5 820 万欧元,其中 77.9%是出口市场,22.1%是国内市场。在出口消费市场中 66.1%为加工产品,其次是有机稻米占到了 30.4%,主要的出口市场是欧盟、美国、东南亚等国家。对于国内市场,现代贸易渠道(超市等)占到了 59.5%,其次是绿色商店(29.5%)和饭馆、咖啡厅等渠道(5.9%)(FiBL & IFOAM,2016)。

对消费者的调查表明,92%的消费者知道有机农业,但他们大部分不是特别清楚有机农业的含义。在调查的人群中全国范围内只有 6.5%以及曼谷消费者的 10.9%能回答对一半的有机农业的问题,大多数消费者对各种各样的食品安全标准很迷茫,并且对有机农业中对转基因作物和水培作物的要求不清楚(FiBL& IFOAM,2016)。

4.1.3 中泰有机产品贸易

泰国是中国重要的农产品贸易伙伴,两国有悠久的贸易历史。2010 年泰国在我国农产品出口市场中排名为第 10 位,进口国排名中为第 9 位。按照中国商务部的统计口径(不含林产品),中泰双边贸易额已从 2002 年的 6 亿美元提高到 2010 年的 36.2 亿美元左右,增长了 5 倍。2002 年至 2010 年期间,中国对泰国农产品出口金额增长了 6.1 倍,出口额年均增长率为 24.3%;进口金额增长了 4.6 倍,进口额年均增长率为 21.1%。2010 年,中国对泰国出口农产品 11.9 亿美元,比上年增长 38.7%,占中国对东盟农产品出口总额的 15.9%;中国自泰国进口农产品 24.3 亿美元,比上年增长

38%，占中国自东盟农产品进口总额的22.7%，贸易逆差为12.4亿美元。

中国和泰国在农产品贸易结构上有较大的互补性，中国的温带水果、花生、食用菌、板栗等产品填补了泰国市场空白。而泰国在热带水果、木薯干、天然橡胶、大米等方面具有较强的国际竞争力。2010年，泰国天然橡胶、水果、大米、木薯干在中国农产品进口市场中的占有率分别为46.9%、27.3%、90.4%和80.7%，并均处于该项产品进口国排名的第一位。这说明这些优质的泰国农产品在中国农产品进口市场中已处于领跑的地位。

中国对泰国主要出口保鲜大蒜、鲜苹果、鲜葡萄、鲜梨、干香菇、冻鱼及冻鱼片、花生、银耳、干辣椒、板栗等商品。中国自泰国进口的主要农产品是木薯干、木薯干淀粉、大米、鲜榴梿、鲜龙眼、山竹、冻对虾、鲜莲雾等产品。

表4-2列出了2014年在泰国按中国有机产品标准认证的有机产品，从这个表可以看出，主要是三大类产品甘蔗-糖、木薯-淀粉和稻谷-大米，为4个企业颁发了4张证书。

表4-2　2014年在泰国按中国有机产品标准认证的有机产品

产品名称	产品类别	年产量/吨	年产值/万元	面积/公顷
淀粉	淀粉	384.000	122.00	—
稻谷	水稻	1 585.350	10.00	390.24
木薯	薯芋类	1 536.000	130.00	38.40
甘蔗	制糖植物	7 350.000	65.00	187.20
糖	调味品	350.000	334.00	—

随着农产品贸易全球化，有机产品已经成为各国农业发展的新亮点和扩大出口的关键。基于两国农产品贸易的良好基础，加强两国有机农产品领域的互认合作，不仅可以进一步促进双方农产品贸易，而且对于保障食品安全、保护环境均有重要的推动作用。

4.2 中泰有机产品法律法规体系比较

4.2.1 泰国有机产品认证法规体系

泰国目前还没有关于有机食品的相关的法律，有机食品认证标准由农业商品与食品标准局 ACFS 出台。该部门自受农业与发展部委托成立以来于 2003 年参照 ISO 65 和 EN 45011 的相关要求制定了认证机构进行认证和检查的相关规则。随后，又根据联合国粮农组织（FAO）和世界卫生组织（WHO）的相关要求，分别制定了国家农作物类、畜禽养殖类和水产品类的良好农业操作标准，另外，还制定了有机食品的农作物种植和畜禽养殖的国家标准，以上标准已在 2003 年开始发布实施。

泰国所有国家标准都并非强制性标准，泰国有机食品认证公司（Organic Agriculture Certification Thailand，ACT）参照国家标准和 IFOAM 基本标准制定了自己认证机构的标准。泰国政府对于进口有机产品没有政策要求，获得认证的有机产品在泰国可自由销售。

从表 4-3 可以看出，中国和泰国有机认证法规体系存在差异。两个国家的有机产品国家标准都属于自愿性的标准，但是泰国同时存在私人有机标准，比如 ACT 的标准，而中国不承认私人有机标准。在中国国内销售的有机产品必须获得中国有机产品标准 GB/T 19630 的认证，而只要获得有机认证的有机产品，不论为何种标准即可在泰国自由销售。中国制定了有机产品认证管理办法和有机产品认证实施规则，但是泰国没有制定单独的有机产品认证相关的部门规章和行政规范。

表 4-3 中国和泰国有机产品认证法规体系比较

项目	中国	泰国
与有机认证相关的法律	《中国认证认可条例》	无
部门规章、行政规范	《有机产品认证管理办法》 《有机产品认证实施规则》	无
有机标准	国家标准:中国有机产品标准 GB/T 19630,为自愿性标准 无私人有机标准	国家标准:TAS 9000,为自愿性标准 私人有机标准,比如 ACT 标准
有机食品进口要求	必须获得中国有机产品认证后方可进口到中国	获得认证的有机产品在泰国可自由销售

4.2.2 中泰有机产品监督管理体系比较

第一层面为国家主管机构,中国有机认证认可体系由中国认证认可监督管理委员会(CNCA)主管。国家认证认可监督委员会(CNCA)是由中国国务院设立,履行行政管理职能,统一管理、监督和综合协调全国认证认可工作的主管机构,隶属于中国国家质量监督检验检疫总局(AQSIQ)管理。各省、自治区、直辖市质量技术监督局和各直属出入境检验检疫局为地方认证监督部门,在认证监督管理业务上接受 CNCA 指导。泰国农业与合作部(MOAC)是泰国良好农业操作认证和有机食品认证的主管部门。

第二层面为认可机构,中国合格评定国家认可委员会(CNAS)由国家认监委依法授权作为唯一的认可机构,是国际认可论坛(IAF)和太平洋认可合作组织(PAC)成员,负责对认证机构(包括有机认证机构)进行评价认可。认证机构的设立需经 CNCA 批准,并经 CNAS 认可后方可在中国开展有机产品认证,外国认证机构在中国境内开展有机产品认证也要经过 CNCA 批准。中国认证认可协会(CCAA)负责对认证人员(包括有机检查员)进行注册,从有机产品认证的检查员必须经过 CCAA 注册方可开展认证检查活动。泰国农业商品与食品标准局(ACFS)是经泰国农业与合作部(MOAC)授权的负责制定泰国有机食品认证国家标准，同时负责认证机构的认可工作，ACFS是泰国国家农业商品与食品标准委员会(NCACFS)的下属机构(图 4-4)。

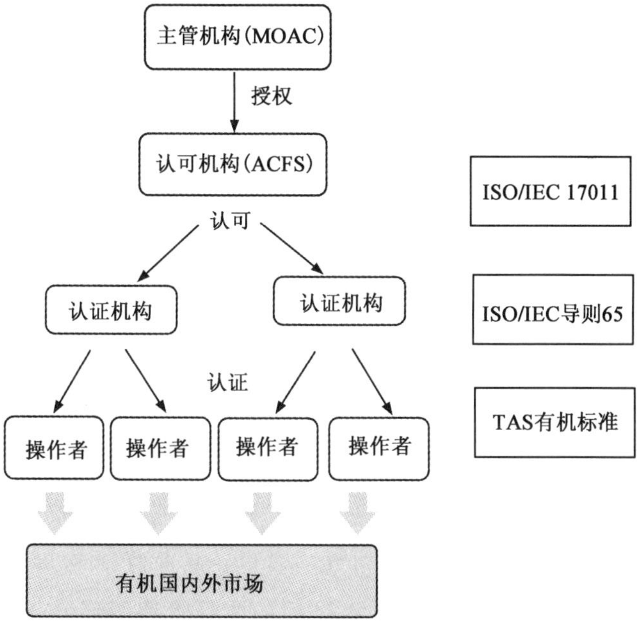

图 4-4 泰国有机农业监督管理控制体系

第三层面为认证机构，认证机构作为认证活动的主体，应根据批准的资格和业务范围开展相应的认证活动。有机认证依据为 GB/T 19630—2011《有机产品》和《有机产品认证实施规则》。认证机构根据标准和规则要求开展认证技术评价，为企业、组织及有关产品提供符合性的评价活动。

4.2.3 中泰有机产品合格评定制度比较

4.2.3.1 中泰认可体系比较

中国的认可机构是中国合格评定国家认可委员会，有机产品的认可依据为 CNAS-CC02《产品、过程和服务认证机构要求》，其内容等同于 ISO/

IEC 17065,同时还有 CNAS-SC22《实施有机产品认证的认证机构认可方案》实施有机产品认证的认证机构认可提出的特定要求和指南。泰国的认可机构是农业商品与食品标准局(ACFS),认可依据为 ISO/IEC 17065,因此两国的认可要求相似性较强。

4.2.3.2 中泰有机产品检查认证体系比较

中国在《有机产品认证实施规则》中规定了执行有机产品认证的认证程序,泰国有机标准未明确规定认证程序的步骤,但附件 B 要求认证机构应按照泰国有机标准建立有机产品认证的政策和程序,并且要包含附件 B 中列出的检查措施和其他预防措施。

本部分研究主要参考中国《有机产品认证实施规则》以及泰国有机标准 TAS 9000 PART 1 第 10 部分检查和认证系统和附件 B 检查认证系统中最低检查要求和预防措施进行比较研究。有机认证程序主要包括申请书提交和文件审查、现场检查、认证决定、认证后的监督管理四部分(图 4-5)。

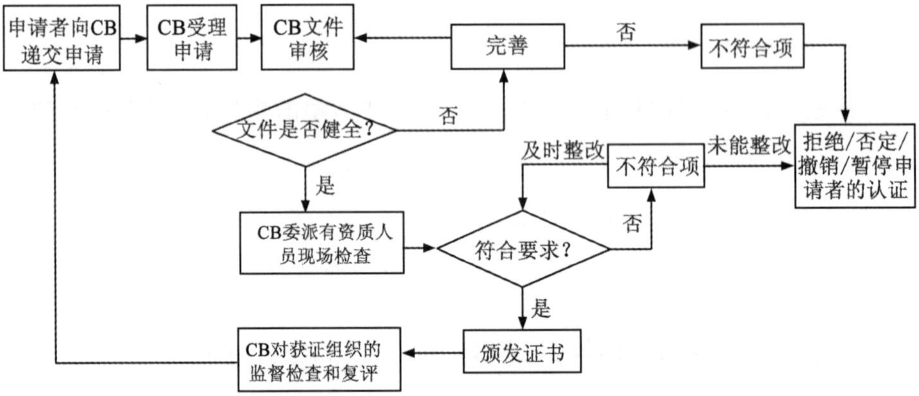

图 4-5 有机产品检查认证体系

(1)提交申请材料

中国《有机产品认证实施规则》明确提出了认证机构可以受理认证申请

的条件:①申请者及其相关方生产、加工的产品符合相关法律法规的基本要求;②申请者建立和实施了文件化的有机产品管理体系,并有效运行3个月以上;③申请认证的产品应在国家认监委公布的《有机产品认证目录》内;④申请者及其相关方五年内未出现如下情形:提供虚假信息、违规使用禁用物质、超范围使用有机认证标志,或者出现产品质量安全重大事故的;⑤申请者及其相关方一年内未被认证机构撤销认证证书。

同时,申请中国有机产品认证的申请者还需要提供如下材料:①申请者及相关方的合法的资质文件;②申请者及其有机生产、加工、经营的基本情况;③产地(基地)区域范围描述;④申请认证的有机产品生产、加工可行性规划;⑤本年度生产、加工计划及上一年度销售情况;⑥保证执行有机产品标准的诚信声明;⑦有机生产、加工的质量管理体系文件;⑧产地环境质量的证明文件等。

泰国有机标准没有明确规定认证机构可以受理的认证申请条件,但规定申请泰国有机产品认证的申请者应:①必须确保认证机构可以获得所有书面和/或电子的记录档案,并应向主管当局或指定权力机构提供任何必要的信息以共认证机构审核;②单元和/或采集区域的完整平面图,显示仓库和生产设备、地块以及特定生产和/或包装的地点;③申请认证的地块和/或采集区域上次使用不符合本标准第4部分物质的日期;④应在生产单元的层面采取措施保证符合本标准要求;⑤根据泰国标准第3和第8部分进行的经营活动,如果违反标准规定,应实施本标准规定的措施等。

与中国有机产品标准相比,申请泰国有机标准认证不需要提供产地环境质量证明文件、有机产品生产、加工可行性规划、本年度生产加工计划及上一年度销售情况、保证执行有机产品标准的诚信声明等文件。

(2)书面审查及费用交纳

中国《有机产品认证实施规则》明确规定认证机构对符合受理条件的申

请者，应根据相关要求在10日内对申请者提交的申请材料进行审查并做出是否受理的决定，并保存审查记录。对不予受理的，应书面通知申请者并说明理由。中国法规规定认证机构应按照《国家计委国家质量技术监督局关于印发产品质量认证收费管理办法和收费标准的通知》有关规定向申请者收取认证费用。

泰国有机标准没有明确的书面审核及审核费用的相关规定。

(3)现场检查

现场检查是为了验证申请者的操作是否符合申请资料和有机产品标准。现场检查较复杂，且不同的有机生产或加工类型有不同的检查内容，此处比较仅限于基本检查原则，而不在于详细的检查步骤。

中泰两国的有机认证的现场检查检查范围，均包括：①场所检查，包括对生产地块、养殖单元、加工和储藏场所及设施的检查；②文本审查包括管理体系审查，以及生产、加工、销售记录类文件的审查；③人员访问；④生产、加工涉及投入物的确认等；⑤现场不符合项的沟通及整改建议等。

此外，中国标准对现场检查的要求更为细致和严格。中国标准要求现场检查时间应安排在生产和加工的高风险阶段进行现场检查，并且要求必须看到所有申请认证产品的生产现场，对于多生产季的产品，如果一次现场检查不能覆盖所有的产品，需要安排后续补充检查。对于农户组织的项目，必须访问所有的农户。并且认证机构需要在现场检查前的至少提前5天将检查安排等信息登录到国家认监委网站“中国食品农产品认证信息系统”。而泰国有机标准并无此相关规定。

中泰两国标准关于现场检查有两个比较大的差别，分别是对样品检测和产地环境质量状况的规定。中国标准规定，现场检查时必须对申请认证的所有产品进行抽样，如果现场检查时无法完成所有产品的抽样，认证机构需要在证书有效期内对未取样产品安排补充抽样。并且，认证机构应在风险评估基础上确定需要检测的项目，并委托具备法定资质的检验检测机构进行样品检测，有机生产或加工中允许使用物质的残留量应符合相关法律法规或强制性标准的规定，但是有机生产和加工中禁止使用的物质不得检出。而泰国并没有要求对所有认证的产品抽样检测，只要求当怀疑使用了未在标准中列出的物质时可以进行取样分析。

对于产地环境质量状况的规定。中国标准要求申请者需要出具有资质的监测（检测）机构对产地环境质量进行的监测（检测）报告，或县级以上环境保护部门出具的证明性材料，以证明产地的环境质量状况符合GB/T 19630《有机产品》规定的要求。检查员现场也会核实产地环境。而泰国有机标准对于产地环境并没有硬性的规定。

中泰两国在现场结束后均会形成相应的检查报告，并将审查结果和现场发现的不符合项同申请者沟通，并要求检查报告得到申请者的签字确认。

(4)认证决定

中国制定了详细的认证决定规则及证书内容要求。中国《有机产品认证实施规则》规定在下述情况下不予批准认证：①提供虚假信息，不诚信的。②未建立管理体系或建立的管理体系未有效实施的。③生产加工过程使用了禁用物质或者受到禁用物质污染的。④产品检测发现存在禁用物质的。⑤申请认证的产品质量不符合国家相关法律法规和（或）技术标准强制要求的。⑥存在认证现场检查场所外进行再次加工、分装、分割情况的。⑦一年内出现重大产品质量安全问题，或因产品质量安全问题被撤销有机产品认证证书的。⑧未在规定的期限完成不符合项纠正和纠正措施，或提交的纠正和纠正措施未满足认证要求的。⑨经检测（监测）机构检测（监测）证明产地环境受到污染的。⑩其他不符合本规则和（或）有机产品标准要求，且无法纠正的。

对于生产活动和管理体系符合要求或经整改后符合要求的申请者，认证机构在批准认证后，会将检查报告、检查员与申请者的合影、样品检测报告等上报国家认监委网站“中国食品农产品认证信息系统”，并且通过该系统获得证书编号，然后签发认证证书，认证证书包括：①认证委托人名称、地址；②获证产品的数量、产地面积和产品种类；③有机产品认证的依据；④颁证机构、颁证日期、有效期、负责人签字等内容；⑤有机产品标识、认证机构标识以及认可标识等。

泰国有机标准中没有关于认证决定或认证证书的相关规定。

(5)认证后的监督管理

中国有机产品认证实施规则规定认证机构应对获证组织至少每年安排一次例行的现场检查，并且应根据申请认证产品种类和风险，生产企业管理体系的稳定性、当地质量安全诚信水平总体情况等，科学确定现场检查的频次。此外，认证机构应在风险评估的基础上每年至少对5%的获证组织实施一次不通知的现场检查，认证机构应及时获得获证组织变更信息，对获证组织有效管理，以保证其持续符合认证的要求。泰国有机标准没有规定实施不通知检查的获证企业数量，只是规定当有必要时实施不通知检查。

此外，中国的《有机产品认证管理办法》第五章也对获证组织的监督管理做出了相关规定。该办法指出国家认监委对获证组织实施监督检查和不定期的专项监督检查；地方认证监管部分应依法对所辖区的有机产品认证活动进行监督检查；并且各地出入境检验检疫机构负责对外资认证机构、进出口有机产品认证活动进行监督检查，地方各级质量技术监督部门负责对中资认证机构、在境内生产、加工和销售的有机产品认证活动进行监督检查。并且，国家认监委通过信息系统，定期公布有机产品认证动态信息。泰国没有类似的相关规定。

为了使认证机构有效地掌握操作者的信息，操作者应配合认证机构的监管递交一些必要的信息。中国《有机产品认证实施规则》及《有机产品认证管理办法》均规定，操作者应及时向认证机构通报以下信息：有机生产或加工单位名称或地址发生变化、认证产品发生变化、生产或加工单元周围发生重大环境污染等、产品质量安全问题、受到的相关处罚等情况。

泰国有机标准除要求提供现场检查所必需的文件、记录等材料外，没有规定操作者在发证后需要提交给认证机构的信息。

(6)认证证书及认证标志的管理

中国法规规定：获证组织应按照规定使用有机产品认证证书及认证标志。获证组织应当在获证产品的最小销售包装上，加施中国有机产品认证标志、有机码和认证机构名称。认证机构负责对获证组织发放有机码，并且将有机码发放的信息上报到认监委的"中国食品农产品认证信息系统"。此外，中国法规还规定获证组织在销售有机产品时应向销售商或者消费者出具有机产品销售证。有机产品销售证由认证机构颁发并负责管理。

泰国有机标准规定了有机标志如右图，仅允许用于最终产品中有机成分含量不低于95%的、获得认证的有机产品上。

中国有机产品认证证书有效期为一年，操作者应在证书有效期结束前3个月向认证机构提出再认证的申请，认证机构应在证书有效期内组织再认证的检查。对于因生产季或重大自然灾害的原因导致不能在有效期内安排再认证检查的，操作者应在有效期内向认证机构提出延迟检查申请，延迟检查最长不能超过3个月，并且在这期间生产的产品不得作为有机产品出售；对于超过3个月仍不能再认证的生产单元，应重新进行认证。

泰国有机标准TAS 9000 PART 1没有对证书有效期以及再认证要求做出明确规定。

(7)对违规的处罚规定

中国《有机产品认证管理办法》明确提出了认证机构应当暂停和撤销认证证书的情形，并且要求对外进行公布。对于暂停认证证书主要包括如下情形：①未按照规定使用认证证书或者认证标志的；②获证产品的生产、加工、销售等活动或者管理体系不符合认证要求，且经认证机构评估在暂停期限内能够能采取有效纠正或者纠正措施的；③其他需要暂停认证证书的情形。

对于撤销认证证书主要包括如下情形：①获证产品质量不符合国家相关法规、标准强制要求或者被检出有机产品国家标准禁用物质的；②获证产品生产、加工活动中使用了有机产品国家标准禁用物质或者受到禁用物质污染的；③获证产品的认证委托人虚报、瞒报获证所需信息的；④获证产品的认证委托人超范围使用认证标志的；⑤获证产品的产地(基地)环境质量不符合认证要求的；⑥获证产品的生产、加工、销售等活动或者管理体系不符合认证要求，且在认证证书暂停期间，未采取有效纠正或者纠正措施的；⑦获证产品在认证证书标明的生产、加工场所外进行了再次加工、分装、分割的；⑧获证产品的认证委托人对相关方重大投诉且确有问题未能采取有效处理措施的；⑨获证产品的认证委托人从事有机产品认证活动因违反国家农产品、食品安全管理相关法律法规，受到相关行政处罚的；⑩获证产品的认证委托人拒不接受认证监管部门或者认证机构对其实施监督的；⑪其他需要撤销认证证书的情形。对于撤销的证书，认证机构应当予以收回。

对于做出暂停和认证证书的决定的同时，认证机构应当监督获证组织停止使用、暂时封存获证销毁有机产品认证标志。此外，《有机产品认证管理办法》第六章也对违反相关规定的认证委托人或认证机构做出了相应的罚则。

泰国有机标准并没有明确列出对违规操作者的处罚规定。

4.2.4 中泰有机标准体系概述与比较

4.2.4.1 中泰两国有机标准简介

泰国有机农业标准由泰国农业与合作部(MOAC)组织起草,共分为以下 7 个部分:

- 有机农业标准第一部分:有机农产品和加工产品的生产、加工、贴标和销售(TAS 9000 Part 1—2003,2009 修改)
- 有机农业标准第二部分:畜禽养殖(TAS 9000 Part 2—2005; 2011 修改)
- 有机农业标准第三部分:水产养殖(TAS 9000 Part 2—2005; 2009 修改)
- 虾养殖(TAS 7413—2006)
- 有机农业标准第四部分:有机大米标准(TAS 9000 Part 4—2010)
- 有机农业标准第五部分:有机丝足鱼标准 (TAS 9000 Part 5—2013)
- 有机农业标准第六部分:有机蜂蜜标准 Bee (TAS 9000 Part 6—2013)

TAS 9000 Part 1 是主要标准,包含所有来自种植、水产、畜禽和林业的农产品和加工产品的生产、加工、标识和销售,TAS 9000 Part 1—6 部分以及 TAS7413 是对某种产品的详细要求,要与 TAS 9000 Part 1 一起使用。

本研究主要将中国有机产品标准(GB/T 19630)与泰国有机农业标准的第一部分,即有机农产品和加工产品的生产、加工、贴标和销售(TAS 9000 Part 1—2003,2009 修改)进行了比较,主要是比较两个标准对有机生产要求的异同点。本次对比涉及的产品范围主要是植物生产、野生采集、加工产品。本研究的主要目的是为中泰有机产品认证体系的互认提供依据,以促进中泰两国的有机产品的生产和贸易。

泰国有机农业标准的第一部分(TAS 9000 Part 1—2003,2009 修改)由泰国农业与合作部(MOAC)于 2003 年 7 月 23 日发布。农业标准委员会于 2009 年对该标准做出了修改,修改后的标准用于改善有机农产品和加工产品的生产和加工以保护消费者和促进出口,共分为 11 个章节,如下:

第 1 章:范围

第 2 章:定义

第 3 章:有机生产原则

第 4 章:有机生产要求:作物

第 5 章:有机生产要求:水产养殖

第 6 章:有机生产要求:畜禽

第 7 章:处理、储藏、运输、加工和包装

第 8 章:标签和声明

第 9 章:有机农业生产系统中使用未在附件 A 中详细列出的其他物质的许可条件

第 10 章:检查和认证系统

第 11 章:附件

附件 A 生产有机农产品允许使用的物质

表 A.1 用作肥料和土壤调节剂的农业投入物

表 A.2 用于肥料和池塘调节剂的农业投入物

表 A.3 植物病虫害控制物质

表 A.4 水产养殖病虫控制物质

表 A.5 非农业源成分

表 A.6 可以用于农业源产品加工的加工助剂

附件 B 检查认证系统中最低检查要求和预防措施

中国有机产品的系列标准是有机生产、经营、认证、认可活动主体必须遵循的规则,包括:有机产品生产、加工、标签和销售以及管理体系共四部

分。标准 GB/T 19630 作为推荐性国家标准，从产品的角度对有机生产、经营、管理做出规范。第 1 版标准 GB/T 19630—2005 于 2005 年 4 月 1 日发布并实施，此后于 2011 年 12 月 5 日发布第 2 版标准（GB/T 19630—2011），并代替第 1 版标准于 2012 年 3 月 1 日正式实施，并于 2014 年进行第一次修订。本次研究采用的是 2011 年最新修订的第 2 版本。

4.2.4.2 范围

中泰有机产品标准基本思路和框架是一致的，都包含有机生产链条的各个环节，包括动植物产品的生产、加工、包装、处理、储藏和运输以及标识要求等内容，有机产品认证范围均包括未加工的农业源植物和植物产品、动物和动物产品以及加工的农业源动植物产品。

对于标准涵盖范围来讲，中国有机产品标准涵盖设施农业生产、芽苗菜的生产、纺织品生产等内容，而在泰国有机农业标准对设施农业生产和芽苗菜的生产没有明确规定，但这些产品仍然在泰国有机农业标准的认证范围内。另外，泰国有机农业标准对虾、大米、丝足鱼和蜂蜜建立了单独的标准，这些标准是与 TAS 9000 Part1 平行的标准。中国标准没有对某种产品建立单独的标准，除了蜜蜂养殖包含在中国有机产品标准生产部分外，没有单独对虾、大米、丝足鱼的标准。虽然两个国家有机产品标准的框架不一样，但包含的认证范围基本一致。

对于有机标准能够认证的产品，国家认证认可监督委员会发布了《有机产品认证目录》，只有在该目录中列出的产品，才可以申请中国有机产品认证。但是该目录可以经过评估不断更新，截至 2015 年 11 月底，该目录已经进行过 3 次更新。虽然两国有机产品标准都有针对蜜蜂养殖的相关规定，但由于《有机产品认证目录》中不包括蜜蜂及蜜蜂产品，因此蜜蜂养殖也不在本部分比较范围内。

4.2.4.3 GMO 的要求

GB/T 19630—2011 生产部分第 4.3.1 条款指出不应在有机生产体系中引入或在有机产品上使用基因工程生物/转基因生物及其衍生物，包括植物、动物、微生物、种子、兽药、渔药等农业投入品；第 4.3.2 条款指出同时存在有机和非有机生产的生产单元，其常规生产部分也不得引入或使用基因工程生物/转基因生物；第 8.6.4 条款对动物养殖部分的疫苗也做出了规定，不应使用基因工程疫苗(国家强制免疫的疫苗除外)；加工部分第 4.2.1.9 条款规定了加工产品不应使用来自转基因的配料、添加剂和加工助剂。

与中国有机标准类似，泰国有机标准在 3.10 条款规定农产品、加工产品和成分不能源于转基因物质；水产养殖 5.4.1 条款规定禁止使用转基因或经过辐射的品种；5.5.3 水生生物养殖管理中禁止使用转基因的微生物和微生物制品；5.6.2.2 饲喂有机水产动物的天然原材料或用于生产有机水产动物饲料的成分应是非转基因的；标签和声明 8.3 部分规定非有机成分不应是转基因的或受到辐照的。

通过两者比较发现，中泰两国有机标准均规定了在有机生产中禁止使用转基因生物或者转基因生物生产的产品。但对于同一生产单元中同时存在有机和非有机生产的情况，中国标准对常规部分的投入物也做了与有机生产一样的要求，即也不得引入或使用转基因生物。泰国标准中没有对常规生产部分的要求，中国有机标准中对于转基因投入物的要求更加严格。

4.2.4.4 平行生产的要求

平行生产是指同一生产单元，同时生产相同或难以区分的有机和非有机产品的情况。中泰两国有机标准原则上均禁止同一生产单元存在平行生产的情况，但是允许操作者可以在同一区域同时管理有机和非有机的生产或加工，需要满足相应的条件。基本原则是采取必要的干预措施(比如在时间上和空间上进行隔离等)，能够防止非有机产品混淆或污染有机产品，并且管理有机和非有机生产单元的具体要求两国标准略有不同。

对于植物生产单元，中国有机产品标准规定在同一生产单元内，一年生植物不应存在平行生产，多年生植物在满足规定的特定条件下方可存在平行生产，即生产者应制定有机转换计划，计划中应承诺在可能的最短时间内开始对同一单元中相关非有机生产区域实施转换，该时间最多不能超过5年，此外操作者还应采取适当的措施以保证从有机和非有机生产区域收获的产品能够得到严格分离。泰国有机标准未区分一年生作物和多年生作物，允许在满足规定的条件下存在平行生产，即管理体系应分单元进行管理，每个单元的作物也应明确区分。有机生产产品应与来自使用化学物质地块的产品完全隔离。

对于动植物产品的加工单元，两国标准均允许存在平行生产，但是需要采取必要的干预措施(比如时间上或空间上隔离等)来避免非有机产品混淆或污染有机产品。

4.3 中泰有机植物产品标准比较

4.3.1 概述

中泰两国标准均从转换期、种子种苗、植物病虫草害控制、土壤堆肥等方面对植物生产提出了具体的要求，两国标准对植物生产部分的基本原则一致。

中国有机产品标准和泰国有机农业标准都对作物转换期的要求做出类似的要求：

• 均对转换期的长短做出了明确要求；

• 均要求操作者在转换期期间的生产应按有机标准要求进行操作；

• 对于受到禁用物质污染的地块，均要求应延长转换期；

• 对于缩短转换期的情况，均要求提供充分的证据证明规定期限内地块未受禁用物质的污染。

不同是的是，两个标准对转换期的长短要求不一致：

• 对于一年生作物，中国有机标准规定转换期至少为播种前 24 个月，泰国有机标准规定转换期至少是播种前 12 个月；

• 对于多年生作物，中国有机标准规定转换期至少为收获前 36 个月，泰国有机标准规定转换期至少是收获前 18 个月；

• 对于新开垦或撂荒的地块缩短转换期的规定，中国标准规定至少经过 12 个月的转换期，泰国有机标准规定至少经过 6 个月的转换期；

• 中国有机标准规定草场和多年生饲料作物的转换期至少为有机饲料收获前的 24 个月，操场和多年生饲料作物在泰国有机标准中按照多年生作物计算，转换期为收获前 18 个月。

综上可以看出，从转换期期限长短上看，中国有机标准对作物转换期长度的要求均为泰国有机标准对作物转换期的两倍，中国有机标准要求更加严格。

中国有机产品标准规定野生植物采集、食用菌栽培（土培和覆土栽培除外）、芽苗菜生产可以免除转换期，泰国有机标准中没有食用菌栽培和芽苗菜的要求，对于野生采集转换期要求与中国有机产品标准要求一致。

另外，中国有机产品标准要求处于转换期的地块，如果使用了有机生产中禁止使用的物质，应重新开始转换。当地块使用的禁用物质是当地政府机构为处理某种病害或虫害而强制使用时，可以缩短转换期，但应关注施用产品中禁用物质的降解情况，确保在转换期结束之前，土壤中或多年生作物体内的残留达到非显著水平，所收获产品不应作为有机产品或有机转换产品销售。泰国有机标准并没有给出处于转换期地块使用禁用物质后转换期延长的具体要求。

4.3.2 产地环境要求

中国有机产品标准 GB/T 19630—2011 第 5.3 条款对产地环境提出了明确的要求：有机生产需要在适宜的环境条件下进行。有机生产基地应远离城区、工矿区、交通主干线、工业污染源、生活垃圾场等。

产地的环境质量应符合以下要求：

a)土壤环境质量符合 GB 15618 中的二级标准；

b)农田灌溉用水水质符合 GB 5084 的规定；

c)环境空气质量符合 GB 3095 中二级标准和 GB 9137 的规定。

泰国有机标准提出对于有机生产单元应采取必要的措施以防止周边禁用物质的飘移及流入，但对土壤、灌溉水、空气没有提出明确的要求。

4.3.3 种子种苗

中国有机产品标准和泰国有机农业标准对使用种子和繁殖材料的原则类似，均要求优先使用有机的种子和繁殖材料，当无法获得有机的种子和繁殖材料时，两个标准均允许使用非转基因的常规的种子和繁殖材料。但两个标准对常规种子和繁殖材料的使用要求不同：

(1)获得有机种子和繁殖材料的计划：中国有机产品标准 5.5.2 条规定当从市场上无法获得有机种子或植物繁殖材料时，可选用未经禁止使用物质处理过的常规种子或植物繁殖材料，并制订和实施获得有机种子和植物繁殖材料的计划。而泰国有机标准 4.10 条规定如果操作者有证据证明无法获得符合要求的种子或繁殖材料，可以使用常规来源的种子或繁殖材料，种子和繁殖材料不应使用禁用物质处理，并没有要求操作者制订和实施获得有机种子和植物繁殖材料的计划。

(2)处理过的种子和繁殖材料：泰国有机标准 4.10 条还规定如果无法获得未经处理的种子和繁殖材料，提前经过认证机构或相关职能部门的批准后，可以使用经过处理的种子和繁殖材料，但在使用种子前应除去化学处理。在中国有机产品标准 5.5.4 条规定不应使用经禁用物质和方法处理过的种子和植物繁殖材料，使用了处理过种子和繁殖材料的地块应重新进行转换。

(3)一年生植物种苗：中国有有机准规定一年生种苗应采取有机生产方式培养，泰国标准没有对一年生种苗的规定。

(4)中国有机产品标准规定应选择适应当地土壤和气候条件抗病虫的作物种类及品种，泰国有机标准中并没有此规定。

综上可以看出，虽然两个标准对种子和繁殖材料的原则类似，但是对常规种子和种苗的使用要求有明显区别，中国有机产品标准不允许经禁用物质处理过的种子和种苗，同时要求操作者制订和实施获得有机种子和植物繁殖材料的计划，中国有机产品标准的要求更加严格。

4.3.4 土壤养分管理

中国有机产品标准和泰国有机农业标准对维持和提高土壤肥力的措施要求基本一致，均要求优先采用适当的耕作和栽培措施提高土壤肥力，比如种植豆科作物、绿肥、休耕、轮作等措施，当以上措施无法满足植物生长需求时，优先使用来自有机生产单元的物质，比如有机堆肥提高土壤肥力。

在上述措施不能够维持土壤肥力时，中泰有机标准在附件中均给出了允许使用的土壤培肥和改良物质清单，大部分允许使用的物质是相同的，只有少部分投入物不一致，但两个标准对部分投入物的限制使用条件要求不同，主要是差别是对于大部分的投入物，泰国有机标准获得认证机构或主管当局的许可，而中国有机标准没有该要求。

中国有机产品标准和泰国有机标准在附件中均明确规定了土壤培肥和改良允许使用的物质清单，并且详细规定了限制条件。中国标准明确规定了人粪尿的使用要求：不应在叶菜类、块茎类和块根类植物上施用人粪尿；在其他植物上必须使用时，应当进行充分腐熟和无害化处理，并不得与植物食用部分接触。而泰国有机标准对人粪尿并没有提出明确的要求。

通过比对两国标准附录清单中列出的允许使用的土壤培肥和改良物质发现：

在中国标准中列出而未在泰国有机标准中的物质有：硼砂、可生物降解的微生物加工副产品（如酿酒和蒸馏酒行业的加工副产品）、天然存在的微生物提取物。其中天然存在的微生物提取物虽然在泰国有机标准附录里面没有列出，但是在泰国有机标准第9章《有机农业生产系统中使用未在附件A中详细列出的其他物质的许可条件》9.2.1条款规定如果是用作肥料或土壤调节为目的的物质，物质必须来源于植物、动物、微生物或矿物质；同时4.7条款规定对于堆肥，可以使用适当的微生物或植物源制剂。也是允许使用为生物制品的。

泰国有机标准列出而未在中国标准中的物质有：纺织工业的副产品、自然生长的生物体（如蚯蚓）、生活垃圾中的有机材料堆肥、磷酸钙铝、钾肥硫酸盐、沸石、漂白粉。

中泰两国有机标准附件中列出的可以使用的土壤培肥物质种类基本相同，但部分物质使用的限制条件不同。对于海草或海草产品，中国有机产品标准要求海草或海草产品直接获得途径应是物理过程，包括脱水、冷冻和研磨，用水或酸和/或碱溶液提取，或发酵。泰国有机标准规定物质应获得认证机构或主管当局的许可。对于动物来源的副产品，中国有机产品标准要求未添加禁用物质、经过堆制或发酵处理的，泰国有机标准规定物质不能用合成化学材料处理，并应获得认证机构或主管当局的许可。可以看出泰国有机标准对于大部分投入物质的使用限制条件都是获得认证机构或主管当局的许可，中国有机产品标准没有类似要求。

虽然两国标准都明确提出可以使用动物粪便作为土壤培肥的物质，但是泰国有机标准禁止使用工厂化养殖来源的动物粪便，而中国标准并无此要求。

4.3.5 植物保护措施

中国有机产品标准和泰国有机农业标准对植物病虫草害防治措施要求基本一致，均提倡病虫草害防治的基本原则应从农业生态系统出发，综合运用各种防治措施，创造不利于病虫草害滋生和有利于各类天敌繁衍的环境条件，保持农业生态系统的平衡和生物多样化，减少各类病虫草害所造成的损失。

采用选择优良作物品种、制定合理轮作计划、保护害虫天敌栖息环境等措施增强作物本身的抗病虫害能力，另外优先采用物理措施比如陷阱、灯光捕捉驱赶害虫。只有在上述措施不能够有效控制病虫草害时，允许使用特定植保产品，两个标准在附件中均给出了允许使用的植保产品清单，大部分允许使用的物质是相同的，只有少部分投入物不一致，但两个标准对部分投入物的使用条件要求不同，主要是差别是对于部分投入物，泰国有机标准获得认证机构或主管当局的许可，中国有机标准没有该要求。

在中国有机产品标准中允许使用但在泰国有机标准允许使用的植物病虫害控制物质清单中没有列出的物质有：水解蛋白、牛奶、蜂蜡、寡聚糖（甲壳素）、矿物来源氢氧化钙（石灰水）、碳酸氢钾、轻矿物油、氯化钙、硫酸铁(3价铁离子)、其他来源氢氧化钙、海盐和盐水、明矾、乙烯、石英砂、磷酸氢二铵、昆虫天敌(如赤眼蜂、瓢虫、草蛉等),其中中国有机产品标准规定磷酸氢二铵的使用限制是作为引诱剂只限用于诱捕器中使用。泰国有机产品标准第4.8条款规定,可以使用天敌包括释放捕食者和寄生生物以及利用机械控制,比如引诱剂、诱捕灯或使用声音控制害虫,所以,虽然磷酸氢二铵和昆虫天敌在泰国有机标准的可以使用的物质清单中没有列出,但也可以使用。

在泰国有机标准中列出而未在中国有机产品标准中列出的物质有:动物油、苦木科植物制剂物质、酪蛋白、鱼尼丁属制剂、天然植物制品(烟草除外)、烟茶(纯尼古丁除外)、茶籽饼、木醋酸、海藻/海藻饭/海藻提取物/海盐和盐水、勃艮第混合液、碳酸氢钠、氮气、顺势疗法和阿育吠陀制剂。

除以上列出的植物病虫害控制物质外,其他中泰两国允许使用的植物病虫害控制物质相同,但部分物质使用的限制条件又有不同。对于鱼藤酮类(如毛鱼藤),中国有机产品标准要求仅作为杀虫剂使用,泰国有机标准没有规定用途,但规定物质应获得认证机构或主管当局的许可;对于高锰酸钾,中国有机产品标准要求作为杀真菌剂、杀细菌剂仅用于果树和葡萄,对适用范围做出了规定,泰国有机标准没有规定适用范围,但规定物质应获得认证机构或主管当局的许可。可以看出泰国有机标准对于大部分植物病虫害控制允许使用物质的使用限制条件都是获得认证机构或主管当局的许可,而中国有机产品标准没有类似要求,但是从投入物使用的用途和使用范围等方面做出规定,泰国有机标准没有类似要求。

4.3.6 收获与储藏、包装运输

中国有机产品标准对收获后处理要求比较详细,收获后处理的方式限定为收获后在场的清洁、分拣、脱粒、脱壳、切割、保鲜、干燥等简单加工过

程，处理方式应采用物理、生物的方法，不应使用 GB/T 19630.2—2011 附录A 以外的化学物质进行处理；防止产品污染方面要求设备应在处理有机植物前清理干净，对不易清理的处理设备可采取冲顶措施，产品和设备器具应保证清洁，不得对产品造成污染，如使用清洁剂或消毒剂清洁设备设施时，应避免对产品的污染；同时对收获后处理过程中有害生物防治提出了要求。泰国有机标准对收获后处理只有一条要求，即收获后处理和加工操作以自然的、节能的并采用对环境影响最小的方式进行。中国有机产品标准对收获后处理的要求更加细致、严格。

4.3.7 其他要求

中国有机产品标准生产部分涵盖设施农业生产、芽苗菜的生产、食用菌生产等内容，而在泰国有机农业标准对设施农业生产、芽苗菜和食用菌的生产没有明确规定，但这些产品仍然在泰国有机农业标准的认证范围内。

中国有机产品标准和泰国有机农业标准对野生植物采集的要求基本一致，对于野生采集区域，均要求边界清晰，在采集之前至少 36 个月的时间内未受到任何禁用物质的污染。同时两个标准均要求采集活动不应对采集区域的环境、不应对动植物物种造成威胁，采集活动不应超过生态系统可持续生产的产量。

不同的是中国有机产品标准对以下两点做出了要求，但泰国有机标准中无明确的相关要求：

①要求操作者应制定有机野生植物采集区域可持续生产的管理方案。

②要求野生植物采集后处理应符合 5.10 分选、清洗及其他收获后处理部分的要求。

4.4 中泰有机加工产品、标识销售与管理体系标准比较

4.4.1 概述(范围、通则等)

中泰两国标准对有机食品和饲料的加工的基本要求是一致的。两国有机标准均要求，主要配料应来自有机农业生产体系，尽可能少地使用非有机配料、微量营养和加工助剂等，并且加工过程不应破坏产品的营养成分和原有属性，可以采用生物的、物理的和机械的方法进行加工，并且在加工/储藏过程中应采取必要的措施防止有机产品与非有机产品混合或被禁用物质污染。中国标准同时规定了加工用水应符合生活饮用水 GB 5749 的要求，并且过滤材料禁止使用石棉作为过滤介质，泰国标准没有规定加工用水和加工工厂的具体要求。

中国有机产品标准第 3 部分和第 4 部分单独列出了对标识和销售、管理体系的详细要求。标识和销售部分要求获得认证的有机产品应按照国家有关法律法规、标准的要求进行标识。管理体系部分要求有机产品申请者应有合法的土地使用权和合法的经营证明文件，同时要建立和保持符合保准要求的有机生产加工和经营管理体系文件。泰国有机标准在第 8 章给出了有机标识的使用要求，基本原则与中国有机标准一致，具体规定有差异。泰国有机标准没有专门对有机操作者建立和保持管理体系文件的要求。

4.4.2 加工厂环境

中国标准明确规定了有机食品加工厂应符合 GB 14881 的要求，并且考

虑到加工对环境的负面影响应降低到最小。泰国标准没有明确加工厂环境要求。

4.4.3 配料、添加剂和加工助剂

中泰两国标准对食品加工的配料的要求基本是一致的，均要求有机农业源配料含量不低于95%，同一种配料不应同时含有有机和非有机的形式，盐和水不计入成分。两国标准都明确列出了允许使用的添加剂和加工助剂，并且禁止使用来自转基因的配料、添加剂和加工助剂。两个标准均规定，当有机配料无法满足需求时，可使用非有机农业配料，但应不大于配料总量的5%。一旦有条件获得有机配料时，应立即用有机配料替换。

不同的是，中国标准规定作为配料的水和食用盐应分别符合GB 5749和GB 2721的要求，泰国标准对盐和水没有明确的质量标准要求。两国有机标准均列出了允许使用的添加剂和加工助剂清单，大部分添加剂和助剂是相同的，但两者的清单中也各有一部分物质未在对方的清单中，同时即使两个标准中相同的加工助剂和添加剂，其限制使用条件也不相同。

4.4.3.1 食品添加剂

中国有机产品标准和泰国有机标准在附件中均明确规定了允许使用的食品添加剂，并且明确限定了使用条件。其中食品加工中允许使用的食品添加剂在中国有机产品标准列出而未在泰国有机标准中列出的物质有：凝胶或胶体溶液二氧化硅、甘油、焦亚硫酸钾、磷酸氢钙、乳酸钠、碳酸氢铵、硝酸钾、亚硝酸钠、胭脂树橙（红木素、降红木素）。允许使用的食品添加剂在泰国有机标准列出而未在中国有机产品标准中列出的物质有：酒石酸钠、二氧化碳、生育酚/维生素E、卵磷脂、海藻酸、碳酸铵、碳酸镁、氢氧化钠、氩、

氮、氧、丹宁酸、醋酸、磷酸、氢氧化钾、过氧化氢、酪蛋白。其中氮在中国有机产品标准是作为加工助剂使用的，不作为添加剂使用。

虽然部分食品添加剂在两国标准中都允许使用，但是大部分添加剂具体的使用限制条件却不同，比如阿拉伯胶，在中国有机产品标准中作为增稠剂使用，用于GB 2760—2011 表 A.3 所列食品之外的各类食品，按生产需要适量使用，在泰国有机产品标准中用于牛奶、脂肪和糖果产品；二氧化硫在中国有机产品标准的使用条件是用于加糖果酒，最大使用量为50毫克/升，用于加糖果酒，最大使用量为100毫克/升，用于红葡萄酒，最大使用量为100毫克/升，用于白葡萄酒和桃红葡萄酒，最大使用量为150毫克/升。在泰国有机产品标准规定用于酒类产品、加工海产品，没有规定最大使用限量。

中国有机产品标准对大部分食品添加剂都有一个限制条件，即符合GB 2760—2011 的使用要求，泰国有机标准对添加剂的使用无相关法规文件的要求。因此应注意加工食品添加剂在两国有机产品标准中的使用限制条件。

4.4.3.2 加工助剂

同食品添加剂，中国有机产品标准和泰国有机标准在附件中也明确规定了允许使用的加工助剂。其中食品加工中允许使用的加工助剂在中国有机产品标准列出而未在泰国有机标准中列出的物质有：硅胶、碳酸镁、纤维素、盐酸。允许使用的加工助剂在泰国有机标准列出而未在中国有机产品标准中列出的物质有：氯化镁、硫酸钙、乙烯、白蛋白、酪蛋白、白明胶、明胶、二氧化硅、植物油、榛子壳、蜂蜡、酒石酸和盐、氢氧化钾、柠檬酸、乳酸。

虽然两国有机产品标准列出了一部分在两国标准中允许使用的加工助剂，但对于加工助剂的使用限制条件也不相同，比如酒精（乙醇），中国有机产品标准规定应使用有机来源的酒精，但泰国有机标准中无要求；硫酸，中国有机产标准规定做为絮凝剂，用于啤酒的加工工艺，泰国有机标准则规定在制糖工业调解萃取水的 pH。因此应注意加工助剂在两国有机产品标准中的使用限制条件。

4.4.3.3 对于调味料

中国有机产品标准 GB/T 19630.2 附录 A.3 列出允许使用的调味品包括：①香精油：以油、水、酒精、二氧化碳为溶剂通过机械和物理方法提取的天然香料；②天然烟熏味调味品；③天然调味品：须根据附录 C 评估添加剂和加工助剂的准则来评估认可。而泰国有机标准要求应按照国家法定要求使用香料或调味料，并且在有必要时可使用根据加工食品相关法律要求在相关产品上应使用的物质。对于调味料的使用应注意泰国国家法定要求与中国有机产品标准要求的差异。

4.4.3.4 微生物及微生物制品

中国有机产品标准允许使用的：a)天然微生物及其制品：基因工程生物及其产品除外；b)发酵剂：生产过程未使用漂白剂和有机溶剂。泰国有机标准规定任何微生物和酶制品可以用于食品加工，来源于转基因/基因工程的微生物或酶制品除外，在有必要时以及根据加工食品相关法律要求允许使用的物质。中国有机产品标准对发酵剂的生产过程做出了要求。泰国有机标准规定可以在有必要时以及根据加工食品相关法律要求允许使用的物质。中国有机产品标准对微生物的使用无此要求。

4.4.3.5 其他配料

中国有机产品标准规定的其他配料包含：饮用水、食用盐、矿物质（包括微量元素）、维生素和氨基酸。使用条件是应至少满足下列情况中的一种：①法律规定应使用。②有确凿证据证明食品中严重缺乏时才可以使用。

③不能获得符合本标准的替代物，且如果不使用这些配料，产品将无法正常生产或保存，或其质量不能达到一定的标准。

泰国有机产品标准对加工用水质量无明确要求。对于食用盐要求常用的以氯化钠或氯化钾为基本组成的盐，允许有必要时以及根据加工食品相关法律要求允许使用的物质。对于维生素、脂肪酸和必要的氨基酸以及其他氮化合物，允许在有必要时以及根据加工食品相关法律要求允许使用的物质。两国标准对于食用盐以及矿物质(包括微量元素)、维生素和氨基酸要求类似，都要满足国家特定的法律要求，但应注意两国之间法定要求的差异。

4.4.4 加工工艺

中泰有机标准对食品加工的原则基本是一致的：加工过程不应破坏食品的主要营养成分，可以通过生物的、物理的和机械的方法，并且采取必要的措施防止有机产品与非有机产品混合或被禁用物质污染。同时，两国有机标准还规定了加工过程中允许使用的提取溶剂，除了羧酸不是泰国有机标准中列出的提取溶剂外，两国有机标准允许使用提取溶剂一致。

中国有机产品标准规定加工用水应符合生活饮用水 GB 5749 的要求、在加工和储藏过程中不应采用辐照处理、过滤材料禁止使用石棉作为过滤介质，泰国有机产品并无此要求。

4.4.5 有害生物防治

中泰两国有机产品标准对有害生物管理均做出了明确的要求，均规定优先使用预防措施控制虫害，比如消除有效生物的滋生条件和破坏通往设施的渠道，如果以上措施不能控制，优先使用物理和生物的方法，比如使用机械类、信息素类、气味类、黏着性的捕害工具、物理障碍、硅藻土、声光电器具，作为防治有害生物的设施或材料。

泰国有机标准规定，如果物理和生物方法不能控制虫害，可以使用附则A表A.3，表A.4中的物质或其他权力机构根据本标准第9部分批准允许使用的物质，但使用这些物质时不应与有机产品接触。中国有机产品标准规定在加工或储藏场所遭受有害生物严重侵袭的紧急情况下，提倡使用中草药进行喷雾和熏蒸处理，不应使用硫黄熏蒸。

中国有机产品标准还列出了加工过程需要使用的消毒剂，在泰国有机标准中没有明确规定。

4.4.6 储藏、包装运输

中泰两国有机产品标准对食品和饲料的储藏和运输都出了类似的规定：在储藏和运输过程中应保证有机产品的完整性，有机产品不得受到其他物质的污染、不得与常规产品混淆。当有机产品和非有机产品共同存放时，有机产品和非有机产品之间应分开储藏、处理，并容易识别。

中国有机产品标准还明确了具体的储藏方法：储藏室空气调控、温度控制、干燥、湿度调节，泰国有机标准没有明确的储藏方式的要求。

中国有机产品标准对食品和饲料的包装做出了详细的规定：提倡使用由木、竹、植物茎叶和纸制成的包装材料，可使用符合卫生要求的其他包装材料。所有用于食品包装的材料应是食品级包装材料，包装应简单、实用，避免过度包装，并应考虑包装材料的生物降解和回收利用。泰国有机标准仅规定应选择可生物降解的、可再生或可循环利用材料。

中国有机产品标准规定可使用二氧化碳和氮作为包装填充剂；不应使用含有合成杀菌剂、防腐剂和熏蒸剂的包装材料；不应使用接触过禁用物质的包装袋或容器盛装有机产品。泰国有机标准没有明确规定。与泰国有机标准相比，中国有机产品标准对食品和饲料包装的规定更加细致。

4.4.7 标识销售管理

中泰两国有机产品标准均规定“有机”字样和有机产品标签仅可以用于获得有机产品认证的产品上。有机产品标签上要体现认证机构的名称或是标识。

中国有机产品标准规定有机配料含量低于95%的产品不得获得有机产品认证，不得在产品、产品最小销售包装及其标签上标注含有“有机”、“ORGANIC”等字样且可能误导公众认为该产品为有机产品的文字表述和图案，但泰国有机标准规定在满足8.4.1之8.4.3的要求时，允许在终产品中有机成分按重量算含量在70%～95%的产品(盐和水除外)标签上使用诸如“产品含有有机来源成分”类似的描述。

中国有机产品标准第3部分给出了有机配料百分比的计算方法，泰国有机标准仅规定按照配料重量计算。

中国有机产品标准不包含有机转换产品，但泰国有机标准允许在处于转换期的产品标签上使用“处于有机转换的农产品或产品”，但是不应使用引起误解为产品为有机农产品或产品的认证标志。另外中国有机产品标准要求在产品的最小销售包装上加贴有机防伪标识，泰国有机标准没有要求加贴有机防伪标签。

4.4.8 管理体系

中国有机产品标准第4部分单独列出了对管理体系的详细要求，要求有机操作者应有合法的土地使用权和合法的经营证明文件。操作者应按照标准的要求建立和保持有机生产、加工、经营管理体系，管理体系的内容包含：①生产单元或加工、经营等场所的位置图；②有机操作管理手册；③有机操作规程；④有机操作的系统记录。对于位置图、管理手册、操作规程和记录，都做出了详细的要求。此外，还要求有机生产操作者应具备与有机生产、加工、经营规模和技术相适应的资源，应具备符合要求的生产管理者代表和内部检查员。并且中国有机产品标准还要求操作者应该建立可追溯体系与产品召回和持续改进体系。

泰国有机标准没有明确规定有机操作者应建立管理体系文件，但在标准的附件 B 中给出了最低的检查要求，要求操作者：①必须确保认证机构可以获得所有的有机记录档案，同时应向主管当局或指定权力机构提供任何必要的信息以共第三方审核；②应在生产单元层面采取措施保证符合有机标准要求；③每年在认证机构规定的日期前，应该通知认证机构有机生产计划；④应保持生产投入物、农产品和/或加工产品的记录和文件，以便认证机构可以追溯来源、类型、购买原料的量以及这些材料的使用等。但对于管理体系的规定不如中国有机产品标准规定的详细。

4.5 中泰有机产品互认可行性分析

中泰有机产品标准基本原则和涵盖范围是一致的，都包含有机生产链条的各个环节，包括动植物产品的生产、加工、包装、处理、储藏和运输以及标识要求等内容，有机产品认证范围均包括未加工的农业源植物和植物产品、动物和动物产品，以及加工的农业源动植物产品。

对于标准涵盖范围来讲，中国有机产品标准涵盖范围设施农业生产、芽苗菜的生产、纺织品生产等内容，而在泰国有机农业标准对设施农业生产和芽苗菜的生产没有明确规定，但这些产品仍然在泰国有机农业标准的认证范围内。另外，泰国有机农业标准对虾、大米、丝足鱼和蜂蜜建立了单独的标准，这些标准是与 TAS 9000 Part 1 平行的标准。虽然两个国家有机产品标准的框架不一样，但包含的认证范围基本一致。本研究基于中国有机产品标准 GB/T 19630.1—2011、GB/T 19630.2—2011、GB/T 19630.3—2011、GB/T 19630.4—2011 以及泰国有机标准 TAS 9000 Part 1，从植物生产、野生采集和加工三个方面进行讨论，进一步探讨中泰两国有机标准互认的可行性。

4.5.1 作物生产

植物生产是有机生产中非常重要的一部分，也是目前为止认证的产品种类最多的一类。从内容设置上，中泰两国标准均是从转换期、种子和繁殖材料、平行生产、土肥管理、病虫害防治、收获后处理等方面进行控制，基本要求是一致的，但某些具体要求有差异，比如两国有机标准对产地质量环境、转换期长短、平行生产要求、种子和繁殖材料以及投入物清单等要求存在差异。所以在植物生产有机认证互认方面有一定的可行性，但应注意两个标准之间差异的可接受性(表 4-4)。

表 4-4 中泰有机植物产品标准比较汇总表

项目	相似度	差异点描述
范围	****	泰国有机标准：对设施农业生产和芽苗菜的生产没有明确规定，对虾、大米、丝足鱼和蜂蜜建立了单独的标准
GMO	****	泰国有机标准：对平行生产中的常规生产单元并没有要求不得使用转基因生物
平行生产	***	泰国有机标准：不区分一年生作物和多年生作物，允许在满足规定的条件下存在平行生产 中国有机产品标准：规定在同一生产单元内，一年生植物不应存在平行生产，多年生植物在满足规定的特定条件下方可存在平行生产，即生产者应制定有机转换计划，计划中应承诺在可能的最短时间内开始对同一单元中相关非有机生产区域实施转换，该时间最多不能超过 5 年

续表 4-4

项目	相似度	差异点描述
产地环境		中国有机标准对环境条件(水、土壤、大气)提出了明确的要求,泰国有机标准中没有对产地环境的要求
转换期	***	对于一年生作物,中国有机标准规定转换期至少为播种前24个月,泰国有机标准规定转换期至少是播种前12个月 对于多年生作物,中国有机标准规定转换期至少为收获前36个月,泰国有机标准规定转换期至少是收获前18个月 对于新开垦或撂荒的地块缩短转换期的规定,中国标准规定至少经过12个月的转换期,泰国有机标准规定至少经过6个月的转换期 中国有机标准规定草场和多年生饲料作物的转换期至少为有机饲料收获前的24个月,操场和多年生饲料作物在泰国有机标准中按照多年生作物计算,转换期为收获前18个月
种子与繁殖材料	***	中国有机标准要求操作者制定获得有机种子和繁殖材料的计划,泰国有机标准无此要求 处理过的种子和繁殖材料:泰国有机标准可以使用经过处理的种子和繁殖材料,但在使用种子前应除去化学处理。在中国有机产品标准规定不应使用经禁用物质和方法处理过的种子和植物繁殖材料
土壤养分管理	****	允许使用的部分投入物不一致,同时两个标准对部分投入物的限制使用条件要求不同,主要差别是对于大部分的投入物,泰国有机标准获得认证机构或主管当局的许可,而中国有机标准没有该要求
病虫草害管理	****	允许使用的部分投入物不一致,同时两个标准对部分投入物的使用条件要求不同,主要差别是对于部分投入物,泰国有机标准获得认证机构或主管当局的许可,中国有机标准没有该要求
收获后管理	****	中国有机产品标准对收获后处理要求比较详细,从收获后处理的方式、处理设备清洁、消毒、处理过程中的有害生物控制都制定了详细的规定,泰国有机标准对收获后处理只有一条要求,即收获后处理和加工操作以自然的、节能的并采用对环境影响最小的方式进行。中国有机产品标准对收获后处理的要求更严格

*代表中泰有机标准的相似度,***** 代表完全一致。

4.5.2 野生采集

中国有机产品标准和泰国有机农业标准对野生植物采集的要求基本一致(表4-5),对于野生采集区域,均要求边界清晰,在采集之前至少36个月的时间内未受到任何禁用物质的污染。同时两个标准均要求采集活动不应对采集区域的环境、不应对动植物物种造成威胁,采集活动不应超过生态系统可持续生产的产量。不同的是中国有机产品标准相比泰国有机标准多出以下要求:要求操作者应制定有机野生植物采集区域可持续生产的管理方案、要求野生植物采集后处理应符合5.10分选、清洗及其他收获后处理部分的要求。但野生采集部分的要求基本一致,具备互认的可能。

表4-5 中泰有机野生采集产品标准比较汇总表

项目	相似度	差异点描述
野生采集	****	中国有机产品标准要求操作者应制定有机野生植物采集区域可持续生产的管理方案,要求野生植物采集后处理应符合5.10分选、清洗及其他收获后处理部分的要求。泰国有机标准没有该要求

* 代表中泰有机标准的相似度,***** 代表完全一致。

4.5.3 加工有机产品

有机产品加工主要从原料和辅料、加工方法、害虫控制、包装、储藏和运输等方面进行控制,以保证产品的有机符合性和可追溯性。从基本要求上,中泰两国对于加工方面的要求基本一致,最主要的差异在于添加剂和加工助剂使用限制条件,应在等同评审时应重点关注(表4-6)。

表 4-6　中泰有机加工产品及标识销售标准比较汇总表

项目	相似度	差异点描述
范围	****	泰国有机标准不包括纺织品加工
平行生产	*****	
通则	****	中国有机标准对食品加工厂本身提出了要求 GB 14881 要求，泰国有机标准没有对加工厂资质的要求
配料	***	两国有机标准均列出了允许使用的添加剂和加工助剂清单，大部分添加剂和助剂是相同的，但两者的清单中也各有一部分物质未在对方的清单中，同时即使两个标准中相同的加工助剂和添加剂，其限制使用条件也不相同 中国标准规定作为配料的水和食用盐应分别符合 GB 5749 和 GB 2721 的要求，泰国标准对盐和水没有明确的质量标准要求
加工方法	****	中国有机产品标准规定加工用水应符合生活饮用水标准 GB 5749 的要求、在加工和储藏过程中不应采用辐照处理、过滤材料禁止使用石棉作为过滤介质，泰国有机产品并无此要求
有害生物防治	****	中国有机产品标准还列出了加工过程需要使用的消毒剂，在泰国有机标准中没有明确规定
包装	***	中国有机产品标准规定可使用二氧化碳和氮作为包装填充剂；不应使用含有合成杀菌剂、防腐剂和熏蒸剂的包装材料；不应使用接触过禁用物质的包装袋或容器盛装有机产品。泰国有机标准没有明确规定。与泰国有机标准相比，中国有机产品标准对食品和饲料包装的规定更加细致
储藏和运输	****	中国有机产品标准还明确了具体的储藏方法：储藏室空气调控、温度控制、干燥、湿度调节，泰国有机标准没有明确的储藏方式的要求
标识与销售	***	中国有机产品标准规定有机配料含量低于 95%的产品不得获得有机产品认证，不得在产品、产品最小销售包装及其标签上标注含有"有机"、"ORGANIC"等字样且可能误导公众认为该产品为有机产品的文字表述和图案，但泰国有机标准规定在满足 8.4.1 至 8.4.3 的要求时，允许在终产品中有机成分按重量算含量在 70%～95%之间的产品(盐和水除外)标签上使用诸如"产品含有有机来源成分"类似的描述 中国有机产品标准第 3 部分给出了有机配料百分比的计算方法，泰国有机标准仅规定按照配料重量计算 中国有机产品标准不包含有机转换产品，但泰国有机标准允许在处于转换期的产品标签上使用"处于有机转换的农产品或产品"，但是不应使用引起误解的产品为有机农产品或产品的认证标志 另外中国有机产品标准要求在产品的最小销售包装上加贴有机防伪标识，泰国有机标准没有要求加贴有机防伪标签

* 代表中泰有机标准的相似度，其中 ***** 代表完全一致。

4.5.4 小结

通过上述分析,中泰有机产品标准的野生采集部分具有良好的互认基础,其次是植物生产和加工(表 4-7)。

表 4-7 中泰两国有机产品标准互认可行性分析表

标准涵盖的范围	植物生产	野生采集	加工
可行性	****	*****	***

* 达成标准互认的可行性程度, ***** 为 100%可行。

基于以上研究,野生采集产品可首先等同互认,作物种植和不添加食品添加剂和加工助剂的产品部分可对泰国有机标准做适当修改在进行等同互认。

第5章

中日有机产品贸易合作与法律法规比较分析

5.1 日本有机农业发展现状

日本是有机农业早期发展地区和重要的有机食品消费市场之一。其有机农业的发展是建立在国土狭小、农产品自给率低的国情基础上的,侧重于农业的国土保全功能,主张有效地发挥农业所具有的物质循环功能,使有机农业与生产效率相协调。

从20世纪60年代起,日本政府秉承提高农产品自给率与环保并举的原则,制定了一系列政策开始发展有机农业,并取得了显著效果。20世纪70年代,日本农业因追求经济效益为目的的发展模式,大量使用的农业化肥、食品添加剂等让农产品和食品中出现大量健康危害问题,从而让政府和农民意识到农药化肥对人类和牲畜的危害,以及对土壤肥料的影响。有机农业的概念很快在农户中开始扩展、尝试实践。

1971—1985年是日本有机农业发展的起步阶段，日本政府相继出台了《农业取缔法》《土壤污染防治法》等法律法规，各大城市相继以一般民众活动的形式开始有有机农业运动。1986—1995年的10年间，日本的有机农业进入了迅猛发展阶段。1996年以来，日本有机农业发展一直处于无序徘徊阶段，直到2000年日本的农林水产省(MAFF)制定了《日本的有机食品生产标准》(简称JAS法，2001年4月1日正式实施)。

5.1.1 日本有机产品生产与认证

与欧美等国家相比，日本有机农业经营以小规模农场和农户占多数，有机农业主要以农作物栽培为主，有机畜牧业发展相对比较薄弱。在实行有机栽培的作物中，有机稻米占50%，有机蔬菜占35%，其余为有机水果、有机茶和有机奶肉蛋等。除有机农产品外，日本还有其他特别栽培的农产品，如无农药、减化肥栽培的农产品，减农药、无化肥栽培的农产品，减农药、减化肥栽培的农产品等。其栽培面积是有机农产品栽培面积的3～4倍。日本有机农业比较注重精耕细作，强调有机农业的功能和提高农产品的自给率，提倡减农药、减化肥的生产方式。

目前，日本从事有机农业生产的农户占全国农户总数的30%以上，提供的有机农产品增加到130多种，其中有40多种出口到欧美国家。2008—2014年，日本的有机土地面积从8 506公顷增加到10 043公顷，增加了18%，其中旱田、果树、牧草和其他作物也从整体上呈现出逐年增长的趋势，水稻的面积基本保持不变，具体见表5-1。

2012—2014年，各类有机操作者的数量也是基本呈现每年增加的趋势(表5-2)，其中加工者占比第一，其次是生产者，再次是分装者，而进口商也就是日本贸易商的数量最低。由此可以看出，日本有机加工者需求量最大。

表 5-1　2008—2014 年日本有机土地面积　　公顷

年度	合计	水稻	旱田(豆类、玉米、蔬菜等)	果树	牧草	其他
2008	8 506	2 902	4 235	999	362	9
2009	9 084	2 998	4 396	1 196	483	10
2010	9 401	3 214	4 627	1 127	416	17
2011	9 529	3 149	4 778	1 077	510	16
2012	9 889	3 098	4 866	1 088	722	115
2013	9 937	2 961	4 924	1 129	804	118
2014	10 043	2 863	4 940	1 170	948	122

http://www.maff.go.jp/e/jas/jas/import.html

表 5-2　2012—2014 年日本各认证操作者数量

年度	生产者	加工者	分装者	进口商	合计	农户
2012	1 077	2 130	842	193	4 242	3 838
2013	1 094	2 133	825	225	4 277	3 812
2014	1 132	2 175	832	231	4 370	3 634

http://www.maff.go.jp/e/jas/jasimport.html

5.1.2　日本有机产品消费与市场状况

亚洲在全球有机食品市场中的地位正在日益提高，日本是亚洲地区有机产品主要进口国，在规模总量为 7.5 亿美元(5.8 亿欧元)的亚洲市场中，日本市场占据了绝大部分份额，2010 年，日本市场占到亚洲市场的 60%。近年来日本进口有机产品已占据其主要市场，获得日本有机农业标准认证的国外产品产量约为其国内产量的 30 倍。在日本的有机食品中，日本生产的蔬菜和大米是最主要的两种产品，零售额分别为 115 亿日元和 92 亿日元。国内生产的水果占有 8 亿日元的市场份额，进口水果大约为 59 亿日元，其中多数为进口香蕉。有机食品生产则主要来自于中国、印度、泰国和印度尼西亚等农业国家(乔玉辉,王茂华,2012)。

根据 FiBL 2014 年发布的统计数据发现,2012 年全球最大的有机产品市场依然是美国,日本排名第九,有机食品销售额为 10 亿欧元(图 5-1)。

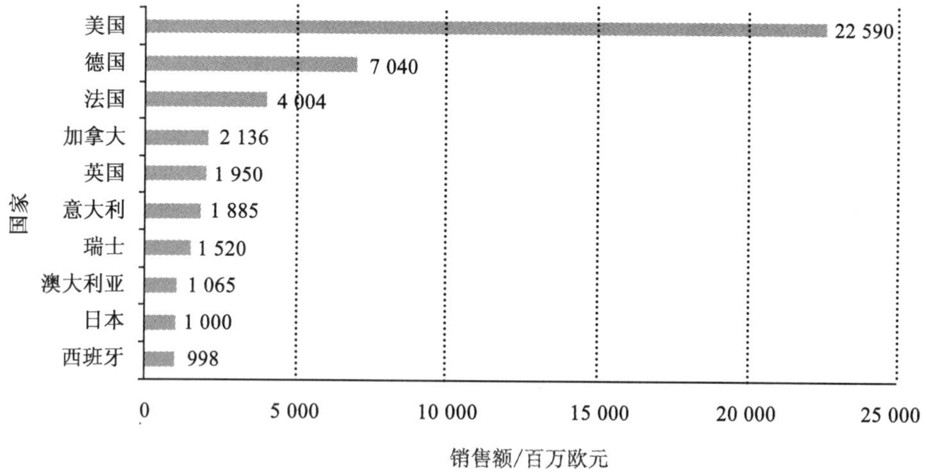

图 5-1　2012 年有机食品销售额前十位的国家和地区(FiBL & IFOAM,2014)

从日本市场规模上来看,有机食品的销售增长很快,年增长率 10%以上。在所消费的有机食品中蔬菜和水果有 2/3 是国内生产,其他是从国外进口,并且进口的量越来越多。专家预测,在不久的将来,日本将成为世界上最大的有机食品销售市场。主要销售的有机农产品有:加工品、大豆加工品(酱、酱油、纳豆)、冷冻蔬菜、果汁制品、植物油(食用)、茶、咖啡类、调料、大米等。

图 5-2 为 2001—2013 年以来日本有机产品(蔬菜、水果、大米、茶叶和其他)达规判定数量变化。通过图 5-2 可以看出,2001—2013 年蔬菜产品呈明显增长的趋势,而水果、大米、茶叶产品的变化趋势不明显,从总量上看,日本对有机产品的需求是逐年增加的。位于第一的产品为蔬菜,其次是大米,再次是水果和茶叶。

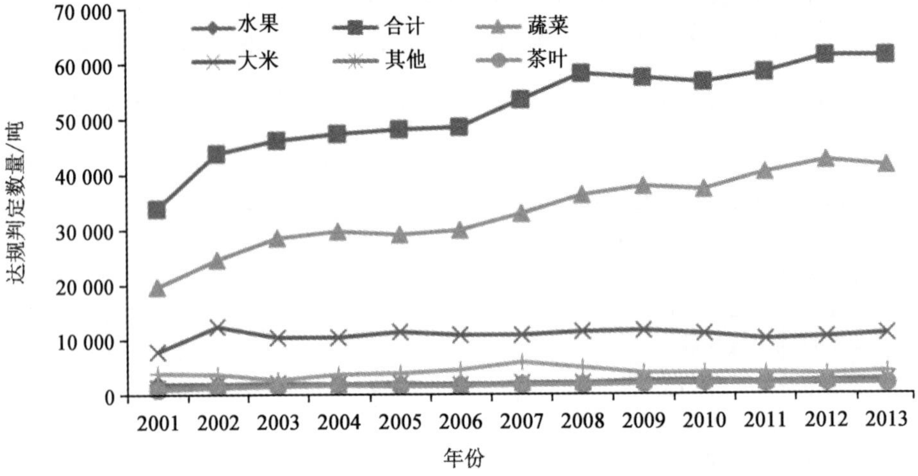

图 5-2　2001—2013 年日本有机产品达规判定数量

http://www.maff.go.jp/e/jas/jas/import.html

5.1.3　中日有机产品贸易

中日两国开展农产品贸易的历史非常悠久。新中国成立初期中日两国以民间贸易为主,1972 年中日两国实现邦交正常化,为两国贸易关系的发展提供了政治保障,贸易规模逐步扩大。1979 年以后中国实行经济改革和对外开放日本从中国进口的农产品大量增加,尤其是 1985 年以后的急速增加特别引人注目(王星,孔庆峰,2004)。

目前,中国是日本第二大农产品进口贸易伙伴,而日本是中国第一大农产品出口市场,农产品贸易在两国经贸合作中具有重要地位。中日两国地缘相近,消费偏好相似,两国间农产品贸易发展迅速,日本已连续 11 年成为中国最大贸易伙伴,中国也成为仅次于美国的日本第二大农产品贸易伙伴。有机产品贸易也是中日两国贸易中的重要部分之一。

2014 年有机产品出口贸易中,中国有机产品出口到 30 多个国家和地区。这些国家主要分布在欧洲，如英国、德国、荷兰、意大利、法国、丹麦等国家；其次是亚洲，如日本、韩国等国家；北美洲的美国、加拿大等国家；澳洲的澳大利亚、新西兰等国家，出口产品主要包括大豆、茶叶、蔬菜、杂粮等（国家认证认可监督管理委员会和中国农业大学，2016）。

在中国的有机产品共出口的30多个国家和地区中，贸易金额排在前十位的国家依次是荷兰、德国、英国、美国、法国、日本、意大利、丹麦、奥地利、加拿大。这10个国家总的贸易额为5亿美元，占中国2014年出口贸易总额的85.55%（国家认证认可监督管理委员会和中国农业大学，2016）。

从图1-6和图1-7来看，贸易量上日本位居第一位，但是贸易额则排在第六位，原因是贸易量中的86.34%为初级农产品与野生采集产品。由此可见，日本对中国的有机产品需求量很大，中国出口到日本的主要产品为有机初级农产品（玉米、大豆、小麦、大米等）、野生采集产品（竹笋等）以及有机加工产品（冷冻蔬菜、茶叶等）。对于有机畜禽产品，目前交易量几乎为零，这与中国食品出口结构与日本食品进口结构比较吻合。

从以上数据来看，中日两国的贸易需求是越来越大。为满足中日有机产品进出口的需要，建立有机产品国际互认体系是非常有必要的，以推进中日两国有机产品的互认，为两国有机产品贸易提供便利，减少贸易壁垒带来的不便。

5.2 中日有机产品法律法规体系比较

5.2.1 日本有机产品认证法规体系和进口控制体系

日本有比较成熟的有机产品认证法规体系和进口控制体系，以下就分别从这两部分进行介绍，并与中国有机产品认证法规体系和进口控制体系进行比较，为中日两国有机产品贸易合作更加便利提供信息。

5.2.1.1 日本有机产品认证法规体系

日本有机农业的规定都是基于食品法典委员会的《有机产品生产加工标识销售指南》(CAC/GL 32)制定的。该法规属于日本的 Japanese Agricultural Standard(以下简称 JAS)法规系统，它是一个自愿的认证系统，但是符合日本农林水产省 JAS 有机标准的产品必须加贴标识。在食品法典委员会《有机产品生产加工标识销售指南》的指导下，日本政府出台了一系列与有机生产相关的标准，主要包括认证机构标准，生产者标准及再包装者标准等。有机产品认证管理主要是在日本农林水产省的指导下进行，涉及标准的制定、更新、认证机构的监督管理以及有机产品进口等各个方面(乔玉辉，王茂华，2012)。

日本农林标准委员会由日本农林水产省任命，主要职能是发展完善 JAS 标准及质量标识标准，委员会成员来自消费者、生产者、经营者、学术专家等各个领域，分别代表相关各方的利益，目前 JAS 标准系统每 5 年进行一次更新，主要是反映社会需求变化，在结合生产、贸易、消费等方面的现状以及预测未来的发展趋势的基础上提出更新的计划。标准委员会的成员组成结构如下：4 名学术专家，4 名生产商代表，5 名经营者代表及 6 名消费者代表。新的 JAS 法规规定认证食品的标识下面需要添加认证机构的名单，这样通过追踪食品可以实现对认证机构的监督。日本已经建立了比较完善的食品质量追溯体系，食品及农用物资检查中心在日本农林水产省的授权下开展工作。

2007 年 4 月，食品质量、标识、顾客服务中心、肥料饲料检查中心及农业物资检查中心经过整合，成立了食品及农业物资检查中心，简称 FAMIC(同时也是认可机构和认证机构监管中心)，中心的整合是基于对食品链的关注

（食品链是指食品从农场到餐桌的整个过程），中心的职责通过有效的检查/实验分析，向消者提供食品及农资的安全性信息。中心主要是在以下7部法律的指导下进行运作：肥料使用管理办法、饲料管理办法、培肥土壤管理办法、农资规范法规，JAS法规、食品安全基本法及地方关于实行Cartagena草案[①]的法律，其运行机制见图5-3。

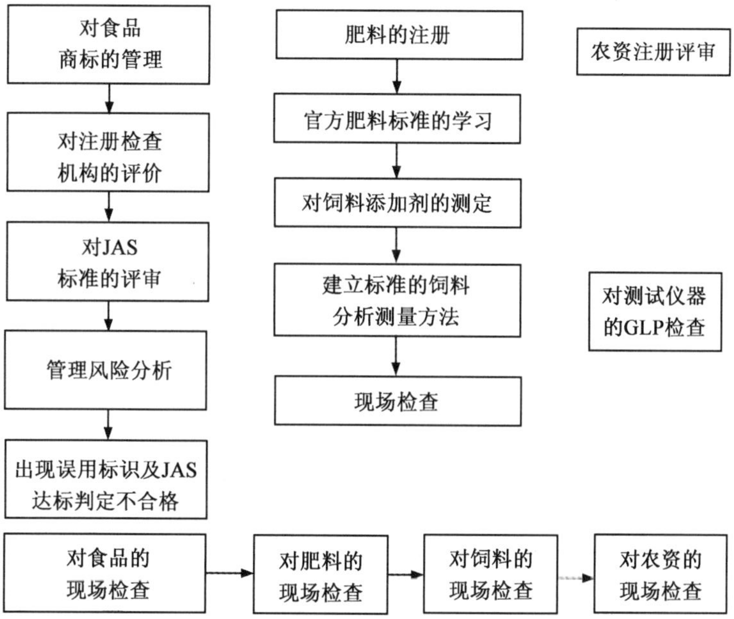

图5-3 以检查和检验为依据进行食品链控制的运行机制

从表5-3可以看出，中日两国的法规体系基本一致，均建立了国家级的法律法规和有机产品法规，并且对有机食品进口要求也基本一致。不同的是，日本规定了指定农林物资（农产品和农产品加工食品，只包括植物，不包括水产品、动物产品）如果当作JAS有机进入日本必须获得日本JAS有机标

① Cartagena为卡塔赫纳协定，该协定规定进口国应出于对环境和社会的考虑拒绝进口转基因农作物。

准认证，但是非指定农林物资（水产、动物产品等）则未有此要求，也就是说非指定农林物资不需要经过日本JAS有机标准认证也可以在日本当作有机产品进行销售。

表5-3 中国和日本有机产品认证法规体系比较

有机产品认证法规体系	中国	日本
与有机认证相关的法律	《中国认证认可条例》	《JAS法》
部门规章、行政规范	《有机产品认证管理办法》 《有机产品认证实施规则》	《JAS法实施细则》（包含有机产品认证实施细则）
有机标准	国家标准：中国有机产品标准GB/T 19630，为自愿性标准	JAS有机标准，包括检查方法，为自愿性标准
有机食品进口要求	必须获得中国有机产品认证后方可进口到中国	指定农林物资（农产品和农产品加工食品，只包括植物，不包括水产品、动物产品）必须获得JAS标准认证的产品方可进口到日本①

5.2.1.2 日本有机产品进出口体系

进口的有机产品或有机配料在日本国内进行销售时，都必须符合日本JAS的标签和成分方面的要求，必须经过达规判定人员对产品的生产或加工过程进行达规判定符合日本JAS标准后的产品方可加贴JAS标志，而后按照有机产品进入日本市场。日本主要采用以下两种模式允许其他国家的有机产品进入本国市场：

一是政府间达成互认协议，承认出口国认证结果，日本农林水产省应一些国家的要求进行了有机产品控制体系的等效性评价，宣布美国、阿根廷、澳大利亚、加拿大、瑞士、新西兰和欧盟有机产品认证控制体系与日本是等同的，按这些国家法规和标准认证的有机产品可以出口到日本，但同时日本会对进口商的贸易情况进行检查认证（图5-4）。

① http://www.maff.go.jp/e/jas/jas/import.html

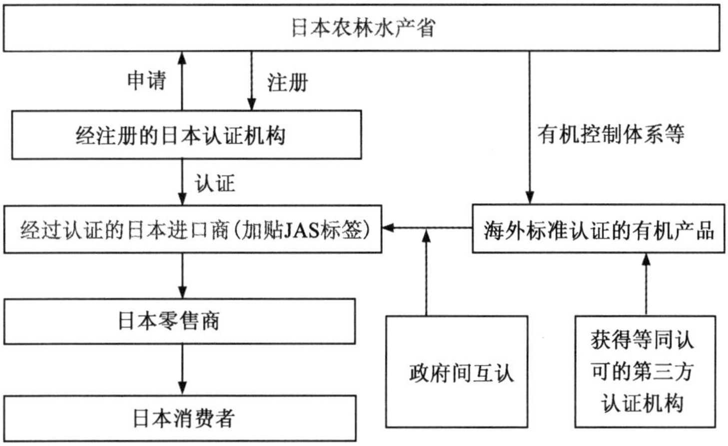

图 5-4 进口商加贴 JAS 标志的进口模式之一

二是获得日本主管部门认可的认证机构认证的产品,经日本农林水产省按照 JAS 法规进行评估认可并注册的国外认证机构证明生产者符合 JAS 标准要求,这些生产者的产品也可以进入日本的有机市场。食品及农业物资检查中心(FAMIC)通过对认证机构的注册及监督管理达到规范有机认证行业的目的(图 5-5)。

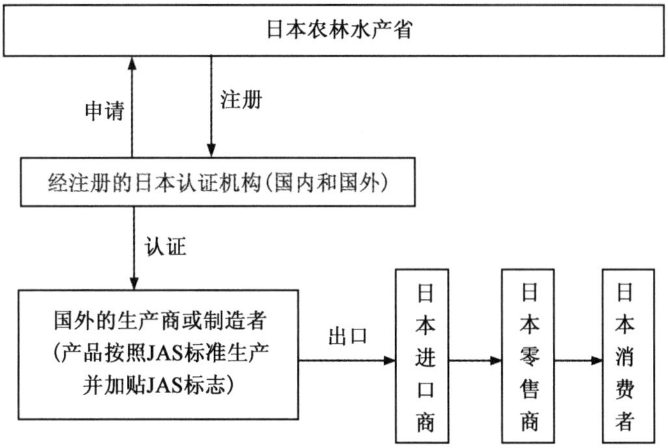

图 5-5 出口商加贴 JAS 标志的进口模式之二

通过与中日进出口体系比较，可见中日两国对有机产品进口要求也基本一致，即必须按照进口国家的有机标准进行认证的产品方可进口。不同的是，目前中国还没有有机标准等同的国家。这也是本书研究的一个重点，为促进中国有机产品贸易发展提供一些信息与启示。

5.2.2 中日有机产品监督管理体系比较

中国和日本均建立了有机产品监管体系。中国有机产品监督管理体系可分为以下三个层面：①国家主管机构，中国有机认证认可体系由中国认证认可监督管理委员会(CNCA)主管。国家认证认可监督委员会(CNCA)是由中国国务院设立，履行行政管理职能，统一管理、监督和综合协调全国认证认可工作的主管机构，隶属于中国国家质量监督检验检疫总局(AQSIQ)管理。各省、自治区、直辖市质量技术监督局和各直属出入境检验检疫局为地方认证监督部门，在认证监督管理业务上接受 CNCA 指导。②认可机构，中国合格评定国家认可委员会(CNAS)由国家认监委依法授权作为唯一的认可机构，是国际认可论坛(IAF)和太平洋认可合作组织(PAC)成员，负责对认证机构(包括有机认证机构)进行评价认可。认证机构的设立需经 CNCA 批准，并经 CNAS 认可后才能在中国开展有机产品认证，外国认证机构在中国境内开展有机产品认证也要经过 CNCA 批准及 CNAS 认可。中国认证认可协会(CCAA)负责认证人员(包括有机检查员)的注册，从事有机产品认证的检查员必须经过 CCAA 注册方可开展认证检查活动。③认证机构，认证机构作为认证活动的主体，应根据 CNCA 批准的资格和业务范围开展相应的认证活动。有机认证依据为 GB/T 19630—2011《有机产品》和《有机产品认证实施规则》。认证机构根据该标准和规则要求开展认证技术评价，为企业、组织及有关产品提供符合性的评价活动。

日本有机产品监管部门也分为三个层面：①日本农林水产省(MAFF)，

隶属日本中央省厅。它是根据《农林水产省设置法》(平成十一年法律第98号)而设立的,其首长是农林水产大臣。它原来的名称是农林省,由于1978年7月5日的200海里水域问题成了重要的水产行政问题,才被改名为现在的名称。但日本民间依然习惯称其为“农林省”。农林水产省所管辖的包括农业畜产业、林业、水产业、食物安全、食物稳定供应、振兴农村。食品安全则由内阁府食品安全委员会、厚生劳动省医药食品局管理;MAFF是注册和批准有机认证机构的行政主管部门,并制定相关的法律法规。②食品及农业物资检查中心(FAMIC),隶属于MAFF,作为认证机构和企业的监管部门,同时对认证机构进行认可。③认证机构,认证机构每年至少对获证企业进行一次检查,根据企业的操作情况判定是否符合要求(图5-6)。

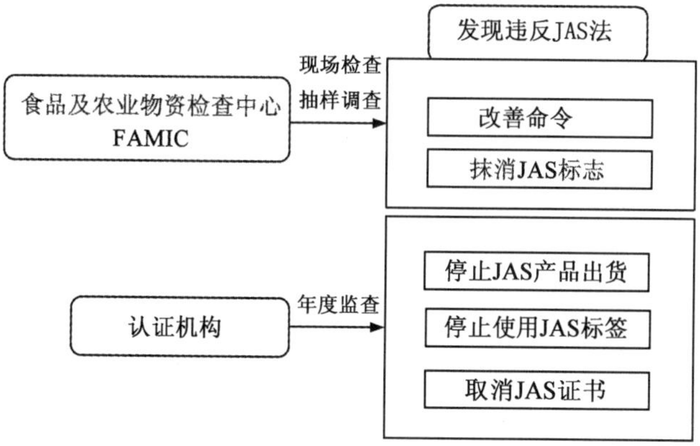

图5-6 日本有机产品监督管理体系

表5-4 中日两国有机产品认证行政主管及其职责

国家	主管部门	主管部门的职责是否包括	
		批准认证机构	指定或授权认可机构
中国	国家认证认可监督管理委员会(CNCA)	国家认证认可监督管理委员会(CNCA)	中国合格评定国家认可委员会(CNAS)
日本	日本农林水产省(MAFF)	日本农林水产省(MAFF)	食品及农业物资检查中心(Famic)

通过对中日两国有机产品认证行政主管及其职责比较(表5-4)可见,中日两国都明确了有机产品认证的行政主管部门,并且该部门的主要职责都包括对认证机构的批准并且指定认可机构对批准的认证机构实施认可。中日两国均规定从事有机产品认证的机构须经本国的行政主管部门批准,并且要获得指定机构的认可。

5.2.3 中日有机产品合格评定制度比较

5.2.3.1 中日认可体系比较

中国的认可机构是中国合格评定国家认可委员会(CNAS),CNAS是由国家认监委依法授权作为唯一的认可机构,是国际认可论坛(IAF)和太平洋认可合作组织(PAC)成员,负责对认证机构(包括有机认证机构)进行评价认可。中国认证认可协会(CCAA)负责对认证人员(包括有机检查员)进行注册,同时是国际人员注册协会(IPC)(前国际审核员培训与注册协会[IATCA)]成员。有机产品的认可依据为CNAS-CC02:2013《产品、过程和服务认证机构要求》,其内容等同于ISO/IEC 17065,同时还有CNAS-SC22《实施有机产品认证的认证机构认可方案》,为实施有机产品认证的认证机构认可提出的特定要求和指南。

日本将ISO/IEC 17065作为认可依据,因此在日本农林水产省注册认证机构必须满足以下两方面的条件:一是满足ISO/IEC 17065的法人,二是独立于申请认证公司的第三方机构。此外,认证机构在开展认证业务前,必须建立认证经营规则并且向日本农林水产省提交相关的材料。注册生效以后,认证机构有效期为4年,如果4年内没有及时更新,认证机构资格和认证范围自动失效。由于有机互认工作的开展,日本农林水产省也可以批准境外的认证机构,国外认证机构必须经日本MAFF按照JAS法规进行评估，证明生产者应用JAS法律，获得批准的国外的认证机构需要在MAFF注册。一经注册，国外的有机生产者就可经这些机构认证后将产品出口到日本，并在商品包装上加贴JAS有机标志(乔玉辉，王茂华，2012)。

由此可见，中国和日本的合格评定的基础都是ISO/IEC 17065，认可要求是相同的。

5.2.3.2 中日有机产品检查认证体系比较

中国有机产品标准的检查认证体系未在标准GB/T 19630—2011《有机产品》中介绍，而是列在了《有机产品认证实施规则》中，同样，日本也有检查认证体系要求。从中日两国的检查认证体系看，认证流程基本一致。但是在细节上有所不同。中国有机标准，要求更加细致，以下内容是两国标准的主要不同之处：

①根据中国《有机产品实施规则》的要求，申请者要建立并有效运行了有机生产体系3个月以上才能申请有机产品认证，而日本并无此要求。

②申请受理最低文件要求不同。中国有机标准对基地产地环境证明文件、有机可行性规划以及诚信说明有明确的规定，需要在前期受理时提供。而日本没有此要求。

③对产品检测要求不同。中国《有机产品实施规则》明确要求，认证机构应当对申请认证的所有产品安排样品检验检测。认证证书发放前无法采集样品并送检的，应在证书有效期内安排检验检测，并得到检验检测结果；而日本对检测的要求是基于风险分析的基础上进行，并未要求所有认证产品必须进行取样检测。

④现场检查要求不同。中国《有机产品实施规则》明确要求，同一认证的品种在证书有效期内如有多个生产季的，则每个生产季均需进行现场检查。而日本有机标准无此要求。

⑤证后监管有所不同。中国《有机产品实施规则》明确要求，认证机构

应在风险评估的基础上每年至少对5%的获证组织实施一次不通知的现场检查。而日本有机标准未对此做出明确规定，是基于认证风险的基础上进行监督检查。

综上所述，两国的监管体系和合格评定体系基本一致，这为两国的有机产品体系的互认提供了便利的基础。但是对于检查认证要求，还存在很大差异，中国有机标准较严于日本有机标准。

5.2.4 中日有机标准体系概述与比较

本部分将从中日有机标准发展史、认证范围、转基因要求、平行生产和投入物评估程序分别进行介绍。

5.2.4.1 中日标准发展概述

《日本有机农产品和植物来源加工食品标准》于2000年根据食品法典委员会采纳的有机生产方式生产的食品生产、加工、标识与销售指南制定，在2003年进行部分修订，2005年10月27日进行了全面换版并于2005年11月27日正式执行。随着JAS有机体系的发展，有机畜产品、动物来源有机加工食品和有机饲料标准也相应制定并于2005年11月开始生效。此外分别在2006年、2009年和2012年对部分内容进行过修订。

该标准适用于所有作为有机产品出口到日本的农产品，根据标准法规的要求所有出口到日本的有机农产品必须接受日本农林水产省认可的认证机构的检查和认证。只有经过注册的日本标准认证机构认证的操作者才可以在按照JAS有机标准生产的产品上加贴有机JAS标志。

日本JAS有机标准包括：有机农产品JAS标准（第1605号公告）、有机加工食品JAS标准（第1606号公告）、有机饲料JAS标准（第1607号公告）、有机畜产品JAS标准（第1608号公告）、有机农产品和有机饲料（未加工）生产过程管理者的认证技术标准(第1830号公告)、有机加工食品和有机加工饲料生产过程管理者的认证技术标准(第1831号公告)、有机畜产品生产过程管理者的认证技术标准(第1832号公告)、有机农产品、有机加工食品、有机饲料和有机畜产品分装业者的技术认证标准(第1833号公告)、有机农产品、植物源有机加工食品进口商的认证技术标准(第1834号公告)、关于有机农产品、有机加工食品、有机饲料和有机畜产品生产过程的检查方法(第1971号公告)。

中国有机产品的系列标准(GB/T 19630.1～4—2011)是有机生产、经营、认证、认可活动中的行为人必须遵循的规则,包括:有机产品生产、加工、标签和销售以及管理体系标准四部分。作为推荐性国家标准,从产品的角度对有机生产、经营、管理做出规范。第一版标准GB/T 19630—2005于2005年4月1日发布并实施,此后于2011年12月5日发布第2版标准(GB/T 19630—2011),并代替第1版标准于2012年3月1日正式实施,并于2014年进行第一次修订。

5.2.4.2 认证范围

中日有机产品标准的基本思路和框架是一致的,涉及有机生产链条的各个环节,包括植物和植物产品、动物和动物产品、加工、包装、处理、储藏和运输以及标识和要求等。相比较日本标准来说,中国有机产品涵盖的范围更加广泛,其中包括了设施农业生产、芽苗菜的生产、水产养殖、蜜蜂养殖、纺织品生产等内容,而在日本标准中芽苗菜属于指定农林物资,对于指定农林物资如果标识为JAS有机,必须经过日本有机认证,而由于日本没有相应的有机芽苗菜标准,所以无法认证有机芽苗菜,也就是说不存在日本有机芽苗菜的说法。而对于水产养殖、蜜蜂养殖以及纺织品生产由于在日本不属于指定农林物资,在日本规定不属于指定农林物质的产品是可以随意标识为JAS有机,对于纺织品由于不属于日本有机范围产品,所以无法进行有机认证。此外，在日本有机标准中单独规定了有机饲料标准，中国有机标准虽然没有明确进行单独规定，但仍然可以按照有机加工产品进行认证，也在认证范围之内。

日本有机农产品认证范围仅指食用农产品，不能进行食用的植物不得按照农产品标准认证。对于畜禽产品，由于在日本畜禽产品不属于指定农林物资，所以可以在不经有机认证的情况下标识为JAS有机。对于中国有机产品认证而言，能够申请有机认证的产品范围更加明确。国家认证认可监督委员会在2011年更新标准的同时发布了《有机产品认证目录》，只有在该目录中列出的产品，才可以申请中国有机产品认证。该目录可以经过评估不断更新，目前该目录自2011年发布之日，已经进行过3次更新。虽然中国有机产品标准有针对蜜蜂养殖的相关规定，但由于《有机产品认证目录》中不包括蜜蜂及蜜蜂产品，因此蜜蜂养殖也不在本部分比较范围内。

5.2.4.3 转基因要求

中国有机产品标准GB/T 19630—2011生产部分4.3条款规定不应在有机生产体系中引入或在有机产品上使用基因工程生物/转基因生物及其衍生物，包括植物、动物、微生物、种子、花粉、精子、卵子、其他繁殖材料及肥料、土壤改良物质、植物保护产品、植物生长调节剂、饲料、动物生长调节剂、兽药、渔药等农业投入品。同时存在有机和非有机生产的生产单元，其常规生产部分也不得引入或使用基因工程生物/转基因生物。在GB/T 19630.2—2011加工部分4.2.1.9条款规定不应使用来自转基因的配料、添加剂和加工助剂。

日本有机标准也分别在植物、加工食品、饲料加工和畜产品部分明确规定禁止使用转基因技术和制品。但是对于农药及肥料，日本有机标准未有转基因的限制。

由此可见转基因物质都不被两个标准接受，但是日本有机标准对农药及肥料要求相对没那么严格，对农药及肥料未有转基因限制要求。这点是两个标准的很大不同。

5.2.4.4 平行生产

中国有机产品标准 GB/T 19630—2011 生产部分 5.2 条款明确规定：①在同一个生产单元中可同时生产易于区分的有机和非有机植物，但该单元的有机和非有机生产部分(包括地块、生产设施和工具)应能够完全分开，并能够采取适当措施避免与非有机产品混杂和被禁用物质污染；②在同一生产单元内，一年生植物不应存在平行生产；③在同一生产单元内，多年生植物不应存在平行生产，除非同时满足以下条件：a)生产者应制定有机转换计划，计划中应承诺在可能的最短时间内开始对同一单元中相关非有机生产区域实施转换，该时间最多不能超过 5 年；b)采取适当的措施以保证从有机和非有机生产区域收获的产品能够得到严格分离。

中国有机产品标准 GB/T 19630—2011 生产部分 8.2 条款规定如果一个养殖场同时以有机及非有机方式养殖同一品种或难以区分的畜禽品种，则应满足下列条件，其有机养殖的畜禽或其产品才可以作为有机产品销售：a)有机畜禽和非有机畜禽的圈栏、运动场地和牧场完全分开，或者有机畜禽和非有机畜禽是易于区分的品种；b)贮存饲料的仓库或区域应分开并设置了明显的标记；c)有机畜禽不能接触非有机饲料和禁用物质的储藏区域。

而日本有机标准对植物生产部分、畜产品、加工和饲料产品的平行生产均未做出明确要求。但是原则与中国标准一致，即应防止有机产品被不符合要求的产品或禁用物质污染。

5.2.4.5 投入物评估程序

在中国有机标准 GB/T 19630.1 的附录 C 部分列出了有机生产中使用的投入物质未被列入允许使用的投入物附录时，可以依据这部分的原则和程序进行评估是否可以使用。有机生产中涉及的投入物(土壤培肥、植保产品、动物饲料添加剂等)的评估原则为：①为了达到某种目的(比如维持土壤肥力、防治有害生物、满足动物的特定营养)，这类物质是必需的，而且不能被其他方法替代；②该物质来自植物、动物、微生物或矿物，并可经过如下处理：a)物理(机械，热)处理；b)酶处理；c)微生物(堆肥，消化)处理；③经可靠的试验数据证明该物质的使用应不会导致或产生对环境的不能接受的影响或污染。评估程序包括评估该投入品的必要性、性质、生产方法、环境安全性、对人体健康和产品质量的影响以及社会经济方面的影响等。

在中国有机标准 GB/T 19630.2 的附录 C 部分列出了有机加工中使用的添加剂和加工助剂未被列入允许使用的附录时，可以依据这部分的原则和程序进行评估。评估原则为：每种添加剂和加工助剂只有在必需时才可在有机生产中使用，并且应遵守如下原则：a)遵守产品的有机真实性；b)没有这些添加剂和加工助剂，产品就无法生产和保存。评估程序包括核准添加剂和加工助剂的条件和核准使用添加剂和加工助剂的优先顺序。

在日本有机农业法规只有有机农业和加工中涉及用于土壤培肥、植物病虫害防治和食品添加剂/加工助剂使用的物质清单，未有明确规定对于标准附表中未列出的投入物如何进行评估的程序，MAFF 曾经委托民间做过评估程序，但不是很成功，所以现在是由各个认证机构进行评估。

通过以上比较，可以看出中日两国的投入物使用判定标准有所异同。①相同点：中国有机标准和日本有机标准对投入物使用都属于限制性清单，即在标准附录中列出的投入物才可以使用；②不同点：对于标准附录中未列出的投入物，中国有机标准可按照标准规定的投入物评审程序进行评审，每个认证机构的评审要求一致。而日本有机标准未有明确规定对于标准附表中未列出的投入物如何进行评估的程序，由各个认证机构进行评估，也就是说可能存在评估结果的不同。

5.3 中日有机植物产品标准比较

5.3.1 概述

在中国有机产品标准 GB/T 19630—2011 中，有机农业同时涵盖了植物生产和动物生产（包括蜂产品），并且这个定义也直接表明了有机农业生产所遵循的基本的原则：不使用转基因生物及其产物，不使用化学合成物质，采取的农业技术的前提是遵循自然规律和生态学原理，协调种植业和养殖业的平衡。

在日本有机植物生产标准中也做了规定，即有机农产品的生产原则如下：为了维持和增进农业生态系统的自然循环功能，用耕作管理方式进行有机作物生产，以不使用化学合成肥料及植物病虫害防治物质为原则，发挥农业生态系统本身的生产能力（对于食用菌生产，包含源于农业和林业产品的生产资料），尽可能地降低农业生产给环境带来的负面影响或有机农产品的采集方法不能破坏采集区域的生态系统。

由此可见，中日两国有机标准对有机农业基本原则是一样的，即遵循自然生态规律。另外中日两国有机标准均从转换期、平行生产、产地环境要求、种子种苗、土壤养分管理、植物病虫草害控制、收获与储藏、包装运输等方面对植物生产提出了具体的要求，以下将从这几方面进行介绍。

5.3.2 转换期要求

中国有机产品标准 GB/T 19630—2011 生产部分 5.1 条款规定：一年生植物的转换期至少为播种前的 24 个月，草场和多年生饲料作物的转换期至少为有机饲料收获前的 24 个月，饲料作物以外的其他多年生植物的转换期至少为收获前的 36 个月。转换期内应按照本标准的要求进行管理。新开垦的、撂荒 36 个月以上的或有充分证据证明 36 个月以上未使用本标准禁用物质的地块，也应经过至少 12 个月的转换期。

日本有机植物生产标准第 4 条规定：①种植多年生作物的地块需在产品第 1 次收获前至少 3 年，种植其他农产品的地块需在播种或种植前至少 2 年按照“农田的培肥管理”、“播种或种植使用的种子或种苗”、“农田或栽培地有害动植物防治”以及“一般管理”的标准要求进行操作。对于新开垦的或至少 2 年没有使用禁用物质的田地，播种或种植前应符合上述项目规定种植了至少 1 年。②转换期农田(已经开始向①中规定的农田进行转换但还不满足①中规定的农田，下同)在转换开始后第 1 次收获前至少 1 年按照“农田的培肥管理”、“播种或种植使用的种子或种苗”、“农田或栽培地有害动植物防治”以及“一般管理”的标准要求进行操作。

通过对两国转换期要求(表 5-5)比较可见，中国有机产品标准和日本有机标准转换期的规定基本一致，只是对至少 12 个月转换期的前提条件不是很一致，中国有机标准规定至少转换 12 个月的条件是 36 个月没有使用禁用物质，而日本有机标准规定是 24 个月。

表 5-5 中国和日本有机标准对转换期的要求

植物类型	中国	日本
一年生植物(含草场与多年生饲料作物)	播种前 24 个月	播种前 24 个月
多年生作物(不包含草场与多年生饲料作物)	收获前 36 个月	收获前 36 个月
新开荒、撂荒土地	至少 12 个月	至少 12 个月
未使用禁用物质的地块	至少 12 个月	有充分证据可直接追溯为有机
转换期开始时间	从按照中国标准开始管理时间开始算起	多年生植物:最后一次使用禁用物质 一年生植物:若最后一次使用禁用物质时有作物,则从作物收获完之日;若无作物,则从最后一次使用禁用物质开始计算

5.3.3 产地环境要求

中国有机产品标准 GB/T 19630—2011 生产部分第 5.3 条款对产地环境提出了明确的要求:有机生产需要在适宜的环境条件下进行。有机生产基地应远离城区、工矿区、交通主干线、工业污染源、生活垃圾场等。产地的环境质量应符合以下要求:a)土壤环境质量符合 GB 15618 中的二级标准;b)农田灌溉用水水质符合 GB 5084 的规定;c)环境空气质量符合 GB 3095 中二级标准和 GB 9137 的规定。

日本有机农产品标准在第 4 条款规定:有机田应采取必要措施,防止周边禁用物质的飘移及流入,但对土壤、大气、水质等环境因素并没有制定明确具体的要求。

由此可见,中日两国有机标准对环境的基本要求一致,只是中国有机标准需提供明确的书面证明。

5.3.4 缓冲带

中国有机产品标准GB/T 19630.1中5.4条款规定：应对有机生产区域受到邻近常规生产区域污染的风险进行分析。在存在风险的情况下，则应在有机和常规生产区域之间设置有效的缓冲带或物理屏障，以防止有机生产地块受到污染。缓冲带上种植的植物不能认证为有机产品。

日本有机农产品标准在第4条款规定：在有机田应采取必要措施，防止周边禁用物质的飘移及流入，隐含了要建立缓冲带的要求。

5.3.5 种子种苗

中日两国标准都提倡优先使用有机种子或植物繁殖材料，并且均规定在无法获得有机种子或植物繁殖材料时，可以使用非转基因的、未处理的常规的种子或植物繁殖材料，且均要求不得使用转基因技术获取的种子或种苗或繁殖材料。但是需要注意几点不一致：①中国有机标准规定一年生种苗必须是有机方式培育的，但是日本有机农产品标准未有明确规定；②中国有机标准规定在使用常规种子、植物繁殖材料时，要求认证企业制订和实施获得有机种子和植物繁殖材料的计划，但是日本有机农产品标准未做明确规定；③日本有机农产品标准规定若使用常规种苗，营养繁殖植物应使用最嫩的苗。但是中国有机标准未对此做出规定。

5.3.6 土壤养分管理

中日两国有机标准对于土壤养分管理的要求是一致的，均提倡应优先采用耕作与栽培措施来维持和提高土壤肥力，比如通过轮作，栽培绿肥作物等方式。在无法满足作物生产要求时，两国标准都明确规定了允许使用的土壤培肥及土壤改良物质清单，并且详细规定了限制条件。

此外中国有机标准明确规定了禁止使用矿物氮肥，并对人粪尿的使用做了明确规定：不应在叶菜类、块茎类和块根类植物上施用人粪尿；在其他植物上必须使用时，应当进行充分腐熟和无害化处理，并不得与植物食用部分接触。但是日本有机农产品标准未对矿物氮肥和人粪尿做出明确规定。

对于施用商品有机肥的规定，中国有机标准规定认证机构应按照附录C进行评估后方可使用，日本有机标准要求所有的外购商品有机肥必须经过注册，在日本以外的国家生产的商品有机肥则需要按照当地国家的要求进行注册并按照日本有机农产品附表1进行评估。

通过比对两国标准附录清单中列出的允许使用的土壤培肥和改良物质发现，在中国标准中列出而未在日本标准中的物质有：海草或海草产品、蘑菇培养废料和蚯蚓培养基质、草木灰。但日本标准规定在日本标准附录中未列出的只要是用于土壤改良的天然物质及未经化学处理的天然产品也可以使用。日本标准列出而未在中国标准附录A.1中的物质有：乳酸、硫黄、干燥藻类及粉末。

5.3.7 植物保护措施

中日两国有机标准对于有机农业中病虫草害的防治要求基本是一致的，均提倡病虫草害防治的基本原则应从农业生态系统出发，综合运用各种防治措施，创造不利于病虫草害滋生和有利于各类天敌繁衍的环境条件，保持农业生态系统的平衡和生物多样化，减少各类病虫草害所造成的损失。优先采取农业栽培措施、物理的、生态的方法来防治病虫草害，如选用抗性品种、合理轮作、采取合理的栽培措施、机械控制等来控制病虫草害。在上述方法不能有效控制病虫草害时，可以使用标准列出的允许使用的植保产品清单。但是需要注意日本有机农产品标准附表2提到的生物农药，必须经过日本注册后才可以称之为农药。在日本以外的国家生产的商品有机肥则需要按照当地国家的要求进行注册并按照日本有机农产品附表2进行评估。

中国和日本有机产品标准均明确规定了植物病虫害控制允许使用的物质清单,并且详细规定了限制条件。在中国标准中列出但在日本有机标准中未列出的是:楝素(苦楝、印楝等提取物)、苦参碱及氧化苦参碱(苦参等提取物)、鱼藤酮类(如毛鱼藤)、蛇床子素(蛇床子提取物)、小檗碱(黄连、黄柏等提取物)、大黄素甲醚(大黄、虎杖等提取物)、寡聚糖(甲壳素)、天然诱集和杀线虫剂(如万寿菊、孔雀草)、天然酸(如食醋、木醋和竹醋)、菇类蛋白多糖(蘑菇提取物)、牛奶、蜂胶、具有驱避作用的植物提取物(大蒜、薄荷、辣椒、花椒、薰衣草、柴胡、艾草的提取物)、昆虫天敌(如赤眼蜂、瓢虫、草蛉等)、高锰酸钾、轻矿物油、氯化钙、硅藻土、黏土(如斑脱土、珍珠岩、蛭石、沸石等)、氢氧化钙、二氧化碳、乙醇、海盐和盐水、明矾、磷酸氢二铵。其中中国标准列出的具有驱避作用的植物提取物(大蒜、薄荷、辣椒、花椒、薰衣草、柴胡、艾草的提取物)和昆虫天敌(如赤眼蜂、瓢虫、草蛉等),虽然以上未在日本标准中列出,但日本标准中规定可以使用生物防治和生物农药,也说明上述方法是可以使用的。

在日本有机标准中列出而未在中国标准中附录A.2列出的物质有:密灭汀乳剂、密灭汀可湿性粉剂、多杀菌素可湿性粉剂、多杀菌素(颗粒状)、聚乙醛(颗粒剂)、绿藻提取液、淀粉可溶性粉剂、脂肪甘油酯乳剂。

5.3.8 收获与储藏、包装运输

中日两国有机标准都提到了对产品收获后处理、运输、包装等要求,原则基本一致,即需要保证能够维持产品的有机完整性,可以使用清洁和消毒的产品,但是需要符合相关规定,并且需要采取必要的干预措施避免清洁剂和消毒剂的残留对产品的污染。此外中国有机标准特别对包装材料进行了要求:应符合国家卫生要求和相关规定;宜使用可重复、可回收和可生物降解的包装材料,且包装应简单、实用。而日本有机标准未有明确规定。

5.3.9 野生采集

中日两国标准对野生采集的规定是一致,对于野生采集的产品可以免除转换期可直接认证为有机产品,采集区域在采集之前的36个月内没有受到任何禁用物质的污染。此外,中国标准还规定:①采集活动不应对环境产生不利影响或对动植物物种造成威胁;②采集量不应超过生态系统可持续生产的产量;③采集者应制定和提交有机野生植物采集区可持续生产的管理方案。日本有机标准规定保护采集区域防止周边禁用物质的飘移及流入,并且在采集农产品之前此区域内至少3年没有使用过禁用物质。可见中国有机标准比日本有机标准要求更多,更加严格。

5.3.10 食用菌

中国有机产品标准GB/T 19630—2011生产部分第7条款中具体对场地、环境,菌种,栽培等作了具体规定,日本有机农业标准中虽然没有单独列出规定,但在日本有机农产品标准中对种子和菌丝体的规定、农田土壤培肥的规定中都列出了对食用菌栽培的规定。

日本有机标准对食用菌的规定基本同植物生产,与中国有机标准相比,规定相对简单。中国有机标准除了转换期、菌种做了明确规定,还对食用菌水源以及使用基质的要求做了详细规定,而日本标准未对此做出明确规定,相比而言中国有机标准对食用菌的要求比日本有机标准更多,更加严格。

5.3.11 芽苗菜

中国有机产品标准 GB/T 19630—2011 生产部分 5.9.2 条款对芽苗菜的生产做了详细规定：①应使用有机生产的种子生产芽苗菜；②生产用水水质应符合 GB 5749；③应采取预防措施防止病虫害，可使用蒸汽和附录 A 表 A.3 列出的清洁剂和消毒剂对培养容器和生产场地进行清洁和消毒。

芽苗菜在日本属于指定农林物资，对于指定农林物资如果标识为 JAS 有机，必须经过日本有机认证，而由于日本没有相应的有机标准，所以无法认证有机，也就是说不存在日本有机芽苗菜的说法。

5.3.12 设施栽培

中国有机产品标准 GB/T 19630—2011 生产部分 5.9.1 条款对设施栽培的土壤、基质、转换期以及栽培措施进行了详细规定：应使用土壤或基质进行植物生产，不应通过营养液栽培的方式生产；使用的土壤培肥和改良物质必须是列在表 A.1 中；如果使用动物粪便必须经过堆置；在生产过程中，可以采用与抗病植株嫁接、耕翻晒垡、更换土壤等措施代替轮作，防治病虫害。

而日本有机农产品标准未有明确规定，但贯穿到了植物生产标准中，对于土壤或基质栽培均可以按照日本有机农产品标准进行认证，但是不允许水培等不接触土壤的栽培方式。由此可见，中日标准对设施栽培要求基本相似，均不允许水培等营养液栽培方式。

5.4 中日有机动物产品标准比较

5.4.1 概述

中国有机动物标准是在GB/T 19630的第一部分生产标准的第8部分做了详细的规定,日本有机畜禽标准是在有机畜产品JAS标准(第1608号公告)中进行了详细规定。日本标准第2条规定,有机畜产品是指充分考虑动物的生理及行为需求而饲养的有机家畜以及家禽产品。其生产原则是为了维持和增进农业系统的自然循环功能,生产饲料尽可能减轻环境负荷,并避免使用动物医药品。与中国标准遵循的原则是一致的。

5.4.2 畜禽来源和引种

就畜禽引入的原则,中日两国标准基本一致,即尽可能引入有机畜禽,同时允许引入一定比例常规畜禽。当引入常规畜禽时,各标准对引入日龄的具体规定见表5-6。中国对牲畜的引入要求特别是马、猪、羊的引入比日本标准严格,而对禽类的引入,两国的要求是一致的。

对于常规畜禽的引入比例,中日两国标准均作了详细的规定(表5-7)。从表中可以看出,马和羊的引入比例要求,日本标准比中国标准要求更加严格。牛和猪的比例,中日两国要求一致,只是日本标准规定不得是生育过的母畜,而中国未有此规定。由此可以看出,日本标准对此要求比中国标准更加严格。两国标准都要求一旦引入常规种畜,应立即按照有机方式进行饲养管理。

表 5-6 中日有机标准对畜禽来源的要求

动物种类	中国	日本
牛	A. 肉牛、马属动物、驼，不超过 6 月龄且已断乳； B. 乳用牛，不超过 4 周龄，接受过初乳喂养且主要是以全乳喂养的犊牛	A. 肉牛：不满 12 月龄且符合以下任一条件： 1)体重 310 千克以下的黑毛和牛。 2)体重 340 千克以下的褐毛和牛。 3)体重 300 千克以下的无角和牛。 4)体重 300 千克以下的日本短角牛。 5)体重 280 千克以下的安格斯牛或海福特牛。 6)体重 310 千克以下的荷斯坦牛(母牛除外)。 7)体重 310 千克以下荷斯坦牛为母本的杂交牛。 8)体重 340 千克以下的上述以外牛 B. 奶牛：未生育过的； C. 繁殖用母牛：未生育过的
马	马属：不超过 6 月龄且已断乳	不满 12 月龄
猪	不超过 6 周龄且已断乳	不满 4 月龄
羊	不超过 6 周龄且已断乳	绵羊及山羊：不满 5 月龄
禽类	A. 肉用鸡，不超过 2 日龄，其他禽类可放宽到 2 周龄； B. 蛋用鸡，不超过 18 周龄	A. 肉用禽：应小于 3 日龄； B. 蛋用禽：不满 18 周龄

表 5-7 中日有机标准对引入常规种畜比例要求

动物种类	中国	日本
牛(母畜)	不应超过同种成年有机母畜总量的 10%	A. 奶牛：成母牛头数(近 5 年分娩过的母牛总头数的 1/5，下同)的 10% 以下。且仅限于未经产家畜； B. 繁殖母牛：年平均数的 10% 以下。且仅限于未经产家畜
马(母畜)	不应超过同种成年有机母畜总量的 10%	繁殖母马年平均数的 5% 以下且仅限于未生育过的母畜
驼(母畜)	不应超过同种成年有机母畜总量的 10%	未有规定
猪	不应超过同种成年有机母畜总量的 20%	年头数的 20% 以下且仅限于未生育过的母畜
羊	不应超过同种成年有机母畜总量的 20%	山羊：繁殖母羊年平均数的 10% 以下且仅限于未生育过的母畜
特别说明	以下情况，经认证机构许可该比例可放宽到 40%： a)不可预见严重自然灾害或人为事故； b)养殖场规模大幅度扩大； c)养殖场发展新的畜禽品种	无

5.4.3 转换期

有机畜禽养殖的转换包括畜禽运动场、牧场、饲料生产基地及畜禽本身的转换。对于牧场、饲料生产基地的转换期规定见表 5-8，从表中可以看出，中国和日本两国对饲料操场的转换期要求同各自植物生产部分的转换期，但中国标准的转换期比日本标准转换期长度要短。也就是说日本标准比中国标准要严格一些。

表 5-8 中日两国对畜禽运动场、牧场、饲料生产基地转换要求

中国	日本
A. 饲料生产基地的转换期应符合生产部分 5.1 的转换期要求，但如果牧场和草场仅供非草食动物使用，则转换期可缩短为 12 个月； B. 如有充分证据证明 12 个月以上未使用禁用物质，则转换期可缩短到 6 个月。对于畜禽运动场未做出明确规定，但提到了如果畜禽啃食，则需要按照饲料生产要求	A. 有机畜禽用自家生产的饲料时，种植饲料应依据有机农产品标准第 4 条规定的对于生产多年生植物，第一次收获前的有机操作不能少于 3 年缩短为 2 年； B. 家畜（猪除外）的户外饲养场在进行培肥管理及有害动植物防治时，下列 a）到 d）期间不能使用禁用物品：a）种植多年生作物（牧草除外）的饲养场，在第一次放牧前不少于 3 年。b）种植牧草的饲养场，在第一次放牧前不少于 2 年。c）种植 a）及 b）以外作物的饲养场在播种或移栽前 2 年以上的期间；d）草场在第一次放牧前不少于 3 年以上的期间； C. 猪及家禽的户外饲养场，在最初放牧前 1 年以上的期间不能使用禁用物品

对于畜禽本身的转换期，中日有机标准规定见表 5-9。通过表 5-9 可看出，对畜禽本身的转换期，除了肉牛和马的转换期日本标准规定 12 个月和 3/4 生存期中任一较长时间，其他基本一致。

表 5-9　中日两国对畜禽本身转换期要求

动物种类	中国	日本
肉牛	12 个月	12 个月和 3/4 生存期中任一较长期间(6 月龄以下的牛、期间为 6 个月)
奶牛	6 个月	6 个月(用于有机生产前便在该农场喂养的情况下其期间为 4 个月)
马属动物	12 个月	12 个月和 3/4 生存期中任一较长期间
繁殖用母牛	同肉牛和奶牛	6 个月(用于有机生产前便在该农场喂养的情况下其期间为 4 个月)
驼	12 个月	未规定
肉用羊	6 个月	绵羊:6 个月 肉用山羊及繁殖用母山羊:6 个月
奶羊	6 个月	奶山羊:6 个月
猪	6 个月	6 个月
蛋禽	6 周	6 个周
其他乳畜	6 个月	未规定
其他肉禽	10 周	孵化后 3 天开始到宰杀为止
其他种类	转换期长于其养殖期的 3/4	未规定

5.4.4　圈舍与放牧区

中日两国标准都要求有机畜禽的饲养环境应空气流通、光照充足、温湿度适宜、饮水垫料充足。圈舍应能够满足畜禽的生理和行为需求。日本标准对畜禽圈舍地面结构做出了规定,即板条结构占圈舍面积的比例不应超过 50%的。允许延长光照时间,但不能超过 16 小时,两国标准基本相同,即应使所有畜禽在适当季节能够到户外活动,但应避免过度放牧而对环境造成破坏。有机畜禽养殖应有一个合理的养殖密度,避免密度过大导致的健康问题。对于圈舍面积要求,中国有机产品标准 GB/T 19630—2011 生产部分的附录 D 有明确的规定(表 5-10,表 5-11)。

表 5-10 中国有机家畜密度规定

家畜种类	最小活体重	室内面积/(米²/头)	室外面积/(米²/头)
繁殖和育肥的牛科和马属动物	≤100 千克	1.5	1.1
	≤200 千克	2.5	1.9
	≤350 千克	4.0	3
	≥350 千克	5	3.7
奶牛		6	4.5
种公牛		10	30
绵羊和山羊		1.5(成年羊)	2.5
		0.35(羊羔)	0.5
泌乳母猪(带仔)		7.5(成年母猪)	2.5
育肥猪	≤50 千克	0.8	0.6
	≤85 千克	1.1	0.8
	≤110 千克	1.3	1
断奶仔猪	≥40 天或≤30 千克	0.6	0.4
种母猪		2.5	1.9
种公猪		6	8.0

表 5-11 中国有机家禽密度规定

家禽种类	室内面积(动物可使用的净面积)		室外面积(活动面积)/(米²/只)
	动物数量/(只/米²)	窝	
蛋鸡	6	7 只/窝或120 厘米²/只	4,每年粪肥产出量以氮计≤170 千克/公顷
育肥的家禽(固定禽舍)	10(活重≤21 千克/米²)		肉鸡和珍珠鸡 4 鸭 4.5 火鸡 10, 鹅 15 对于以上所有家禽,每年粪肥产出量以氮计≤170 千克/公顷
育肥的家禽(移动禽舍)	16(活重≤30 千克/米²)		2.5,每年粪肥产出量以氮计≤170 千克/公顷

日本有机畜禽标准附表 5 和附表 6 也做了详细的规定，平均每头家畜的畜舍占有面积应在附表 5 右栏所列面积以上，平均每头家畜的饲养场占有面积应在附表 6 右栏所列面积以上(表 5-12)。

表 5-12　日本平均每头家畜的畜舍占有面积

家畜的种类	每头家畜的平均最低面积/米^2
肉牛(限体重 340 千克以上)	5.0
奶牛(限成年畜)	4.0(拴养的情况 1.8)
繁殖用母牛(限成年畜)	3.6(拴养的情况 1.8)
马(限成年畜)	13
绵羊(限成年畜)	2.2
山羊(限成年畜)	2.2
肉猪(限体重 40 千克以上)	1.1
繁殖用母猪(限成年畜)	3.0

从以上数据来看，中国有机标准比日本有机标准规定更加精细，比如同种畜禽规定了不同的重量的面积要求，要求相对更加严格。

5.4.5　动物饲料与营养

饲料是有机畜禽养殖是否成功的关键环节，中日两国标准原则上要求饲喂 100%的有机饲料，并且对饲料的来源都提出了明确要求。中国标准 GB/T 19630—2011 的 8.4.1 中规定饲料中至少应有 50%来自本养殖场饲料种植基地或本地区有合作关系的有机农场。日本有机标准规定，有机饲料及有机畜禽应用自家生产饲料，但是转换期农产品及加工品的干物质重比例应为有机饲料的 30%以下。

在难以获得有机饲料的情况下，中日标准都允许饲喂一定比例的常规或转换饲料。中国标准要求反刍动物饲喂常规饲料的比例在10%以下，非反刍动物饲喂常规饲料的比例为15%。畜禽日粮中常规饲料的比例不得超过总量的25%（以干物质计）。出现不可预见的严重自然灾害或人为事故时，可在一定时间期限内饲喂超过以上比例的常规饲料。饲喂常规饲料应事先获得认证机构的许可。而日本标准在饲喂常规饲料的比例上规定应小于30%。但是未有规定要求必须在饲喂前经过机构许可。从该部分要求看，中国有机标准更加严格。

粗饲料在反刍动物的日粮中是必需的。中国标准规定粗饲料比例为60%（对乳用畜，在有机养殖开始的前3个月此比例可降低到50%）；日本的粗饲料比例为50%，从动物福利及满足动物自身生理需求的角度考虑，反刍动物日粮中应加入一定比例的粗饲料。

中国有机标准明确规定幼畜在哺乳期必须饲喂母乳或同种类的有机奶，并且对幼畜的哺乳期都做出了明确规定：牛、马等至少3个月，绵羊和山羊至少45天，猪至少40天。此外，中国标准还规定在紧急情况下可使用代乳品补饲，但其中不得含有抗生素、化学合成的添加剂（表B.1中允许使用的物质除外）或动物屠宰产品。而日本标准规定哺乳期间的家畜，可以使用母乳或6个月以上有机饲养的同种家畜的乳汁喂养。上述乳汁难以获得的情况下，可以使用6个月以上有机饲养的其他种类家畜的乳汁。由此可见，对于母乳的时间，日本标准更加严格，但是对于其他母乳的要求没有像中国标准要求严格，可以饲喂其他非同种类的天然母乳。关于饲料添加剂要求，通过表5-13来看，中日标准差异相对比较大，中国标准要求更细致，日本标准规定比较简单。

表 5-13　中日标准对饲料添加剂的要求

分类	中国	日本
可使用物质	1)使用的饲料添加剂应在农业行政主管部门发布的饲料添加剂品种目录中,并批准销售的产品; 2)水、乙醇、动植物油、醋、二氧化碳、氮或羧酸提取的饲料; 3)氧化镁、绿砂等天然矿物质;不能满足畜禽营养需求时,可使用附录B表B.1中列出的矿物质和微量元素。添加的维生素应来自发芽的粮食、鱼肝油、酿酒用酵母或其他天然物质;不能满足畜禽营养需求时,可使用人工合成的维生素	作为饲料添加剂中的无机盐使用天然物质或来自于天然物质未经化学处理的物品。该饲料添加剂在难以获得时也可使用类似物质(仅限天然物质或来自于天然物质未经化学处理的物品)
不能使用的物质	1)化学合成的生长促进剂(包括用于促进生长的抗生素、抗寄生虫药和激素)、化学合成的调味剂和香料、防腐剂(作为加工助剂时例外)、化学合成的着色剂、非蛋白氮(如尿素)、化学提纯氨基酸、抗氧化剂、黏合剂(附录B表B.1中允许使用的物质除外); 2)以动物及其制品饲喂反刍动物,或给畜禽饲喂同种动物及其制品; 3)未经加工或经过加工的任何形式的动物粪便; 4)经化学溶剂提取的或添加了化学合成物质的饲料,但使用水、乙醇、动植物油、醋、二氧化碳、氮或羧酸提取的除外	转基因技术及含有抗生物、抗菌剂的物品

5.4.6　健康管理

畜禽健康管理同饲料一样是有机畜禽养殖的关键环节。有机畜禽的疾病应以预防为主,即根据地区特点选择适应性强、抗性强的品种,通过合理的管理、高质量的饲料配给来提高畜禽的免疫能力和抗病能力。当通过预防仍无法控制病情时,应优先采用植物源制剂、顺势疗法等自然疗法医治疾病。当畜禽遭受严重疾病时应进行治疗,即使这种治疗会导致该畜禽不能保持有机身份。

激素和化学合成的抗生素不能用于预防性治疗。当采用多种预防措施仍无法控制畜禽疾病或伤痛时，允许在兽医指导下使用化学合成的对抗性兽药或抗生素，但必须经过一定的停药期，这些畜禽及其产品才能作为有机产品出售。中国和日本的标准规定相同，即均能满足2倍停药期或不少于48小时的规定。中国有机标准还规定，饲养周期不足1年的只允许接受1个疗程的对抗性兽药治疗；饲养周期超过1年的，每年最多允许接受3个疗程的对抗性兽药治疗，否则该畜禽不得作为有机畜禽或有机产品出售。

对于疫苗预防接种，中国有机标准中规定可以使用疫苗预防接种，但不应使用基因工程疫苗（国家强制免疫的疫苗除外）。但日本有机标准未有此规定。

通过以上中日标准比较，可以看出，两国标准基本原则一致，只是中国有机标准规定的更加细致。

5.4.7 屠宰与储藏、包装运输

中国有机标准规定畜禽在装卸、运输、待宰和屠宰期间都应有清楚的标记，易于识别，其他畜禽产品在装卸、运输、出入库时也应有清楚的标记，易于识别。并且运输和屠宰过程应遵循动物福利的原则，运输的动物必须限制动物所遭受的压力。装卸必须小心，并且禁止使用任何种类的电刺激强迫动物移动。在运输前和运输过程中，均禁止使用对抗性的镇静剂。并且屠宰前和屠宰过程中，必须采取适当的方式将动物遭受的压力降低最低。其中中国标准允许处于宗教或文化原因允许动物屠宰前不致晕。中国标准规定用于畜体标记的颜料应符合国家的食品卫生规定。

日本有机标准规定应防止不符合各项标准（畜舍禽舍标准、户外饲养场标准、家畜家禽的范围标准、饲料标准、健康管理标准及一般管理标准）的畜产品的混入。

虽然日本有机标准规定比较精短，但是基本要求与中国有机标准相同，只是中国有机标准的要求更加明确。

5.4.8 其他要求

5.4.8.1 有害生物防治

中国有机标准 GB/T 19630.1 的 8.10 部分规定，有害生物防治应按照优先次序采用以下方法：a)预防措施；b)机械、物理和生物控制方法；c)可在畜禽饲养场所，以对畜禽安全的方式使用国家批准使用的杀鼠剂和附录 A 表 A.2 中的物质。

日本有机标准规定，有害动植物的防治及品质的保持、改善只能使用物理或生物方法（转基因技术除外）。但物理及生物方法效果不明显的情况下，可以使用以下物品：a)有害动植物的防治目的：附表 2 的农药及有机加工食品标准附表 2 的药剂（但要防止混入到产品中）；b)畜产品的品质保持改善目的：附表 10 的调制用物品（仅限制造过程中未添加化学物质的物品及未使用过转基因技术的物品）；c)不得进行放射线照射。

从中日两国标注来看，均对有害生物防治进行了明确规定，都是优先预防和使用物理方法，在物理方法无法有效的情况下使用各自附录中的产品，但可以使用的防治物质有所不同。

5.4.8.2 环境影响

中国有机标准 GB/T 19630—2011 的第一部分 8.11 规定，应充分考虑饲料生产能力、畜禽健康和对环境的影响，保证饲养的畜禽数量不超过其养殖范围的最大载畜量。应采取措施，避免过度放牧对环境产生不利影响。

应保证畜禽粪便的贮存设施有足够的容量，并得到及时处理和合理利用，所有粪便储存、处理设施在设计、施工、操作时都应避免引起地下及地表水的污染。养殖场污染物的排放应符合 GB 18596 的规定。日本有机标准也规定家畜或家禽的排泄物不得导致水质污染，但是对于具体的指标未做出明确规定。由此可见，中日两国标准的要求是基本相似，即不得引起水质污染。

5.5 中日有机加工产品标准比较

5.5.1 概述

中国有机产品标准 GB/T 19630—2011 第三部分加工部分包括了食品、饲料和纺织品的规定，而日本有机标准分别制定了有机食品加工和有机饲料加工标准，日本有机标准未有关于纺织品的规定。

5.5.2 加工厂环境

中国有机产品标准 GB/T 19630—2011 加工部分 4.1 条款规定有机食品加工厂应符合 GB 14881 的要求，有机饲料加工厂应符合 GB/T 16764 的要求，其他加工厂应符合国家及行业部门有关规定。但是日本有机标准未对该部分做出明确规定。

5.5.3 配料、添加剂和加工助剂

中日两国标准对食品加工的配料的要求基本是一致的，均要求有机农业源配料含量不低于 95%，同一种配料不应同时含有有机和非有机的形式，

水和盐不计入成分。两国标准都明确列出了允许使用的添加剂和加工助剂，并且禁止使用来自转基因的配料、添加剂和加工助剂。此外，中国标准规定作为配料的水和食用盐应分别符合 GB 5749 和 GB 2721 的要求，当有机配料无法满足需求时，可使用非有机农业配料，但应不大于配料总量的5%。一旦有条件获得有机配料时，应立即用有机配料替换。而日本有机标准没有列出对加工用水和食用盐的要求。

中国有机标准 GB/T 19630 第二部分 4.2.1 部分规定，对于食品加工可使用附录 A 中表 A.1 和表 A.2 所列的食品添加剂和加工助剂，使用条件应符合 GB 2760 的规定。对于饲料加工，可使用附录 B 所列的饲料添加剂，使用时应符合国家相关法律法规的要求。

日本标准也对食品添加剂和加工助剂做了规定，只有在附表 1 中列出的物质才可以使用。此外日本标准还规定，制造加工过程中应采用物理及利用生物方法，使用食品添加剂时应控制在最低限度。对于饲料添加剂，应使用天然的或来自天然但没有经过化学处理的物质(经过抗生素和 DNA 重组技术生产的产品除外)。如果难以获得所列出的饲料添加剂，只有在补充饲料营养及有效成分时，才允许使用类似的食品添加剂。

从以上两国标准要求来看，两国对添加剂和加工助剂要求基本一致，只能使用列表中的物质。中国标准对助剂和添加剂的使用要求应符合 GB 2760，日本标准未有规定，所以相对来说，中国标准稍微严格一些。

5.5.4 加工工艺

中日两国标准对食品加工的原则基本是一致的：加工过程不应破坏食品的主要营养成分，可以通过生物的、物理的和机械的方法，并且采取必要的措施防止有机产品与非有机产品混合或被禁用物质污染，而且均不允许采用辐照处理。此外，中国标准还规定了加工过程中允许使用的提取溶剂、加工用水应符合生活饮用水 GB 5749 的要求，并且要求过滤材料禁止使用石棉作为过滤介质。而日本标准未有此规定。由此来看，中国标准稍微严格一些。

5.5.5 有害生物防治

中国有机产品标准 GB/T 19630—2011 加工部分 4.2.3 条款规定：应优先采取以下管理措施来预防有害生物的发生：①消除有害生物的滋生条件；②防止有害生物接触加工和处理设备；③通过对温度、湿度、光照、空气等环境因素的控制，防止有害生物的繁殖。可使用机械类、信息素类、气味类、黏着性的捕害工具、物理障碍、硅藻土、声光电器具，作为防治有害生物的设施或材料。可使用下述物质作为加工过程需要使用的消毒剂：乙醇、次氯酸钙、次氯酸钠、二氧化氯和过氧化氢。消毒剂应经国家主管部门批准。不应使用有毒有害物质残留的消毒剂。在加工或储藏场所遭受有害生物严重侵袭的紧急情况下，提倡使用中草药进行喷雾和熏蒸处理；不应使用硫黄熏蒸。

日本有机食品标准第 4 条规定：①采用物理及利用生物方法防治有害动植物（转基因技术除外）。在物理及生物方法效果不明显的情况下仅限使用附表 2 所列药品（转基因产品除外）。在使用附表 2 所列药品时防止混入原材料及产品中。②当仅使用条款①所提及的方法无法有效控制病虫害时，可使用附表 2 中未列出的化学试剂。当使用后，这些试剂要在开始加工有机食品之前去除掉。③不能使用电离辐射进行病虫害防治、食品保存或设备处理。④按照本表成分的标准及上述条款 1～4 项的标准制造加工的食品要避免受到农药、去污剂、消毒剂及其他物品的污染。

通过对中日两国标准比较，两国的防治原则是一致的，首先采取物理措施，当物理措施无法防治时，可使用标准中规定的物质（表 5-14），只是允许使用的物质不一样，但都应注意在开始加工有机食品之前去除。

表 5-14　中日两国可用于加工过程中有害生物防治的物质

分类	中国	日本
可使用物质	乙醇、次氯酸钙、次氯酸钠、二氧化氯和过氧化氢	除虫菊提取物、硅藻土、硅酸钠、碳酸氢钠、二氧化碳、钾皂、乙醇、硼酸、信息素、辣椒素

5.5.6　储藏、包装运输

中国标准对有机产品的包装、运输和储藏都做出了明确的要求。对于包装材料需要符合国家相应的要求，比如对于食品包装材料需要满足食品级包装材料的要求，并且包装应简单实用，避免过度包装，并应考虑包装材料的生物降解和回收利用，同时规定包装材料不应接触过禁用物质，不应使用含有合成杀菌剂、防腐剂和熏蒸剂的包装材料。对于有机产品的储藏，应尽可能单独存放；与非有机产品共同存放时，需要划定特定区域。并且需要采取必要的措施避免有机产品与其他产品混淆。并且定期对仓库进行清洁，做好有害生物防治工作，并且可以通过储藏方法（比如气调、湿度调节等方式）来保证有机产品储藏品质。对于运输过程，要求运输工具清洁，运输过程避免与常规产品混杂或受到污染，并且在运输容器或产品外包装上应有清晰的有机标识及有关说明，并且不得被玷污或损毁。

日本有机农业法规中未有对包装做出具体要求，但对于制造、加工、包装、储藏等工序的相关管理部分规定应防止作为原料使用的有机农产品、有机加工食品及有机畜产品中混入其他农畜产品及其加工品。

5.6 中日有机产品标识销售、管理体系比较

5.6.1 概述

标识与销售、管理体系均是有机体系中的重要部分。中日两国标准也都分别对标识和销售和管理体系进行了明确规定，以下就这两部分分别进行对比。

5.6.2 标识销售管理

中国有机产品标准明确规定了有机产品应根据国家相关法律法规的要求进行标识，并且规定有机配料含量等于或者高于95%并获得有机产品认证的产品，方可在产品名称前标识“有机”，在产品或者包装上加施中国有机产品认证标志。GB/T 19630.3部分给出了有机配料百分比的计算方法，并且规定了有机产品认证标志的图形及颜色。标识为“有机”的产品应在获证产品或者产品的最小销售包装上加施中国有机产品认证标志及其唯一编号、认证机构名称或者其标识。对于散装或裸装产品，以及鲜活动物产品，应在销售专区的适当位置展示中国有机产品认证标志、认证证书复印件。不直接零售的加工原料，可以不加施。并且中国标准对于有机产品销售制定了有机销售证的制度，有机产品在进货时，销售商应索取有机产品销售证，以证明购买产品的有机属性。中国的标识与销售规定主要是针对在中国境内销售的有机产品。

按照中国有机产品销售的产品必须加贴中国有机产品认证标志唯一码，该码只能由认证企业向认证机构申请，经认证机构审批后方可签发。按照GB/T 19630—2011《有机产品》国家标准和相关规定，以下几种情况可不

加施有机产品认证标志：现场采摘销售的果蔬类有机产品；不直接零售的加工原料；无法加施有机产品认证标志的散装或裸装产品，以及鲜活动物产品，但应在销售专区的显著位置摆放有机产品认证证书复印件。

此外，中国有机标准规定了对于转换期产品只能按照常规产品销售，不涉及转换期产品的标签，但是日本有机标准有针对转换期产品标识的相关规定，即在转换期产品或转换期原料名称前或名称后加上“转换期”字样，但畜禽产品除外，畜禽产品没有转换期间的说法。

日本有机农业法规规定了有机农产品、有机加工食品、有机动物产品以及有机饲料产品标识的要求，对于有机加工食品产品标签还应满足以下JAS食品法规要求。按照JAS有机产品销售的产品必须经过达规判定者判定加贴JAS标志。日本有机加工产品标签至少要包含以下信息（表5-15）。

表5-15　日本有机加工产品标签需要包含的信息

项目	包含的信息
名称	有机**、转换期间有机**
原材料	有机**、其他原材料（重量顺序）（部分农产品的原产地标识义务、进口产品原产国标识义务）
内容量	个、克、千克等
品尝期限	3个月以内的——年月日表示；3个月以上的——年月表示
保存方法	温度、光照等
责任者名称、住所	制造业者、进口业者等
原产国	进口产品

对于销售证的规定，如果产品按照有机产品销售，中国有机标准是强制认证企业向认证机构进行申请，而对于日本标准是自愿由认证企业向认证机构申请。

5.6.3　管理体系

中国有机标准GB/T 19630—2011第4部分明确了管理体系要求，从质量手册、操作规程、记录和人员进行了详细规定:有机产品生产、加工、经营者应有合法的土地使用权和合法的经营证明文件。有机产品生产、加工、经营者应按GB/T 19630.1、GB/T 19630.2、GB/T 19630.3的要求建立和保持有机生产、加工、经营管理体系,该管理体系应形成本部分4.2要求的系列文件,加以实施和保持。申请应该提交的文件包括生产单元或加工、经营等场所的位置图、管理手册、操作规程、系统记录,并且要求这些文件最新有效。有机产品生产、加工、经营者应具备与有机生产、加工、经营规模和技术相适应的资源,生产管理者代表和内部检查员应该符合要求。并且中国有机产品标准还要求操作者应该建立可追溯体系与产品召回和持续改进体系。

日本有机标准也有相应的管理体系,分别为有机农产品和有机饲料(未加工)生产过程管理者的认证技术标准(第1830号公告)、有机加工食品和有机加工饲料生产过程管理者的认证技术标准(第1831号公告)、有机畜产品生产过程管理者的认证技术标准(第1832号公告)、有机农产品、有机加工食品、有机饲料和有机畜产品分装业者的技术认证标准(第1833号公告)、有机农产品、植物源有机加工食品进口商的认证技术标准(第1834号公告)。在技术标准中规定了操作规程和达规判定的内容,并对人员进行了明确规定。

中日标准的操作规程要求基本一致,但对于如下几点存在不同:①中国有机标准有对管理手册的明确要求,包括对企业的管理要求,但是日本有机标准没有明确规定。②日本标准比中国标准,有达规判定要求,即在每个环节都需要经过达规判定后产品方可用于下一环节的产品原料。而中国有机标准未有明确要求。③人员要求略有不同,两国标准都规定了生产管理人员,中国有机标准的内部检查人员与日本的达规判定人员职责基本相似,但是日本人员明确规定了生产管理责任者和所有的达规判定人员必须经过认证机构或其他专业的培训方可被任命,且对工作背景/学历背景和工作年限的要求。而中国有机标准对培训的方式和培训方没有明确要求，且对于工作年限没有明确要求。④对于记录的保存，两国标准有所不同，中国有机标准规定记录至少保存 5 年，而日本有机标准规定从达规判定的有机农产品或有机饲料出货日开始计算，保存生产过程的管理和控制记录以及能作为此记录的依据的文件至少 1 年。

5.7 中日有机产品互认可行性分析

中日有机产品标准基本思路和框架是一致的，涉及有机生产链条的各个环节，包括植物和植物产品、动物和动物产品、加工、包装、处理、储藏和运输以及标识和要求等。相比较日本标准来说，中国有机产品涵盖的范围更加广泛；其中包括了设施农业生产和芽苗菜的生产、水产养殖、蜜蜂养殖、纺织品生产等内容，而在日本标准中没有明确规定。因此，中日两国有机产品互认从有机标准涵盖的认证产品范围植物生产、野生采集、食用菌、畜禽养殖及加工等几个方面进行讨论，进一步探讨中日两国有机标准互认的可行性。

5.7.1 作物生产

植物生产是有机生产中非常重要的一部分，也是目前为止认证的产品种类最多的一类。从内容设置上，中日两国标准均是从种子、繁殖材料、缓冲带、平行生产、产地环境、土肥管理、病虫害防治等方面进行控制，而且基本的要求是一致的，但细节的要求尤其是土肥管理和病虫害防治方面可以使用的物质上有部分差异。所以在植物生产有机认证互认方面有一定的可行性，但也存在有一定的难度。具体的每个环节相似程度对比见表 5-16。

表 5-16 中日有机作物生产标准比较汇总表

项目	相似度	差异点描述
认证范围	****	日本未有芽苗菜标准
GMO	****	日本有机标准对农药及肥料未有 GMO 的限制要求
电离辐射	*****	无
平行生产	****	日本未有明确规定
投入品	***	1)允许使用的投入物部分不一致； 2)未在列表中的产品评估程序不同:中国有评估程序,所有机构遵循的程序一致,日本未有明确的规定,各个认证机构评估
转换期	****	撂荒地和未使用禁用物质的地块: 中国:要求至少 36 个月以上的证明,且至少转换 12 个月 日本:有撂荒地需要至少 12 个月,未使用禁用物质的地块在证据充分的情况下可以直接有机
产地环境	****	中国:对环境条件(水、土壤、大气)提出了明确的要求
种子与繁殖材料	****	1)中国有机标准规定一年生种苗必须是有机方式培育的,但是日本有机农产品标准未有明确规定； 2)中国有机标准规定在使用常规种子、植物繁殖材料时,要求认证企业制订和实施获得有机种子和植物繁殖材料的计划,但是日本有机农产品标准未做明确规定； 3)日本有机农产品标准规定若使用常规种苗,营养繁殖植物应使用最嫩的苗。但是中国有机标准未对此做出规定
土壤养分管理	****	允许使用的部分投入物不一致,中国标准禁止使用未处理的人粪尿,但是允许使用腐熟和无害化处理的人粪尿,日本未有该规定
植物保护措施	****	允许使用的部分投入物不一致
设施栽培	****	中国:具体规定了可使用的土壤培肥物质和代替轮作的措施
芽苗菜生产		日本无此标准
储藏、包装和运输	****	中国:对包装材料具体要求;对仓储方法和仓库清洁有具体要求

* 代表中日标准的相似度,其中 ***** 代表完全一致;以下表格相同。

从以上表格相似度来看，除了投入品、土壤养分管理、植物保护措施部分是互认中比较有难度的，其他部分则可按照严格的标准进行。而投入品、土壤养分管理、植物保护措施如使用两国标准中同样的物质，则按照两国标准执行的生产还是可以达到互认的。

5.8.2 野生采集

野生采集是一类比较特殊的产品，人为投入很少。主要要求是采集区域必须明确定界、采集区域近3年内未受禁用物质污染、采集活动要保证物种的多样性及环境的可持续发展不受破坏、采集人员要接受培训并了解标准要求。两国的有机农业标准要求和规定基本一致，基本具备互认的可能，前提是日本标准中也明确规定采集者应制定和提交有机野生植物采集区可持续生产的管理方案。

5.8.3 食用菌

食用菌栽培是一类比较特别的产品，栽培基质是关键。两国有机产品标准均对食用菌使用的基质进行了规定，并且对于基质的要求是一致的。此外中国有机标准对食用菌的规定更加细致，对食用菌的菌种、覆土栽培食用菌的转换期、防止禁用物质污染的措施等进行规定，虽然日本有机标准并没有对这些内容单独列出，但是依据日本有机标准对植物及植物产品相关要求，这部分的规定同中国有机标准的要求是一致的。所以两国食用菌部分基本具备互认的可能性，但是需要关注菌种、饮用水及接种部位的涂料的符合性。

5.8.4 畜禽养殖

从表5-17可以看出，畜禽养殖是有机生产中难度较大的一部分，目前为止，中日两国获得有机认证的畜禽养殖产品均比较少，尤其是日本标准。从内容设置上，两国标准均是从畜禽引入日龄、转换期、畜禽营养(饲料来源、饲料比例、哺乳期、添加剂等)、停药期、动物疫苗、圈舍、粪便管理等方面进行控制，原则上要求一致。但由于此部分涉及很多具体数字的规定，由于生产条件、养殖方式不同，所以在具体数字上存在一定的差异，各标准对肉牛、蛋鸡、乳用畜的要求基本相同，可以首先实现这些产品的互认。

表 5-17 中日有机畜禽产品标准比较汇总表

项目	相似度	差异点描述
畜禽来源和引种	***	1)中国对牲畜的引入要求特别是马、猪、羊的引入比日本标准严格，而对禽类的引入，两国的要求是一致的； 2)常规马和羊的引入比例要求，日本标准比中国标准要求更加严格。常规牛和猪的比例，中日两国要求一致，只是日本标准规定不得是生育过的母畜，而中国未有此规定。日本标准对此要求比中国标准更加严格
转换期	****	中国和日本两国对饲料操场的转换期要求同各自植物生产部分的转换期，但中国标准的转换期比日本标准转换期长度要短。也就是说日本标准比中国标准要严格一些。对于畜禽转换期，除了肉牛和马的转换期日本标准规定 12 个月和 3/4 生存期中任一较长时间，其他基本一致
平行生产	****	日本未有明确规定
圈舍与放牧区	*	中国有机标准比日本有机标准规定更加精细，比如同种畜禽规定了不同的重量的面积要求，要求相对更加严格
动物饲料与营养	**	中国：50%应来自本养殖场饲料种植基地或本地区有合作关系的有机农场；对于草食动物，常规饲料的最大比例不超过 10%，非草食动物不超过 15%，日粮中常规饲料的比例不得超过总量的 25%；饲喂常规饲料应事先获得认证机构的许可； 日本：应使用自家生产饲料，但是转换期农产品及加工品的干物质重比例应为有机饲料的 30%以下；在难以获得有机饲料的情况下饲喂常规饲料的比例应小于 30%，但未有规定要求必须在饲喂常规饲料前经过机构许可； 饲料添加剂：中日标准差异相对比较大，中国标准要求更细致，日本标准规定比较简单

续表 5-17

项目	相似度	差异点描述
疾病预防	****	对于疫苗预防接种，中国有机标准中规定可以使用疫苗预防接种，但不应使用基因工程疫苗（国家强制免疫的疫苗除外）。但日本有机标准未有此规定
屠宰与储藏、包装运输	***	日本：未做具体的实施要求
有害生物防治	***	使用的防治物质部分不一样
环境影响	***	中国：养殖污染物的排放应符合 GB 18596 的规定

5.8.5 加工有机产品

有机产品加工主要从原料和辅料、加工方法、害虫控制、储藏和运输、设备清洁等方面进行控制，以保证产品的有机符合性和可追溯性。从基本要求上，中日两国对于加工方面的要求基本一致，只是允许使用的辅料（食品添加剂和加工助剂）上有一定的差别，所以虽然具有较好的互认基础，但也具有一定的难度（表 5-18）。

表 5-18　中日有机加工产品比较汇总表

项目	相似度	差异点描述
认证范围	****	日本：不包括纺织品生产
平行生产		日本：未有此规定
加工厂环境		日本：未有此规定
配料、添加剂和加工助剂	***	中国：水和食盐有明确的标准规定，日本未有规定；中国添加剂和助剂需符合 GB 2760，添加剂和助剂：两国标准部分不同
加工工艺	****	中国：禁止使用石棉作为过滤介质；加工用水应符合生活饮用水 GB 5749 的要求 日本：未作具体要求
有害生物防治	***	所能使用的消毒剂有所不同
包装	****	日本：未作具体要求
储藏和运输	*****	一致

5.8.6 标识与销售及管理体系

日本标准没有防伪标志的规定，但是JAS标识是必需的。两国规定比较相似，但是对于销售证，如果要达到互认，日本标准需要按照中国标准申请销售证，其产品方有达成互认的可能。

在管理体系方面，中国有机标准与日本有机标准在此部分差异比较多。首先，中国有机标准有对管理手册的明确要求，包括对企业的管理要求，但是日本有机标准没有明确规定。其次，日本标准有达规判定要求，即在每个环节都需要经过达规判定后产品方可用于下一环节的产品原料。而中国有机标准未有明确要求。第三，人员要求略有不同，两国标准都规定了生产管理人员，中国有机标准的内部检查人员与日本的达规判定人员职责基本相似，但是日本人员明确规定了生产管理责任者和所有的达规判定人员必须经过认证机构或其他专业的培训方可被任命，且有对工作背景/学历背景和工作年限的要求。而中国有机标准对培训的方式和培训方没有明确要求，且对于工作年限没有明确要求。第四，对于记录的保存，两国标准有所不同，中国有机标准规定记录至少保存5年，而日本有机标准规定从达规判定的有机农产品或有机饲料出货日开始计算，保存生产过程的管理和控制记录以及能作为此记录的依据的文件至少1年。如果想要达到互认，需要对不同部分进行修订，达成一致要求，方可进行互认。

5.8.7 检查认证体系

在检查认证体系方面存在较多差异，主要表现在：①根据中国《有机产品实施规则》的要求，申请者要建立并有效运行了有机生产体系3个月以上才能申请有机产品认证，而日本并无此要求。②申请受理最低文件要求不同。中国有机标准对基地产地环境证明文件、有机可行性规划以及诚信说明有着明确的规定,需要在前期受理时提供。而日本没有此要求。③对产品检测要求不同。中国《有机产品实施规则》明确要求,认证机构应当对申请认证的所有产品安排样品检验检测。认证证书发放前无法采集样品并送检的,应在证书有效期内安排检验检测,并得到检验检测结果;而日本对检测的要求是基于风险分析的基础上进行,并未要求所有认证产品必须进行取样检测。④现场检查要求不同。中国《有机产品实施规则》明确要求,同一认证的品种在证书有效期内如有多个生产季的,则每个生产季均需进行现场检查。而日本有机标准未有该要求。⑤证后监管有所不同。中国《有机产品实施规则》明确要求,认证机构应在风险评估的基础上每年至少对5%的获证组织实施一次不通知的现场检查。而日本有机标准未对此做出明确规定,也是基于认证风险的基础上进行监督检查。

中国有机标准比日本有机标准要求严格,如果想要达到互认,需要按照中国有机标准要求执行。

5.8.8 小结

通过对中日两国有机产品认证的法规和标准体系对比分析可以看出(表5-19),中日两国具有达成有机产品互认的可行性,尤其在野生采集和食用菌栽培部分两国的有机农业标准要求和规定基本一致,具有良好的互认基础。对于作物生产和加工部分,按照比较严格的一方标准进行检查认证,也是可以达到互认的可能,但是标准互认的前提是标识与销售、管理体系和检查认证体系同步获得互认。

表5-19 中日两国有机标准互认可行性分析

标准	作物	野生采集	菌类	畜禽养殖	加工	标识销售	管理体系	检查认证体系
可行性	****	*****	*****	**	****	***	***	***

注:*达成标准互认的可行性程度,*****为100%可行。

为此，两国应先期开展野生采集和食用菌栽培互认比较的技术工作，建立中日两国有机产品认证主管机构、认证机构、认可机构定期技术交流机制，为推动两国贸易发展提供基础，然后再对作物生产和加工部分的互认进行进一步的推进，更好地推进中日两国的有机产品贸易的发展。

第6章

浅析我国开展有机产品认证结果互认合作的建议

6.1 有机产品认证互认的必要性

全球贸易的迅猛发展，使全世界经济联系越来越密切，经济全球化和区域一体化成为经济发展的两大趋势。20 世纪 90 年代后，特别是进入 21 世纪以来，实施可持续发展战略得到全球的共同响应，可持续农业的地位也得以确立，有机农业作为可持续的农业生产方式受到了世界大多数国家的认可，由此有机农业进入了一个蓬勃发展的新时期，无论是在规模、速度还是在水平上都有了质的飞跃。这一时期，全球有机农业生产发生了质的变化，即由单一、分散、自发的民间活动转向政府自觉倡导的全球性生产运动。随着有机农业生产规模的迅速扩大，有机产品数量和种类的不断增加，有机产品也越来越受到消费者的青睐，全球有机产品的消费开始出现大幅度的增长，有机产品的国际贸易也得以迅猛发展。

随着有机产品生产和贸易在世界各地得到了快速发展，所占的市场份额也在逐年提高，各国(地区)政府对有机生产和贸易的重视程度不断提升，一些国际组织[如食品法典委员会(CAC)]和发达国家(如美国、日本)已发布了有机产品的法规与标准，作为判定有机产品的依据和农产品进出口的技术规范。还有一些国家随着本国有机产品进出口贸易的增加，也正在着手制定本国有机产品的法规或标准，以加强对本国有机产品的管理和发展。国际有机农业研究所(FiBL)对全球有机产品的法规(标准)的调查数据显示：截至2014年底，全球已建立有机法规或标准的国家(地区)达到88个；其中，完全实施有机法规/标准的国家(地区)数量共计69个，具体分布：欧洲地区占37个，亚太地区占13个，加勒比海地区占18个，非洲1个。尚有19个国家(地区)虽已制定但并未全面实施其有机法规/标准的国家，包括欧洲地区2个，亚太地区12个，加勒比海地区4个，非洲1个。此外，还有12个国家(地区)正处于立法过程中。

越来越多的国家(地区)制定并发布了有机产品的法规和标准，加之现存的民间有机产品标准，带来了标准和合格评定程序上的差异，有机产品要销往其他国家或地区，往往需要实施重复审核、重复认证、重复收费等多重负担，不但给有机产品的国际贸易造成了障碍，还会提升有机产品生产成本，最终转嫁到消费者的头上，阻碍有机产品销售。

统一有机认证制度、实现认证结果的国际互认已成为当今国际有机认证领域迫切需要解决的一大课题，也是国际贸易自由化的必然结果，互认体系正在被各国(地区)广泛接受，并作为促进贸易便利化的手段。当前，一些国际组织已经开始考虑建立有机产品认证结果的多边互认体系，同时，越来越多的国家(地区)已经开始寻求通过签署政府间的协议来建立双边互认机制，以便利有机产品的贸易，减少或消除因法规/标准或合格评定程序带来的国际贸易技术壁垒，形成等同或等效性协议来便利有机产品的贸易。

6.2 国际已实现的有机产品标准互认

本部分拟通过简要介绍国际上已签署有机产品认证结果双边互认协议国家(地区)的互认安排,为中国有机产品认证结果的双边互认提供参考。

6.2.1 美国有机农业标准国际互认发展和现状

2015年,美国农业部(USDA)批准从市场准入项目(MAP)中拨款284902美元用于促进美国有机产品市场板块。同年,有机贸易协会(OTA)也发起了意义深远的政策研究,包括在日本和全球市场增加更多的有机合作和研究项目。根据初步的估算,在2013年美国有机产品出口创下新高,到达53700万美元,比2011年增加20%,其中苹果、生菜和葡萄的出口额占据前三位。在2013年,美国市场上有机产品进口额接近13亿美元,其中咖啡、葡萄酒、大豆和橄榄油是主要的进口有机产品。事实上美国国内有机产品出口贸易要远高于上述数据,因为这些统计数据是来自于美国农业部的全球农业贸易体系(GATS),而该体系现在也仅包括了26种出口产品和35种进口产品(FiBL & IFOAM,2015)。

美国于1990年由国会通过了《有机食品法案》,该法案授权美国农业部成立国家有机项目(NOP)负责有机产品标准和法规的制定和管理,具体由国际有机标准委员会(NOSB)实施。1992年美国农业部农业秘书任命首届NOSB成员,开始了长达10年的有机标准制定工作,于2000年制定并由NOP发布了联邦公告,建立了国家有机食品标准,包括《美国农业部有机法规》(美国联邦法规第205部分第7章)和《项目指导手册》,NOP可以根据NOSB的意见进行修改。从2002年开始由NOP认可的有机认证机构开始进行有机产品认证。

依据美国有机农业法案的要求，在美国销售的有机产品如果想加贴有机标志，可以通过两条途径满足美国有机农业法案的要求：①该产品经过美国农业部（USDA）认可的认证机构的认证；②该产品来自与美国农业部签订等同协议的国家，并且满足等同协议设定的条件。

6.2.1.1 对有机产品认证机构的认可

美国有机农业法案允许通过批准认证机构作为代理的方式来执行美国有机农业法案的认证程序。该认证程序要求现场检查必须由参加过 NOP 培训的检查员执行，有机产品证书也只能由经过美国农业部认可的认证机构签发，认证机构是否位于美国无关。

目前，已经有 80 家认证机构经过美国农业部的认可，可以根据美国农业部有机法规从事有机产品认证，获得认证的有机产品均可以作为有机产品在美国市场上销售。这些机构中有 48 家认证机构位于美国，有 32 家认证机构位于美国之外的其他国家。大多数认证机构直接获得美国农业部认可，还有 21 家认证机构是通过美国同其他国家政府签署等同协议后指定的认证机构[①]，这部分将在 6.2.3 部分进行描述。

6.2.1.2 与其他国家或地区签署的双边协议

这里所说的双边协议，实际上是指有机产品的进出口的协议。根据协议规定，依据任何一个协议方的有机标准认证的有机产品，即可在另外一方按照有机产品销售。美国同其主要贸易国签署有机产品的等同互认的双边协议可以极大地便利有机产品的贸易，减少了国际上有机产品贸易壁垒，降低有机产品认证成本，并且为美国境内的有机生产者提供了额外的发展机

---

① http://www.ams.usda.gov/services/organic—certification/certifying—agents

会，对于国内消费者而言增加了有机产品的可获得性。

从2009年开始至今，美国已经与加拿大、日本、韩国和瑞士签署有机产品等同互认的双边协议。这些协议均对等同的产品范围、生产区域、产品标识和出口以及特殊要求进行规定（表6-1）。

表6-1 与美国签订双边等同协议的国家及限定条件

国家	互认标准 生效时间	互认范围	生产区域	其他
加拿大	NOP↔COR 2009/6/30	所有食品和饲料用的农业产品（包括一定限制条件）	没有限制	认证机构出具认证符合等同协议的证明
欧盟	EC↔NOP 2012/6/01	除水产品外的所有有机产品（包括一定限制条件）	仅限定美国和欧盟生产和加工的产品	需要进口证书
日本	NOP↔JAS 2014/1/1	植物产品（包括食用菌）和植物源的加工产品或者最后加工/包装/贴标的产品	仅限定在美国和日本生产、加工和包装的产品	需要进口证书
韩国	NOP↔KOREA 2014/7/1	加工产品（包括一定限制条件）	仅限定美国和韩国生产的产品	需要进口证书
瑞士	NOP↔OFO 2015/7/1	包括植物产品、野生采集产品、畜禽产品以及加工的产品（包括一定限制条件）	在美国或瑞士生产的产品；或者最后加工或包装在美国或瑞士完成的产品	需要进口证书

2009年美国与加拿大签署了等同协议（NOP-COR），协议的范围包括所有食品和饲料用的农业产品，但是对于出口到美国的动物产品要求不得使用抗生素，对于出口到加拿大的植物产品要求生产过程中不得使用亚硝酸钠，并且不得使用水培法和气雾栽培法；对于动物产品（反刍动物例外）必须按照CAN/CGSB-32.310—2006）中规定的畜禽动物放养率进行养殖生产。协议双方对有机产品生产区域没有作规定，但是在出口时，需要认证机构出

具认证符合等同协议的证明。

在2013年9月份，美国和日本签署了有机产品贸易的双边协议，并于2014/1/1生效。协议范围涵盖植物产品(包括食用菌)和植物源的加工产品或者最后加工/包装/贴标，在美国或日本的产品且有机配料含量不低于95%，此外，肉、奶制品和酒精饮料不包含在内。对于产地，协议中规定这些等同的有机产品仅限定在美国和日本生产的植物产品，或者最后加工/包装/贴标在美国和日本完成的产品。2014年6月30日美国与韩国签署的有机产品等同协议生效，这是美国同主要的亚洲合作合并签署的第二份有机等同协议。该协议覆盖的产品范围是有机加工食品，包括有机调味品、谷物、婴儿食品、速冻肉类、奶制品、酒精饮料和其他加工的产品，该协议允许在韩国或在美国加工的有机产品在两者中任何一个国家按照有机产品销售。该协议不包括在美国使用了抗生素的苹果和梨以及在韩国使用了抗生素的畜禽产品。协议中还规定，在出口对方国家时，需出具进口证书。

2012年与欧盟的等同协议与2015年与瑞士签订的协议内容类似，包括植物产品、野生采集产品、畜禽产品以及加工的产品；但来自欧盟或瑞士的使用了抗生素的畜禽产品或含有这类物质的产品排除在外；对于葡萄酒类生产和贴标需要满足进口国的要求。并且等同协议中的产品仅限于在协议双方国家生产的产品，且在出口对方国家时，需出具进口证书。

6.2.1.3 对其他国家或地区有机产品出口的单边协议

美国农业部除了与主要贸易国签署了有机产品等同互认的双边协议外，也同一些国家或地区签署了单方面的有机产品出口协议，即在美国生产或加工的并且按照美国农业部的有机标准进行认证的有机产品可以直接出口进入协议国并且可以按照有机产品进行标识和销售，或者在协议国的操作者按照协议相关内容进行生产和认证的有机产品可以进入美国市场进行销售，这就是所谓的单边协议。

当前,美国同台湾签署了有机产品单边的出口协议,即来自美国的未加工的和加工的农业源产品(包括畜产品)只要经过 NOP 的认证即可出口到台湾并且作为有机产品销售,该协议自 2009 年 3 月 18 日正式生效。即在美国所有经过 NOP 认证的有机产品即可进口并且在台湾作为有机产品销售,在美国之外其他国家经过 NOP 认证的产品不在该范围内。此外,该协议还要求,美国的有机产品在出口到台湾时,需要 USDA 认可的认证机构签署有机贸易证书(TM-11)。

在从其他国家或地区进入美国的单边协议中,当前美国农业部接受了几个国外政府的认可程序及其认可的认证机构,比如印度、以色列和新西兰。这些协议国家从事有机产品认证的认证机构,只需要满足当地国家认可的要求,可以不用被美国农业部认可,也可以实施 NOP 的认证活动,其认证的产品也可以出口到美国并且在美国按照有机产品销售,这实际上是美国同其他贸易国签署的一种进口协议。

美国早在 2002 就同新西兰签署了这样的单边承认协议。根据协议规定,美国农业部承认新西兰初级产业部批准的第三方机构(TPA,目前只有两家),这两家认证机构只需要获得新西兰初级产业部的认可和批准,即可实施 USDA 有机标准的认证活动,经过这些机构认可的有机产品出口商,其产品可以在美国市场上按照有机产品销售,并且允许加贴美国 USDA 有机印章。

6.2.2 欧盟与相关国家的互认

2006 年 12 月底,欧盟发布了有机产品进口新法令。该新法令于 2007 年 1 月开始实施,并于 2009 年开始实施的新欧盟法规进行适当的修改。对于欧盟成员国内,欧盟有机产品可以自由流通,只要该产品的生产、加工、进口、销售过程符合欧盟 834/2007 标准以及相关实施规则的要求。

除了获得欧盟有机产品的认证外，通常有两条途径可以出口有机产品到欧盟国家：一条途径是由欧盟委员会认可的认证机构对有机产品进行认证。欧盟内外的检查机构都可以列申请加入与欧盟标准等同于欧盟标准的检查体系和生产标准检查机构清单。另外一条途径是成为欧盟国家的第三国。如果欧盟以外的国家已经制定了有机产品标准，并获得欧盟的等同性认可，就可列入欧盟有机产品第三国名单。在每个第三国名单下，有该国被欧盟认可的产品类型（植物制品及动物制品等）、产品的原产地、认证机构与签发贸易证书的机构和期限。现在列入第三国名单的国家有阿根廷、澳大利亚、加拿大、瑞士、以色列、新西兰、哥斯达黎加、印度、日本、突尼斯、美国、韩国。

在这12个国家中，8个国家（阿根廷、澳大利亚、以色列、新西兰、哥斯达黎加、印度、日本、突尼斯）都是签订的单边协议，也就是欧盟认可这些国家认证的产品，经过这些国家相关有机认证后就可以进口到欧盟，反过来不可以。目前，欧盟委员会已与4个国家签订双边互认协议，这些国家包括加拿大、美国、瑞士以及韩国，这意味着，这些第三国具有与欧盟有机标准等效的国家有机标准、等同/等效的合格评定程序。互认协议的签署通常附带一些限定或附加条件，比如限定产品类别、限定允许或禁止使用的投入物质、限定认证机构范围等，这些条件已列入欧盟 EC 1235/2008 法规的附则Ⅲ中（表6-2）。瑞士与欧盟是最早实现互认的，其有机产品标准等同协议于2009/6/1生效。协议范围除了海藻之外所有在欧盟和瑞士认证范围内的产品，但是转换期的产品排除在外，出口到欧盟的有机产品限定在瑞士境内生长和生产的产品，或者从欧盟或者瑞士等同的国家（印度、日本、突尼斯、加拿大）进口的有机配料，并且最后的加工/包装/贴标在瑞士完成需要满足进口国市场要求，并且出口到欧盟时不需要检查证书。

表 6-2　与欧盟签订双边等同协议的国家及限定条件

国家	互认标准	互认范围	生产区域	其他
加拿大	EC↔COR 2011/6/21 生效	包括活的或未加工的农业产品、种子和繁殖材料、用于食品和饲料的加工产品（不包括配料不来自加拿大的多配料产品、宠物食品、水产品、化妆品、纺织品和家具）	出口加拿大限定在欧盟境内生产或者最后加工或贴标在欧盟完成并且从欧盟港口发出的产品；出口欧盟仅限定在加拿大生长产品，即配料 100%来自加拿大	出口到欧盟时，需要提供检查证书（IC）
美国	EC↔NOP 2012/6/1 生效	除了水产品之外的所有在 NOP 和 EC 范围内的产品，但是对于出口到美国的动物不得使用抗生素；出口到欧盟的植物（苹果和梨等）不得使用抗生素；对于葡萄酒需要满足特殊的规定	出口美国限定在欧盟境内生产的产品，或者最后加工或包装在欧盟完成并且从欧盟港口发出的产品；出口欧盟限定在美国境内生长产品，或者最后加工或包装在美国完成的产品	出口到美国时需提供 NOP 进口证书，出口到欧盟时，需要提供检查证书（IC）
韩国	EC↔KOREA 2015/2/1 生效	仅限加工的食品，仅指 KOREA 定义的加工食品，并且有机配料含量不低于 95%	出口韩国限定有机配料来自欧盟或者进口到欧盟的配料，并且最后的加工在欧盟完成；出口到欧盟限定有机配料来自韩国，或者从与韩国等同的国家进口的有机配料，并且最后的加工在韩国完成	出口到韩国时需提供 NAQS 进口证书，出口到欧盟需要提供检查证书（IC）
瑞士	EC↔OFO 2009/6/1 生效	除了海藻之外所有在欧盟和瑞士认证范围内的产品，但是转换期的产品排除在外	限定在瑞士境内生产的产品，从欧盟或者瑞士等同的国家进口的有机配料，并且最后的加工/包装/贴标在瑞士完成	出口到欧盟时不需要检查证书

加拿大与欧盟于2011/6/21达成了等效协议，包括活的或未加工的农业产品、种子和繁殖材料、用于食品和饲料的加工产品；但是对于配料不来自加拿大的多配料产品、宠物食品、水产品、化妆品、纺织品和家具没有保护在互认协议中。对于产地限制，对于出口到加拿大的有机产品来说，必须是在欧盟境内生长和生产的产品，或者最后加工或贴标在欧盟完成，并且从欧盟港口发出的产品；而对于出口到欧盟的有机产品则限定在加拿大生长产品，即配料必须100%来自加拿大，并且在出口时，标签标识需要满足进口国市场的要求，从加拿大出口到欧盟的有机产品还需要提供检查证书(IC)。

美国与欧盟的有机产品标准等同协议于2012/6/1生效，包括除了水产品之外的所有在NOP和EC范围内的产品，但是对于出口到美国的动物不得使用抗生素；出口到欧盟的植物(苹果和梨等)不得使用抗生素；对于葡萄酒需要满足特殊的规定。对于生产区域，出口到美国的产品必须限定在欧盟境内生长和生产的产品，或者最后加工或包装在欧盟完成并且从欧盟港口发出的产品；同样，对于出口到欧盟的有机产品限定在美国境内生长产品，或者最后加工或包装在美国完成的产品，产品标签标识的使用，需要满足进口国市场的要求，可以在有机含量不低于95%的产品上使用NOP logo和/或EU logo，有机产品出口到美国时需提供NOP进口证书，同样出口到欧盟时，需要提供检查证书(IC)。

韩国与欧盟于2015/2/1最新达成的互认协议，但互认的产品仅限加工的食品，仅指KOREA定义的加工食品，并且有机配料含量不低于95%出口到韩国的有机产品限定有机配料来自欧盟或者进口到欧盟的配料，并且最后的加工在欧盟完成；而出口到欧盟的有机产品限定有机配料来自韩国，或者从与韩国等同的国家进口的有机配料，并且最后的加工在韩国完成，在标签标识方面需要满足进口国市场的要求，可以在有机含量不低于95%的产品上使用韩国logo和/或EU logo出口到韩国时需提供NAQS进口证书，出口到欧盟需要提供检查证书(IC)。

6.2.3 其他国家间的有机产品贸易合作协议

除了欧盟和美国与其他国家签订了有机产品互认的相关协议外，另外一些有机产品贸易比较活跃的国家，比如新西兰、日本、加拿大等都已经陆续同其一些主要的贸易合作方签订了涉及有机产品的双边互认协议。本部分重点介绍一下新西兰和日本同其他国家有机产品认证结果互认的情况。

新西兰是一个有机产品主要出口的国家，因此新西兰有机产品的行政主管单位—初级产业部(MPI)，为了便利本国有机产品的出口，已经相继同欧盟、日本、瑞士、中国台湾和美国等国家和地区建立了合作协议，并为这些协议国提供官方担保，这就是所谓的官方保证计划(OOAP)。通过 OOAP，新西兰企业的有机产品可以直接进入这些签订协议的国家并且按照有机产品进行销售。官方保证计划主要是一个出口计划，其包括如下标准：有机产品-第三方机构和工作人员的认可、承认及绩效评估(OP1)、有机产品-第三方机构的责任(OP2)、有机产品-操作人员的注册及绩效评估(OP3)以及 OP3 附录 2-有机生产的技术法规。图 6-1 展示了新西兰同其主要贸易国之间的协议途径和产品范围。可以看出，欧盟、瑞士、中国台北、日本均承认新西兰的有机产品的认可体系和有机产品标准，只是涉及具体的等同产品范围不同；但是美国只承认新西兰的有机产品的认可体系，但是有机产品标准还必须要按照美国有机农业标准(NOP)进行认证，才可以进口到美国并按照有机产品销售。

日本是亚洲地区有机产品主要进口国家，该国有着严格的有机产品进口控制制度。有机产品进入日本市场有两条途径：一是获得进口国主管部门认可的认证机构认证或由进口国主管部门认可的国外认证机构认证的产品，二是政府间达成互认协议，承认出口国认证结果。日本农林水产省应一些国家的要求，进行了有机产品控制体系的等效性评价，目前已经宣布美

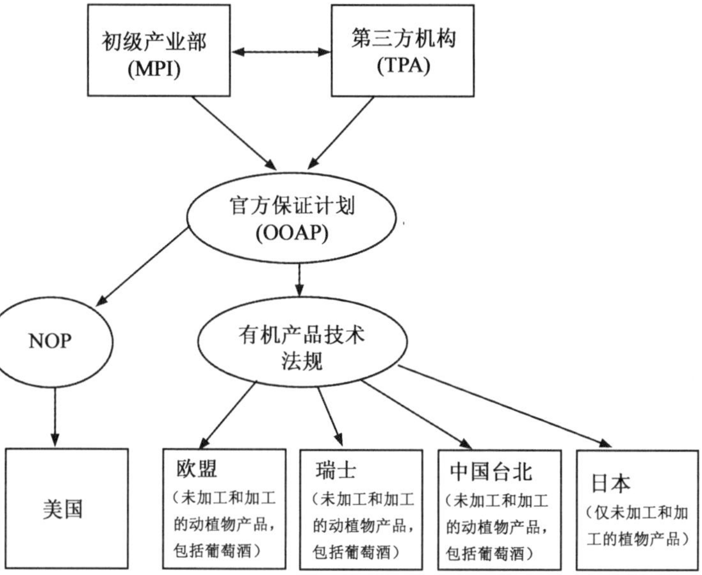

图 6-1　新西兰有机产品通过官方保证计划出口的途径

国、阿根廷、澳大利亚、瑞士、加拿大、新西兰和欧盟有机产品认证控制体系与日本是等效的，按这些国家法规和标准认证的有机产品可以出口到日本，但同时在日本要对其进口商的贸易情况进行检查认证。前文已经介绍了欧盟、美国、新西兰同日本有机产品的互认，在此不再赘述。

日本-加拿大(JAS-COR)有机产品等同协议，也是基于两国政府间的谈判所达成的有机产品贸易的双边协议，协议中指定互认的有机产品范围仅包括有机未加工的和加工的植物产品(包括食用菌)，并且划定了产品的生产区域：等同的产品要么在加拿大或日本生长，要么最后的加工或包装在加拿大或日本完成，配料只能来自于加拿大或日本或与其建立等同的第三国。产品的标签需要满足目的进口国市场有机产品标签的要求，可以使用目的国有机产品的标识。

6.3 实现有机产品认证互认的条件及模式

6.3.1 实现有机产品认证互认的条件

各国(地区)间能否实现认证结果的相互承认,主要涉及政治、经济和技术三个方面,其中,政治因素、经济政策起着首要作用。假定政治和经济方面的问题已经解决,只从技术的角度探讨建立认证结果互认体系的可行性,实现认证结果的互认需具备以下四方面的基本条件:①各国(地区)规范认证活动所依据的准则一致;②各国(地区)认证的程序等同或等效;③各国(地区)实验室的能力可以相互承认,包括采用的检测方法一致,实验室的能力和操作满足相应的国际标准要求,计量仪器的量值可以溯源(或传递)等;④各国(地区)认证所依据的技术法规或标准等同或等效。

国际标准化组织合格评定委员会(ISO/CASCO)的工作宗旨中包括了"促进国家级和区域级合格评定体系的相互承认和接受,并促进检测、检查、认证恰当地利用国际标准",并为此发布了一系列国际标准和指南(如针对认可机构实施的 ISO/IEC 17011、针对认证机构和实验室实施的 ISO/IEC 17021、ISO/IEC17065 和 ISO/IEC17025),这些文件为实施互认、多边承认等提供了依据。根据《TBT 协定》第 6.1 款规定,各成员应保证,只要可能,即接受其他成员合格评定程序的结果,即使这些程序不同于它们自己的程序,只要他们确信这些程序与其自己的程序相比同样可以保证产品符合有关技术法规或标准。

6.3.2 实现有机产品认证结果互认的模式

统一有机认证制度、实现认证结果的国际互认已成为当今国际有机贸易自由化的迫切需求，通常，产品认证结果的国际互认大致需要经历从国家间单边/双边或多边互认，发展到区域内国家间的互认，最后才能达到最高层次的全球国际互认。互认体系正在被各国（地区）广泛接受，并作为促进贸易便利化的手段。本部分将概括有机产品认证互认的发展状况和主要模式，为中国发展与其他国家或地区的有机产品认证互认提供依据。

6.3.2.1 国家间有机产品认证互认

通过在6.2节中对目前国际上已签署有机产品认证结果双边互认协议国家（地区）的互认分析，可以看出这些国家目前为了便利有机产品贸易，主要采取了以下几条途径与贸易合作方达成一致：

1.境外认证机构的认可

无论美国、日本还是欧洲的有机农业法律法规都允许通过批准认证机构作为代理的方式来执行有机农业标准的认证程序。境外的认证机构都可以根据这些国家的认证程序获得其相应权威部门的认可，这样这些认证机构就可以根据这些国家相应的有机产品标准进行认证，并出口到这些国家，严格来讲，这不是国家之间达成的协议，只是境外认证机构和有机操作者符合了有机产品贸易国的相应法律法规，所以生产的有机产品可以出口到这些贸易国，这是一条有机产品出口贸易的途径。相对来说，这条途径减轻了有机操作者的部分认证成本（如检查旅行成本），但对认证机构来说，也是增加了其认可费用。这应该是促进有机产品国际贸易的初级阶段。

2.国家间的单边协议

有一些国家或地区根据自己国家有机产品的贸易特点（单纯的出口型

或进口型)，签署了单方面的有机产品进口或出口协议，即在一个国家生产或加工的并且按照本国有机标准进行认证的有机产品可以直接出口进入协议国并且可以按照有机产品进行标识和销售，或者在协议国的操作者按照协议相关进行生产和认证的有机产品可以进入本国市场进行销售，但这两种情况都是单向的，这就是所谓的单边协议。

比如2009年美国同台湾签署了有机产品单边的出口协议，即来自美国的未加工的和加工的农业源产品(包括畜产品)只要经过NOP的认证即可出口到台湾并且作为有机产品销售。另外，新西兰初级产业部运用有机保证计划(OOAP)同一些国家进行谈判并建立了协议，比如欧盟、日本、美国等，并为这些协议国提供官方担保，也是这种单边协议的典型案例。

反过来在从其他国家或地区进口的单边协议中，欧盟最早所建立的第三国名单就是这种单边协议的典型代表，在EC 834/2007条例第33条中对"进口等同标准的产品"——第三国承认有着明确的规定。在这12个国家中，8个国家(阿根廷、澳大利亚、以色列、新西兰、哥斯达黎加、印度、日本、突尼斯)都是签订的单边协议，也就是欧盟认可这些国家认证的产品，经过这些国家相关有机认证后就可以进口到欧盟，反过来不可以。

实际上，美国同其他贸易国签署的一种进口有机产品的不完全的单边贸易协议。这种不完全主要体现在对整个认证过程，当前美国农业部接受了几个国外政府的认可程序及其认可的认证机构，比如印度、以色列和新西兰，但并没有接收这些国家的有机产品标准。这些协议国家从事有机产品认证的认证机构，只需要满足当地国家认可的要求，可以不用被美国农业部认可，也可以实施NOP的认证活动，其认证的产品也可以出口到美国并且在美国按照有机产品销售，

3.国家间的双边协议

这里所说的双边协议，实际上是指有机产品的进出口的协议。根据协

议规定,依据任何一个协议方的有机标准认证的有机产品,即可在另外一方按照有机产品销售。主要贸易国间签署有机产品的等同互认的双边协议可以极大地便利有机产品的贸易,减少国际上有机产品贸易壁垒,降低有机产品认证成本;并且为境内的有机生产者提供了额外的发展机会,对于国内消费者而言增加了有机产品的可获得性。

从2009年开始至今,美国已经与加拿大、日本、韩国和瑞士签署有机产品等同互认的双边协议。这些协议均对等同的产品范围、生产区域、产品标识和出口以及特殊要求进行规定;目前,欧盟委员会已与加拿大、美国、瑞士以及韩国4个国家签订双边互认协议,这些第三国具有与欧盟有机标准等效的国家有机标准、等同/等效的合格评定程序。日本农林水产省应一些国家的要求,进行了有机产品控制体系的等效性评价,目前已经宣布美国、阿根廷、澳大利亚、瑞士、加拿大和欧盟有机产品认证控制体系与日本是等效的,按这些国家法规和标准认证的有机产品可以出口到日本,但同时在日本要对其进口商的贸易情况进行检查认证。

4.国家间的多边协议

一般来说,实现单边或双边承认较为简单、容易,只要两个国家达成协议即可;但实现多边互认则需要多个参与国家共同做出努力,使签署互认协议的各方都能接受,参与的国家越多则越难达成一致意见。

对于产品认证(包括有机产品认证)来说,由于各国的发展水平不同,直接导致了相同产品的标准在不同国家间的差异较大,尤其是发达国家与发展中国家、不发达国家之间的差异性。因而,要想实现产品认证结果的互认则是比较困难的。但恰恰是产品认证结果与贸易之间的关系最密切,很多国家,特别是发达国家都将产品认证结果列入法规,从而实现贸易上的技术壁垒。也正因为如此,产品认证结果的互认一直以来倍受关注,也是很多国家政府间贸易磋商的重要内容之一,也是有机产品认证达成互认的努力方向。

6.3.2.2　**区域互认**

在双边/多边互认的基础上逐步发展出以区域标准为依据的区域性认证制度。如欧盟通过法规的形式规定了对于欧盟成员国内，欧盟有机产品可以自由流通，只要该产品的生产、加工、进口、销售过程符合欧盟834/2007标准以及相关实施规则的要求。

除欧盟外，国际上暂时没有其他的有机产品区域认证制度。一些区域认可合作组织虽然开展了涉及产品、过程认证的互认制度，但由于没有统一的认证标准，使得此类互认仅涉及认可层面，即从事有机产品认证的认证机构均符合国际标准《产品、过程和服务认证机构要求》(ISO/IEC 17065)。这种互认结果对于有机产品的国际贸易没有太大帮助。

一些国际组织也试图建立这样的国际标准来推动有机产品认证结果的互认，便利有机产品国际贸易。如2007年左右，由国际粮农组织(FAO)、联合国贸易和发展会议(UNCTAD)以及国际有机农业运动联盟(IFOAM)共同成立项目组(ITF)来研究并制定有机产品互认相关的合格评定程序、基准标准、国家(地区)间双边或多边协议指南等文件，并拟推动研究成果在亚洲地区的应用。2010年启动的"全球有机市场准入项目(GOMA)"是由联合国粮农组织(FAO)、国际有机农业运动联盟(IFOAM)以及联合国贸易与发展会议(UNCTAD)共同开展的国际项目，目标是在原"有机农业协调与互认工作组(ITF)"研究结果的基础上，通过推动有机产品认证的一致化和等效性以及在标准和符合性评估方面的合作减少有机产品国际贸易障碍和支持发展中国家有机产品获得发达国家的市场准入。该项目于5月和12月召开了两次亚洲地区项目会议，探讨亚洲地区在有机产品认证法规体系及标志使用、贸易方面的合作框架。12月的会议决定首先制定一个"亚洲有机农业地区标准(AROS)"，但该研究结果终因没有得到亚洲各国(地区)政府的广泛支持无疾而终。

6.3.2.3 全球互认

进入20世纪80年代，各国开始在若干类产品上实施以国际标准和规则为依据的国际认证制度（如电工产品安全认证制度）。随着关贸总协议的正式生效，国际标准成为国际认证制度的基础。20世纪90年代后，多数国家为规范本国认证机构的行为，分别建立了本国的国家认可制度，以便对认证机构和认证从业人员的行为加以约束。为更加有效地推动贸易，减少贸易中的技术壁垒，开始启动以承认认可结果为前提，进而承认认可的认证证书的国际互认制度（如国际认可论坛IAF、国际实验室认可合作组织ILAC）。

目前，认可的国际发展主要体现在两方面：一是根据WTO-TBT明确提出了关于减少贸易技术壁垒的战略，包括采用国际标准、统一合格评定程序、促进相互承认等措施。围绕这一目标，世界各国和相关国际组织加强了标准化和统一合格评定程序的工作，积极建立认可结果的相互承认机制，认可机构间的国际互认得到了长足发展。二是随着世界经济一体化进程的加快，经济发展、商品流通、资讯传播不可能在一个国家孤立进行，商品跨国界自由流动成为发展趋势。认证认可的国际化成为客观需要，广大企业普遍企盼“一证在手，走遍世界”，即一次检验、一次检查、一次认证、一个标志就能使商品得到全世界的用户和消费者的信任。

有机农业发展至今日，尚未建立起一个像ISO9000系列标准那样的全球通用的国际标准，这也是由于产品的国际贸易更大程度上受政治和经济因素的影响，各国（地区）往往出于对本国（地区）相关产业及从业人员的利益考虑，通过设置技术性壁垒措施来保护相关产业，控制产品的国际贸易。为了打破这种贸易壁垒，有机产品认证的全球互认是我们努力的最高阶段，但要达到这个阶段，还有很长的路要走，还需要各个国家共同努力与协作。

6.4 浅析我国开展有机产品认证互认合作的建议

6.4.1 我国开展有机产品认证互认合作策略

我国早在2005年就已经建立了中国有机产品标准及相关法律法规，并且这些标准和法规在不断地完善。但是目前中国尚未与其他国家或地区就有机产品方面达成相关协议，因此中国的有机产品要出口到其他国家，就必须要满足目的国市场的要求，这就导致中国的出口企业需要进行多重认证，造成人力和物力的浪费，不利于中国有机产品的出口。而近几年来，随着我国国内有机产品市场的发展，目前已经成为全球第四大有机产品消费国，中国有机产品境外认证的面积也越来越大，越来越多的外国企业想要把他们的有机产品进口到中国。为了降低认证成本，一些国家也提出了与我国进行有机产品认证互认的请求，减少有机产品贸易壁垒，促进有机产品贸易势在必行。

因此，中国可以参考和借鉴其他国家有机农业认证国际互认的经验，并结合中国的实际情况，对中国与其他国家签署有机产品认证互认的策略建议如下：①对一些有机产品标准和认证机构认可程序差距较小的国家，可以通过签发有机产品双边协议的形式来减少有机产品贸易壁垒；②对于一些国家的有机标准差距比较巨大的，可以通过承认这些国家的认可程序，承认这些国家认可的认证机构的途径来实现有机产品标准走出去；③对于一些尚未建立有机标准或认可程序的国家，可以通过对当地认证机构直接认可的形式，允许当地经过我国认可的认证机构在当地实施中国有机产品标准的认证工作。

有机产品认证合作是以认可机构的互认为基础的，如果认证机构的认可达成互认，那么认证机构就有了统一的尺度来进行评价，所以接下来对认证的产品是否能达成互认的讨论，是基于认可机构互认的基础上这样一个大的前提下，认证机构认证的产品是否能够得到互认主要取决于产品生产所依据的标准，根据对欧盟、新西兰、日本和泰国的有机标准的异同进行的比较以及互认潜力的分析，有机产品认证合作可以分为以下几种情况和模式来分步骤地的完成。

通过前面各章节的分析，欧盟、新西兰、日本和泰国已经建立了完善的标准与认证认可体系的成员，已经充分具备认可机构的互认基础，所以我们就从标准的相似程度入手，分步骤地实现产品互认的目标。

6.4.1.1 有机标准基本一致——野生采集模块

在上述对有机标准的异同分析时指出，野生采集是一类比较特殊的产品，人为投入很少。主要的要求是采集区域必须明确定界、采集区域近三年内未受禁用物质污染、采集活动要保证物种的多样性及环境的可持续发展不受破坏、采集人员要接受培训并了解标准要求。各国的有机农业标准要求和规定基本一致，具备有机认证互认的可能。

在互认的认可制度和统一的野生采集标准下，野生采集的产品可以达成有机互认，但需要注意的是对野生采集产品的严格定义及界定，比如对于仿野生栽培的植物能否算作野生采集的产品等一些问题还需要进一步讨论。

6.4.1.2 有机标准存在部分差异——种植、加工模块

有机种植是有机生产中非常重要的一部分，也是目前为止认证的产品种类最多的一类。从内容设置上，各国均是从种子、繁殖材料、缓冲带、平行生产、产地环境、土肥管理、病虫害防治等方面进行控制，而且基本的要求是一致的。但细节的要求上还是会有部分差异，尤其是土肥管理和病虫害防

治方面可以使用的物质上。

而对于加工模块略有不同，尽管加工程序与标准要求基本一致，但加工后产品的互认是要以加工的原料成分的互认为前提的，所以前面所说的野生采集产品、种植产品能够达成互认的话，以这些产品为原料的加工产品也可以顺利的得到各国的互认。

总体来看，有机种植以及有机加工标准的主要内容基本一致，其一致性可以达到95%以上，这些有机标准的主要区别在于生产过程中所使用的物质方面的规定，因各国国家的条件不同而有所差别，但是标准负责中所列出的物质并不是所有物质在有机生产过程中都会用到，只有部分投入物质，所以在认证审核时，各国认证机构可以简化认证程序，针对物质投入部分进行审核，这样会有力地促进有机产品的互认。

实际上，在目前已经实现的有机产品认证互认的国家中，比如日本和美国、美国与加拿大的有机生产标准通过比较发现标准中有几种生产资料不统一，后来两国间就达成一致：在出口有机产品时，认证机构在提供没有使用这些生产资料的证明后就可以达到认证机构的互认，这样的一些操作模式都值得借鉴。

6.4.1.3 标准存在较大差异——畜禽养殖、菌类和水产养殖模块

畜禽养殖是有机生产中难度较大的一部分，除动物本身的有机标准外还涉及牧场转换、有机饲料等问题，到目前为止，在大多数国家获得有机认证的畜禽养殖产品还不是很多。有机农业标准可能是因为各国的生产条件、养殖方式不同，所以在具体数字上存在一定的差异，给互认带来了很大的难度；

对于菌类和水产养殖的有机生产，目前仅有少数国家建立了较为完善的标准，而多数国家并没有建立这两项标准，或是有机菌类按照有机种植标准进行生产，与已建立的标准有很大差异，因此目前来看还不具备互认的基

础，并且这些产品占有较小的有机市场份额。

所以综合考虑，可以暂缓对有机养殖、水产和有机菌类产品的互认工作，随着有机农业的发展，有机产品的范围不断扩大，有机标准逐渐成熟，等到时机成熟时再在前面种植、野生采集、蜂产品生产以及加工有机互认经验基础上再开展这部分的互认工作。

6.4.2 我国开展有机产品认证双边互认合作的建议

本部分也将根据中国与欧盟(丹麦、英国)、新西兰、泰国及日本的有机生产与管理控制体系的比较分析结果，分别提出互认建议，为我国有机产品认证结果的互认提供启示，并供政府有关部门参考。

6.4.2.1 中国与丹麦、英国有机产品认证互认建议

丹麦和英国执行的是欧盟法规，因此，要实现这些国家的互认，首先要满足与欧盟法规的互认。

关于合格评定程序及认证机构的能力方面，无论是中国与欧盟的要求都是一样的，要求从事认证的机构应满足国际标准 ISO/IEC17065 的要求。在认证程序方面，中国与欧盟的基本程序是一致的，差别在于中国要求所有认证的产品必须检测，所有产品的生产过程、地块、小农户团体都应被检查，这些要求比欧盟更为严格。

根据第 2 章的分析和比对，认为中国和欧盟标准中种植、在野生采集和食用菌栽培部分的差异很小。也存在很多细节上的差异，比如关于土壤肥力调节物质和植保产品清单不完全一致，还有中国有机标准允许使用人粪尿等。总体来说，关于植物生产部分(包括野生采集和食用菌生产)，具有良好的互认基础，但是在具体实施时要考虑细节限制。

关于养殖方面，中欧标准在转换期、平行生产、疾病控制、饲养条件、繁

殖、非治疗性手术、运输屠宰等方面的要求大致相同，但是畜禽兽药的使用方面，欧盟标准允许使用转基因的产品，而中国有机产品标准只在强制条件下允许使用转基因疫苗。在很多细节的要求上也有一些差异，如他动物的引入龄（蛋鸡除外）和饲料部分的要求。鉴于此原因，双方互认的难度相对较大。

在加工产品部分，中国与欧盟有机产品标准在加工的总体原则上保持一致，但在其他方面中丹之间存在一定的差异，这些差异包括：中国有机产品标准中有关加工产品的适用范围，不仅包括食品和饲料，还包括于纺织品；欧盟的有机法规对于加工产品的范围只适用于食品和饲料。中国的有机标准的对加工工艺、加工厂的有害生物防治、食品和饲料的包装等方面都制定了要求，而欧盟法规在这些方面没有规定的。中国和欧盟有机产品加工标准的主要差异在与允许使用的添加剂和加工助剂不同。因此，在加工产品部分，互认建议在食品和饲料范围内开展，对允许使用的添加剂和加工助剂方面需要中丹或中欧两方通过协商来解决。

综上所述，中丹、中英之间建议首先在野生采集、食用菌栽培以及有机产品加工（食品和饲料）部分开展互认工作。

6.4.2.2　中国与新西兰有机产品认证结果互认建议

关于合格评定程序及认证机构的能力方面，无论是中国与新西兰的要求都是一样的，要求从事认证的机构应满足国际标准 ISO/IEC17065 的要求。在认证程序方面，中国与新西兰的基本程序是一致的，差别在于中国要求所有认证的产品必须检测，所有产品的生产过程、地块、小农户团体都应被检查，这些要求比新西兰更为严格。

中新有机产品标准基本思路和框架是一致的，都涉及有机生产链条的各个环节，包括动植物产品生产、加工、包装、处理、储藏和运输以及标识要求等内容，有机产品认证范围均包括未加工的农业源植物和植物产品、动物和动物产品，以及加工的农业源动植物产品。新西兰有机标准认证范围不包括水产养殖、纺织品生产。

根据前面章节的分析，中新两国标准在野生采集、食用菌的栽培方面的差异比较小，在植物生产和有机产品加工部分的差异次之，差异主要集中在允许或禁用的投入品方面，这些差异可以通过双方的协商来解决，且双方在产品贸易方面存在互补性，可以优先考虑。

在养殖方面，两国标准由于生产条件、养殖方式不同，所以在具体数字上存在一定的差异，特别是对于禽类的栖木，圈舍出入口面积以及引入龄和最小屠宰日龄存在较大差异。但是对哺乳类动物的要求基本相同，出于贸易产品的需求，可以考虑优先在哺乳类动物方面考虑承认，同时需要特别关注并评估新西兰标准并未禁止转基因兽药和疫苗的使用所带来的影响。

中新两国对有机产品加工从原料和辅料、加工方法、害虫控制、储藏和运输、设备清洁等方面进行控制，以保证产品的有机符合性和可追溯性，要求基本一致。但在允许使用的辅料(食品添加剂和加工助剂)上有一定的差别，所以虽然具有较好的互认基础，但也具有一定的难度。特别是需要关注加工产品中使用的非有机农业源配料。

综上所述，中新两国之间建议首先在野生采集、食用菌栽培、植物产品生产以及有机产品加工方面开展互认工作，谨慎地在哺乳类动物方面开展互认合作。由于新西兰没有统一的国家标准，在互认谈判过程中需要考虑就互认的标准水平限定、允许和禁止使用的投入品达成共识。

6.4.2.3 中国与泰国有机产品认证结果互认建议

中泰两国的有机认证程序上存在一定的差异，主要是中国有环境要求，即水、大气、土壤要经过检测符合标准，对认证的产品需要进行检测并符合相关要求。而泰国没有这样的要求。对认证机构的能力要求方面，中国有明确的要求，而泰国的要求则不够明确。

中泰有机产品标准基本思路和框架是一致的，都包含有机生产链条的各个环节，包括动植物产品的生产、加工、包装、处理、储藏和运输以及标识要求等内容，有机产品认证范围均包括未加工的农业源植物和植物产品、动物和动物产品，以及加工的农业源动植物产品。泰国有机农业标准在通用标准外，还对虾、大米、丝足鱼和蜂蜜建立了单独的标准，说明这些范围是泰国的主要产品。

综上所述，中泰两国标准在野生采集、植物生产和加工部分的规定具备互认的基础，但也存在差异，由于泰国存在国家标准和私人标准，因此，需要在互认谈判时考虑标准的限定，其次要考虑对允许和禁止使用的投入物质的限定。另外，双方还需要就认证机构需要满足的要求作出明确规定。

6.4.2.4 中国与日本有机产品认证互认建议

关于合格评定程序及认证机构的能力方面，无论是中国与日本的要求都是一样的，要求从事认证的机构应满足国际标准 ISO/IEC17065 的要求。在认证程序方面，中国与日本的基本程序是一致的，差别在于中国要求所有认证的产品必须检测，所有产品的生产过程、地块、小农户团体都应被检查，这些要求比日本更为严格。

植物生产中日两国标准均是从种子、繁殖材料、缓冲带、平行生产、产地环境、土肥管理、病虫害防治等方面进行控制，而且基本的要求是一致的，但细节的要求尤其是土肥管理和病虫害防治方面可以使用的物质上有部分差异。所以在植物生产有机认证互认方面有一定的可行性，但也存在有一定的难度。

畜禽养殖是有机生产中难度较大的一部分，目前为止，中日两国获得有机认证的畜禽养殖产品均比较少，尤其是日本标准，也基本上没有有机畜产品的贸易。从内容设置上，两国标准原则上要求一致。但由于此部分涉及很多具体数字的规定，由于生产条件、养殖方式不同，所以在具体数字上存在一定的差异，各标准对肉牛、蛋鸡、乳用畜的要求基本相同，可以首先实现这些产品的互认。

中日两国对有机产品加工主要从原料和辅料、加工方法、害虫控制、储藏和运输、设备清洁等方面进行控制，以保证产品的有机符合性和可追溯性要求基本一致，只是允许使用的辅料（食品添加剂和加工助剂）上有一定的差别，所以虽然具有较好的互认基础。

通过对中日两国有机产品认证的法规和标准体系对比分析可以看出，中日两国具有达成有机产品互认的可行性，尤其在野生采集和食用菌栽培部分两国的有机农业标准要求和规定基本一致，具有良好的互认基础。对于作物生产和加工部分，按照比较严格的一方标准进行检查认证，也是可以达到互认的可能，但是标准互认的前提是标识与销售、管理体系和检查认证体系同步获得互认。

为此，两国应先期开展野生采集和食用菌栽培互认比较的技术工作，建立中日两国有机产品认证主管机构、认证机构、认可机构定期技术交流机制，为推动两国贸易发展提供基础，然后再对作物生产和加工部分的互认进行进一步的推进，更好地推进中日两国的有机产品贸易的发展。

参考文献

[1] FiBL & IFOAN. The World of Organic Agriculture, Statistics and Emerging Trends 2014[M]. Frick and Bonn.

[2] FiBL & IFOAM, The world of organic agriculture Statistics & Emerging Trends, 2015. Frick and Bonn.

[3] FiBL & IFOAM. the world of organic Agriculture stutistics & emerging trends 2016. Frick and Bonn.

[4] Mark Cooper, etc. , New Zealand Organic Market Report 2012. Organics Aotearoa New Zealand. 2013:1-46.

[5] 国家认证认可监督管理委员会,中国有机产业发展报告. 北京:中国质检出版社, 2014.

[6] 乔玉辉,曹志平. 有机农业. 北京:化学工业出版社,2015.

[7] 国家认证认可监督管理委员会和中国农业大学. 中国有机产业与有机产品认证发展 2015. 北京:中国质检出版社, 2016.

[8] 马文娟. 中国与欧盟有机产品标准及认证认可制度的比较研究:[硕士学位论文]. 南京农业大学,2011,3.

[9] 李玲慧,张雅雯,雷爽. 新西兰有机农业发展经验浅析. 东南大学学报(哲学社会科学版),2013(15):32-34.

[10] 邵昱晔,赵蕾. 中国-新西兰农产品贸易研究. 世界农业,2010(7):29-32.

[11]陈良敏,吕玲丽. 基于政策视角的泰国有机农业发展分析. 东南亚纵横,2012,12.

[12] 郝建强. 泰国有机食品发展现状及对中国的启示. 世界农业,2007,1.

[13] 尹昌斌.泰国有机农业的发展及经验借鉴.世界农业,2015,7.

[14] 乔玉辉,王茂华.日本有机产品进口控制体系及其启示.中国标准化,2012,435(12).

[15] 王星,孔庆峰.中日农产品贸易的现状与未来.山东大学学报,2004(1):59-63.